HUMANITIES AND SOCIETY

美德伦理学

Rosalind Hursthouse

[新西兰] 罗莎琳德·赫斯特豪斯 著　李义天 译

译林出版社

图书在版编目（CIP）数据

美德伦理学 /（新西兰）罗莎琳德·赫斯特豪斯（Rosalind Hursthouse）著；李义天译 .—南京：译林出版社，2022.2

（人文与社会译丛 / 刘东主编）

书名原文：On Virtue Ethics

ISBN 978-7-5447-9012-3

Ⅰ.①美… Ⅱ.①罗…②李… Ⅲ.①伦理学－研究 Ⅳ.①B82

中国版本图书馆 CIP 数据核字（2021）第 268521 号

著作权合同登记号 图字：10-2018-360 号

美德伦理学 [新西兰] 罗莎琳德·赫斯特豪斯 / 著 李义天 / 译

责任编辑 马爱新
装帧设计 胡 苨
校 对 陶泽慧
责任印制 单 莉

原文出版 Oxford University Press, 1999
出版发行 译林出版社
地 址 南京市湖南路 1 号 A 楼
邮 箱 yilin@yilin.com
网 址 www.yilin.com
市场热线 025-86633278
排 版 南京展望文化发展有限公司
印 刷 江苏凤凰通达印刷有限公司
开 本 880 毫米 × 1230 毫米 1/32
印 张 10.375
版 次 2022 年 2 月第 1 版
印 次 2022 年 2 月第 1 次印刷
书 号 ISBN 978-7-5447-9012-3
定 价 68.00 元

主编的话

刘东

总算不负几年来的苦心——该为这套书写篇短序了。

此项翻译工程的缘起,先要追溯到自己内心的某些变化。虽说越来越惯于乡间的生活,每天只打一两通电话,但这种离群索居并不意味着我已修炼到了出家遁世的地步。毋宁说,坚守沉默少语的状态,倒是为了咬定问题不放,而且在当下的世道中,若还有哪路学说能引我出神,就不能只是玄妙得叫人着魔,还要有助于思入所属的社群。如此嘈嘈切切鼓荡难平的心气,或不免受了世事的恶刺激,不过也恰是这道底线,帮我部分摆脱了中西"精神分裂症"——至少我可以倚仗着中国文化的本根,去参验外缘的社会学说了,既然儒学作为一种本真的心向,正是要从对现世生活的终极肯定出发,把人间问题当成全部灵感的源头。

不宁惟是,这种从人文思入社会的诉求,还同国际学界的发展不期相合。擅长把捉非确定性问题的哲学,看来有点走出自我囿闭的低潮,而这又跟它把焦点对准了社会不无关系。现行通则的加速崩解和相互证伪,使得就算今后仍有普适的基准可言,也要有待于更加透辟的思力,正是在文明的此一根基处,批判的事业又有了用武之地。由此就决定了,尽管同在关注世俗的事务与规则,但跟既定框架内的策论不同,真正体现出人文关怀的社会学说,决不会是医头医脚式的小修小补,而必须以激进亢奋的姿态,去怀疑、颠覆和重估全部的价值预设。有意思的是,也许再没有哪个时代,会有这么多书生想要焕发制度智慧,这既凸显了文明的深层危机,又表达了超越的不竭潜力。

于是自然就想到翻译——把这些制度智慧引进汉语世界来。需要说明的是，尽管此类翻译向称严肃的学业，无论编者、译者还是读者，都会因其理论色彩和语言风格而备尝艰涩，但该工程却绝非寻常意义上的“纯学术”。此中辩谈的话题和学理，将会贴近我们的伦常日用，渗入我们的表象世界，改铸我们的公民文化，根本不容任何学院人垄断。同样，尽管这些选题大多分量厚重，且多为国外学府指定的必读书，也不必将其标榜为“新经典”。此类方生方成的思想实验，仍要应付尖刻的批判围攻，保持着知识创化时的紧张度，尚没有资格被当成享受保护的“老残遗产”。所以说白了：除非来此对话者早已功力尽失，这里就只有激活思想的马刺。

主持此类工程之烦难，足以让任何聪明人望而却步，大约也惟有愚钝如我者，才会在十年苦熬之余再作冯妇。然则晨钟暮鼓黄卷青灯中，毕竟尚有历代的高僧暗中相伴，他们和我声应气求，不甘心被宿命贬低为人类的亚种，遂把移译工作当成了日常功课，要以艰难的咀嚼咬穿文化的篱笆。师法着这些先烈，当初酝酿这套丛书时，我曾在哈佛费正清中心放胆讲道：“在作者、编者和读者间初步形成的这种‘良性循环’景象，作为整个社会多元分化进程的缩影，偏巧正跟我们的国运连在一起，如果我们至少眼下尚无理由否认，今后中国历史的主要变因之一，仍然在于大陆知识阶层的一念之中，那么我们就总还有权想象，在孔老夫子的故乡，中华民族其实就靠这么写着读着，而默默修持着自己的心念，而默默挑战着自身的极限！”惟愿认同此道者日众，则华夏一族虽历经劫难，终不致因我辈而沦为文化小国。

一九九九年六月于京郊溪翁庄

献给伊丽莎白·安斯考姆和菲莉帕·富特

致　谢

我首先必须感谢过去十年间，在开放大学暑期班上听我的美德伦理学课的同学们，感谢他们为我们的讨论带来的经验与道德智慧。

本书前三章基于以往发表的文章，现在进行了修订，第四章和第五章源于论文《美德伦理学与情感》[Daniel Statman (ed.), *Virtue Ethics*, Edinburgh: Edinburgh University Press, 1997]，几乎没什么改动。

我觉得很不好意思告诉大家，许多人非常友善地帮助我，通读了整部手稿——它怎么能在得到这么多人的评论后，还有这么多的问题呢？不过，如果不对我的两位牛津大学出版社的"匿名"审稿人（其中一位，正如我从其评论的穿透力中猜到的那样，后来证明是迈克尔·斯洛特）以及下面这些人表示感谢，将是极不礼貌的：西蒙·布莱克本、威廉·查尔顿、罗杰·克里斯普、索尔斯泰恩·盖尔法森、安瑟伦·穆勒、汤姆·索雷尔、克里斯汀·斯沃顿、丽贝卡·沃克、斯蒂芬·瓦特、苏·威尔，以及特别要感谢卡罗尔·沃勒尔，他们慷慨地打了好几个小时的越洋电话，在极其细致的细节上同我进行全面梳理。书稿中仍有大量的拼写错误，至少其中许多地方是经过安吉拉·布莱克本的专业编辑而清除的，对此，我感激不尽。

本书的草稿写于新西兰，在那里，我同克里斯汀·斯沃顿有多次交谈,得到她的支持、指导和纠正,而这样的情况事实上已持续多年。我只希望,我为她即将出版的那本美德伦理学著作所提供的帮助,可以同她为我这本书所提供的一样多。

当一个人完成一本书并开始写“致谢”时,有时让他/她感到惊讶的是,脚注和参考文献无法完全体现他/她所亏欠的哲学债务。我想,有关约翰·麦克道威尔和加里·沃森的脚注数量也许还可以,但是,我阅读(尤其是)朱莉娅·安纳斯与斯蒂芬·哈德逊的作品而获得的教益,在某种程度上没有得到恰当的体现,因此,我希望在这里表示我的感谢。

最后,无论多少脚注或别的什么东西,都无法充分表达我对伊丽莎白·安斯考姆和菲莉帕·富特的亏欠。但我非常感谢她们允许我将此书献给她们,从而至少能让我写下这份答谢之辞。

目　录

第三部分　合理性

导　论

“美德伦理学”是个专有名词，最初用来标识一种强调美德或道德品质的规范伦理学思路，同强调义务或规则的思路（义务论）或强调行为结果的思路（功利主义）构成了对比。请设想这样一种情况，在其中，我明显应该（比如说）帮助某个需要帮助的人。功利主义者会强调说，这么做的结果将使福祉最大化；义务论者会强调说，在这么做的过程中，我将依据一条道德规则（比如“己所欲，施予人”）来行动；而美德伦理学者则强调，帮助此人是仁慈或慈善的表现。对伦理学来讲，美德伦理学是一种既古老又新鲜的思路，说它古老，是因为它可以追溯到柏拉图以及（尤其是）亚里士多德的作品；说它新鲜，是因为作为古代思路的复兴，它对当代道德理论来说是一种相当晚近的补充。

直到三十年前，规范伦理学都只被两种理论支配：从 18 世纪哲学家伊曼努尔·康德那里汲取灵感的义务论，以及其现代形式源自 18、19 世纪哲学家杰里米·边沁和 J. S. 密尔的功利主义。在 20 世纪 60、70 年代发表的大量规范伦理学的专著和文章中，对于这两种理论，或对于其中某一种理论形态的概括、讨论、修订、运用、比较和批评，俯拾皆是——然而，并没有人提出可溯及古希腊的第三种可能性。

渐渐地，变化出现了。在一些用作本科生教材的规范伦理学书籍中，摘录了许多批判当前流行的正统观念并号召人们承认美德之重要性的文章，还补充了一些“美德伦理学者有何看法”的段落。一开始，
1 这些内容往往篇幅不长，比较分散。美德伦理学本身并没有被视为第三种思路，而是被认为，它在强调可以让义务论者和功利主义者有效整合进他们思路之中的许多有意义的要点（如，道德行为者的动机与品质）。随着更多的辩护文章出现，美德伦理学获得了“小兄弟”的地位（确立了它和大哥哥们一块玩的资格，而不会被弃之不顾）。如今，在最新近的文集中，它获得了充分的地位，被认为是义务论与功利主义思路的竞争者，它同两者之间任何一种理论的差异性，就跟这两者彼此之间的差异性一样具有意义和挑战性。

现代道德哲学为何复兴这种古代的美德伦理学思路？从表面上看，已经拥有“现代世界”哲学家所提供的两大理论，任何道德哲学家（更不要说他们的整个群体）却还觉得有必要全面回归柏拉图和亚里士多德，这的确似乎很奇怪。既然他们的写作如此久远，既然我们的世界与雅典人的世界如此不同，况且，既然亚里士多德对奴隶和妇女还有一些（至少）令人不满的观点，那么，返回他们以获取伦理学灵感，岂不荒谬吗？“从表面上看”，也许是这样的，然而从实践和细节上看，却不是这样的。

首先，必须强调，如今支持美德伦理学的人并不认为自己赞同亚里士多德道德哲学中任何可悲而狭隘的具体观点，就像许多受康德启发的义务论者并不认为他们赞同康德关于（比如）动物的观点一样。[①] 每个人都只是为西方道德哲学提供了一种独特的思路，一种（在其支持者眼里）能够富有成效地适合于产生现在被我们视为道德真理的思路。

为什么对义务论与功利主义的日益不满会导致美德伦理学的复

① 康德自己否认我们对于动物具有任何义务，理由在于，它们并不是人而是物。然而，汤姆·里根（“动物解放”的两位最著名的捍卫者之一）却是一位道义论者并且采用了康德主义的理念。参见他的《动物权利的理由》（*The Case for Animal Rights*, 1983）。

兴，对此虽然有许多不同说法（而我们无法确定哪种说法最准确），但毫无疑问，任何说法似乎都涉及如下内容，即，当前流行的文献忽视或边缘化了许多本来是任何充分的道德哲学都应该论述的话题。有两个就 2
是我上面提到的话题——动机与道德品质；另一些话题则是道德教育、道德智慧或洞察力、友爱和家庭关系、深层次的幸福概念、情感在我们道德生活中的作用，以及关于我应当成为怎样的人，我们应当如何生活的问题。我们可以在哪里发现对这些话题的讨论呢？你看，就在柏拉图和亚里士多德那里。

当然，这不仅仅是个巧合。在我们眼里，那些重视美德伦理学的现代哲学家（安斯考姆、富特、默多克、威廉姆斯、麦金太尔、麦克道威尔、纳斯鲍姆、斯洛特[①]）全都汲取了柏拉图和亚里士多德的思想，在某些方面，还包括阿奎那的思想。他们对“现代道德哲学”的批判，无疑受到了他们在较早作者那里发现的而在现代作者这里缺失的、富有洞见的内容的影响。不过，一旦我们指出这些话题，那么许多人（不仅仅是读过古希腊作品的人）都会立即承认，它们属于道德哲学的重要话题。

事实上，美德伦理学的出现所带来的一个有趣结果是，有些义务论者和功利主义者通过承认美德的重要性并试图在自身理论框架内予以论述，从而对它做出回应。于是就有了（比如说）重新出现的对于康德《德性论》的兴趣，针对某种基于品质的康德主义和功利主义的精心阐述，以及功利主义者彼得·辛格有关“我们应该怎样生活”的最新著作。[②] 这种情况正在带来一些非常激动人心的作品，尤其是在亚里士多

① 看起来，N. J. H. Dent, *The Moral Psychology of Virtues* (1984)，S. Hudson, *Human Character and Morality* (1986)，以及 E. Pincoffs, *Quandaries and Virtues* (1986) 没有与这里所提到的作者们的作品具有同等影响力，可能只是个意外。

② O. O'Neill, 'Kant After Virtue' (1984); R. B. Louden, 'Kant's Virtue Ethics' (1986); R. Crisp, 'Utilitarianism and the Life of Virtue' (1992); J. Driver, 'The Virtues and Human Nature' (1996); B. Herman, *The Practice of Moral Judgement* (1993); M. Baron, *Kantian Ethics Almost Without Apology* (1995); Perter Singer, *How Are We to Live?* (1996).

德学派和康德学派的研究领域中。近期出版的一部文集里,麦克道威尔就把亚里士多德更多地引向康德,而赫尔曼与科斯嘉则把康德更多
3 地引向亚里士多德。[①] 尽管我还没有发现利用亚里士多德主义思路来阐释密尔的尝试,但我相信这种情况随时都有可能出现。[②]

这意味着三种思路的界线已变得模糊。把美德伦理学宽泛地描述为"强调美德"的思路,不再足以突出其特征。当然,同样地,义务论和功利主义也不再能够通过把自己描述为"强调规则或结果而非品质",便可以得到鉴别。[③] 据我所知,尽管没人会对如下事实(即,对于"什么是义务论""什么是功利主义"等问题不再存在令人满意的简要回答)表示困惑,但目前至少有些哲学家,却似乎会因为我们美德伦理学者无法简要地回答"什么是美德伦理学"而感到烦恼。与其他两种思路不同,美德伦理学应该可以简洁地表达立场,既足够广泛(或者说,分散?)以囊括所有的美德伦理学者,又足够狭窄以将所有的义务论者和功利主义者排除在外——这样的要求似乎有点过分。凭什么就该要求我们独一无二地做到这一点呢?

我认为,人们之所以希望我们做到这一点,原因之一就是不熟悉。事实上,就像我自己和那些抱怨者一样,没有哪位道德哲学研究者会关心那种通过宽泛的口号而介绍的义务论和功利主义,因为,当我们还是

---

① J. McDowell, 'Deliberation and Moral Development in Aristotle's Ethics'; B. Herman, 'Making Room for Character'; Christine Korsgaard, 'From Duty and for the Sake of the Noble: Kant and Aristotle on Morally Good Action', all in S. Engstrom and J. Whiting (eds.), *Aristotle, Kant and the Stoics* (1996). 亦参见 Stephen Hudson, 'What is Morality all About? ' (1990)。

② 参见第二章中有关 R. Crisp (ed.), *Utilitarianism* (1998) 一书的脚注。

③ 有三篇近年来关于现代美德伦理学的非常优秀的概论性文章,全都通过指出功利主义与道义论的新近发展是如何瓦解这两种思路的,而不断地对这些常见的口号施加限制。参见 G. V. Trianosky, 'What is Virtue Ethics all About?' (1990); Justin Oakley, 'Varieties of Virtue Ethics' (1996); and Daniel Statman, 'Introduction to Virtue Ethics' (1997)。

学生时，我们就已经懂得“理性主义”和“经验主义”等术语，从那时起就熟悉它们。虽然我们在演讲时会使用这些口号，但我们知道该如何超越它们，比如，一旦告诉了学习哲学的后辈们什么是行为功利主义之后，我们就可以向他们介绍规则功利主义和“政府部门”的功利主义等形态。由于知道两种常见思路之间有何差异，所以，我们有信心通过某种义务论思想来界定功利主义的脉络，反之亦然。然而，除了像我这样真正支持美德伦理学的人之外，很少会有人通过美德的思路来做这样的界定。

我不大相信，对“什么是美德伦理学”所做出的简短回答可以提供令人满意的解决方案。对于美德伦理学，人们需要有一种如同圈内人 4
士对于义务论和功利主义那样旗鼓相当的熟悉程度。但是我们很难从现有文献中获得这一点。尽管出现了大量文章，只有一本书像我这样对美德伦理学进行了系统详尽的探讨，即，迈克尔·斯洛特的《从道德到美德》。而我所提供的则是另一本，它以不同方式论述了不同主题。与斯洛特的思路相比，我的思路更关心细节、案例和限定条件，因此没那么抽象，更多是为了探讨一种独特的美德伦理学版本。而支持其他版本的作品，毫无疑问也在酝酿之中[①]，很快，每位道德哲学研究者就会像熟悉另外两种思路一样，熟悉“这种”美德伦理学，而不用再担心定义问题了。

我这么说，并不意味着我在未来发展状况出现之前就宣称，与义务论和功利主义相比，美德伦理学必定会像奥克莱所说的那样，“作为伦理学图景的一种有生命力的未来”[②]而生存下来。事实上，我更希望，经过所有这三种思路训练而成长起来的未来的道德哲学家，不再有兴

① 事实上，就在我撰写这篇“导论”时，我发现了琳达·扎格泽布斯基的《心灵的美德》（Linda Zagzebski, *Virtues of the Mind*, 1996），该书的第二部分本身就足以算得上是一本关于美德伦理学的著作。

② Oakley, ‘Varieties of Virtue Ethics’, p.152.

趣将自己划分为是遵循这条思路而不是那条思路的群体；这样，所有三种标签可能就仅仅具有历史意义。不过，目前仍难以预料，因为，那些可以传授给未来道德哲学家的称得上“美德伦理学”的内容，仍然亟待提供。

一个明显的隔阂就是正义问题（它既是一种个人美德，又是政治哲学的核心话题），我得直截了当地说，本书绝没有打算弥补这种隔阂。同几乎所有其他现存的美德伦理学文献一样，我认为，“正义是一种个人美德”乃是显而易见的，而且我也乐于偶尔将正义用作例证，但我常常发现，某些其他的美德更适合有关问题的细节描述。在这么薄的一本书里，我不认为这有什么不妥。我写的是规范伦理学，不是政治哲学，即便正义仅被视作一种个人美德（如果可以的话），它也是一个非常具
5 有争议性和（我想说）侵蚀性的话题，需要专门的著作来论述。

我之所以说“侵蚀性”，是因为该话题已经太普遍了，它使得含糊不清的正义与权利概念涵盖了大块的道德领域，而美德伦理学者相信，这些领域通过另一些更加具体的美德术语可以处理得更好。根据美德伦理学（以及本书中的观点），“撒谎为何错误”“撒谎何时错误”，并不在于它不公正（它侵犯了人们“获知真相的权利”或他们“应受尊重的权利”），而在于它**不诚实**，而不诚实是一种恶。“杀人为何错误”“杀人何时错误”，也许同样不是因为它不公正（侵犯了生命权），而常常是因为它冷酷无情，与仁慈的美德截然相反。我并不赞同说，如果某个行为是“绝对需要的”，那它就属于正义的领域而非其他美德的领域。从美德伦理学的视野出发，虽然可以说，当看到受伤的陌生人躺在路边，一个人不“漠然置之”是“绝对需要”的，但这种要求与其说是源于正义，不如说是源于仁慈。

尽管我承认隔阂存在，认为这种隔阂无法被弥补却是不成熟的想法。在《美德伦理学》① 一书的“导论”部分，克里斯普和斯洛特在承认

① 英文名为 *Virtue Ethics*，与本书英文书名 *On Virtue Ethics* 稍有不同。——编注

美德伦理学需要面对这一挑战的同时，引用了几位正着手应对挑战的美德伦理学者的言论[①]，并且期待《牛津美德政治学读本》某天会问世。当然，正义是不是关于政治道德的讨论中唯一需要论述的美德，对此，似乎有越来越多的人表示关注。如果父母不爱自己的孩子，如果不存在亚里士多德所说的“公民友谊”，人类还能维持社会联合吗？更不必说正义的社会联合了。斯塔特曼承认，“关于美德伦理学与政治理论的全部话题……现在才刚刚开始探究”；他建议说，共同体主义“也许可以被证明是美德伦理学的政治维度”。[②]谁知道呢！不过，尽管不知道，我
们还是应该保持开放的心态，而不是把我们的时间浪费在试图预先就 6
表明，既然美德伦理学如此独特，那它必定不能对正义或政治道德有所论述。

我怀疑，要求我们应当为“什么是美德伦理学”提供干脆有力的回答，有一个更深层的原因在于，人们坚持认为，美德伦理学并不像我上面声称的那样是“义务论与功利主义思路的竞争者，它同这两者中任何一种理论的差异性，就跟两者彼此之间的差异性一样具有意义和挑战性”。这种怀疑意味着，如果美德伦理学者愿意通过若干命题而直截了当地表述其立场，那么人们将清楚看到，任何不是错得明显可笑的命题，都可被纳入义务论或功利主义之中。不过，试图通过列举美德伦理学所赞成的那些被假定具有独特性和正确性的主张，从而搞清楚美德伦理学确实是一种独特的思路，这对我来说，属于一项毫无必要的额外任务。目前的情况是，这种思路还是足够新颖而具有独特性的，本书的

---

① R. Crisp and M. Slote (eds.), *Virtue Ethics* (1997). 他们引用了该选集中的拜尔和斯洛特的文章，以及 Martha Nussbaum,‘Aritotelian Social Democracy’ (1990) 和我自己的‘After Hume’s Justice’(1990—1991)。在参考文献中，他们还提到 William Galston, *Liberal Purposes: Goods, Virtues and Diversity in the Liberal State*(1991)，但没有提到被斯塔特曼正确地描述为斯洛特“开拓性讨论”的那篇文章，D. Statman,‘Virtue Ethics and Democratic Values’(1993)。

② Statman, ‘Introduction to Virtue Ethics’, p.18.

宗旨就是要看看，如果为它赋予真正细致全面的阐述，将会给道德哲学增添怎样的洞见。如果功利主义者和义务论者不同意我的说法，我当然会跟他们争论，也许我们坚持的某些观点在具体的命题层面存在分歧，而这些命题，往往是（尽管绝非总是）他们所赞成的而美德伦理学者所反对的，反之亦然。但情况或许又不这样。如果他们基本同意说，其唯一的反对意见仅仅是“可我们也能这么讲——这是功利主义的（或义务论的）一个命题”，那么，我根本就不会争论；我会感到欣喜。让我们尽可能地不要把心思花在如何使自己与众不同上，而是要对彼此的共识表示欢迎。

我以前特别喜欢争论，急于证明美德伦理学不仅是其他两种思路的竞争者，而且是最佳的选择，它能解决或避免其他两者深感棘手的诸多问题。虽然美德伦理学以往从未获得普遍承认，而且一直遭到排斥，但我认为这是正确的策略，而且是斯洛特在《从道德到美德》一书中孜孜以求的策略。可是，我在上面提到的那些针对美德伦理学的出现而做出的回应如此迅速、如此丰富，以至于在该书仅仅出版六年之后，我就觉得可以合理地希望，无需摆出一副战斗姿态了。因此，尽管我在前几章将美德伦理学同义务论和功利主义的简单版本拿来对比，
7 我这么做仅仅是为了有助于最初的理解，而不是为了否认那些精致复杂的发展状况的存在可能性，而随着本书的推进，我将逐渐不再参照它们。

迄今为止，我所使用的“我们”，基本上限定于“我自己和其他美德伦理学者或道德哲学家”。从现在开始，除非上下文有明确他指，否则我将用这个词来指称“我和你们，我的读者们”，这是我对自己与读者之间关系所给出的特定假设。撰写一部道德哲学著作，不可能不把一定范围内的共同基础设为前提，而我的假定是，任何对该领域非常感兴趣从而读了这本书的人将会在一定程度上分享我的伦理视野。我们也许有许多细节分歧，但我假定，我们都认为伦理学至关重要，而且（广义上

讲，在允许所有细节分歧存在的条件下）我们都反对谋杀、不诚实、残忍等等，都赞同慈善、诚实、正义等等。因此，我假定，我们将会以同样的方式把这些“等等”里面的内容补充起来。

新亚里士多德主义

我在本书中详加讨论的这种独特的美德伦理学版本，是一种比较普通的类型，名为“新亚里士多德主义”。该普遍类型之所以“新”，至少是因为我前面提到的那个理由，即，支持者允许自己把亚里士多德关于奴隶和妇女的观点视为明显错误的，同时，我们没有让自己的看法局限于亚里士多德的美德清单的范围。（比如，仁慈或慈善就不是一个亚里士多德主义的美德，但所有的美德伦理学者现在都把它列入清单。）而它之所以是“亚里士多德主义的”，则是因为在其他任何地方，它都以牢牢坚持亚里士多德的伦理著作为宗旨。因此，我这里提出的仅仅是美德伦理学诸多可能样式中的一个版本。

首先，美德伦理学不一定就是刚才所说的亚里士多德主义的美德伦理学。迈克尔·斯洛特近年来提出的“基于行为者”的美德伦理学，就不是在亚里士多德那里，而是在 19 世纪的伦理学家马蒂诺那里发现的美德伦理学，[1] 而克里斯汀·斯沃顿的部分作品则更关注尼采而非亚里士多德。[2] 其次，任何被描述为“亚里士多德主义”的美德伦理学都 8
必然要牢牢坚持其作者对于亚里士多德的阐释，而这些针对亚里士多德的阐释，在许多相关问题上却不尽相同。（所以，如果从诸多例子中间挑一个来讲的话，关于亚里士多德在本质上是否属于精英主义者，便

① Michael Slote, ‘Agent-Based Virtue Ethics’ (1995).

② C. Swanton, ‘The Supposed Tension Between “Strength” and “Gentleness” Conception of the Virtue’ (1997).

存在着争论。对于有些读者来说[1],他思想中的这方面因素似乎无法消除。而对另一些读者来说,包括我自己在内,情况就不是这样。我们同意,精英主义就像性别歧视一样,是存在的,但我们认为其主要思想结构并非依此构造。)最后,正如我一开始试图将新亚里士多德主义应用于堕胎问题[2],而后又应用于道德悖论时所发现的那样,世界上有各式各样呈现于当代道德哲学之中的特殊领域,对于它们,亚里士多德所谈极少甚或完全没有谈到。这时,新亚里士多德主义的美德伦理学者就必须按照自己的想法去开拓创造,她也许,就像我自己常常经历的那样,会觉得自己是在追寻一条从亚里士多德那里自然而然发展出来的思想线索(尽管她意识到,这样会使亚里士多德在坟墓中辗转反侧);或者,她也许会自觉地远离亚里士多德。但无论是哪条道路,都有许多不同的方向可走,因此,在按照自己的想法来进行处理的过程中,我们可以发展出不同的版本。

其实,对于我所有堪称"亚里士多德主义"的主张,本书中的大部分都必定在某种程度上被认为是"我自己的一次远航",因为,我在努力撰写本书时并未预设我的读者已经读过亚里士多德的《尼各马可伦理学》。而为了与这种预设相一致,我在这里就必须说说我从他那儿汲取的东西。事实上,两千年来有多少东西一直被汲取;有多少东西直到最近才从我们的思想中被清除出去;而又有多少东西仍具有相关性,只不过需要呈现出来并重新加以承认,这是个复杂的思想史问题。但无论什么原因,对于许多不熟悉亚里士多德伦理学的人来说,肯定会有些常见的绊脚石,我们应该立即着手处理它们。

首先就是幸福(eudaimonia)概念,它通常被译作"happiness"或"flourishing",偶尔也译作"well-being"。每种译法都有自己的缺陷。"flourishing"的问题在于,动物甚至植物也可以繁荣兴旺,但

① 参见 Peter Simpson, 'Contemporary Virtue Ethics and Aristotle' (1992)。

② *Beginning Lives* (1987) and 'Virtue Theory and Abortion' (1991).

eudaimonia 却只对理性存在者才有可能。而根据当代人的理解(这种 9
理解没有受到那些经过古典训练的作家们的影响),“happiness”的问题在于,它意味着某种主观的东西。说我是否幸福,或者,说我的生活作为一个整体是否幸福,这是我的事情,不是你的事情;也许,除非存在严重的自欺和对不自觉痛苦的压抑,否则,只要我认为我是幸福的,那我就是幸福的——我不可能搞错这件事。请将它同我的健康状态或繁荣状态进行比较。我们在这里可以很容易地认识到,我也许觉得自己身心健康或者觉得自己繁荣兴旺,但是,这种认识可能恰恰是错误的。在这方面,“flourishing”是一个比“happiness”更好的针对 eudaimonia 的译名。在我看来,人们之所以容易对“我的生活是否幸福”得出错误的判断,不仅因为人们容易自欺,而且因为人们容易持有错误的幸福概念,比如说,认为幸福主要由快乐构成。在这方面,“well-being”也要比“happiness”翻译得更好,但它的缺陷在于,它不是一个日常术语,而且缺少相应的形容词,显得滞重。

然而,尽管“happiness”无疑具有主观的含义,我们似乎同样拥有一种更接近于“eudaimonia”的、更加客观的概念,即,“真正(或真实)的幸福”或“值得拥有的幸福”概念。我们会说,一个人也许幸福,但他并非真正幸福,如果他们生活在黄粱美梦之中,或是从事我们所知道的那些无聊活动,或是因大脑受损而过着一种快乐儿童般的幸福生活的话。当我们希望子女可以幸福地成长并过上幸福的生活时,我们所希望的并不是他们成天游手好闲,沉迷于毒品带来的满足。[①]

其次是美德(或恶德)概念本身。假设有些人可以被描述为具有诚实的美德。那么,我们可以对他们有哪些方面的期待呢?

最明显的是,我们可以期待他们行为的可靠性;他们不撒谎、不欺骗、不抄袭,不会随意把别人的东西据为己有。你可以信赖他们对你讲

① 有关现代的 happiness 概念与古代的 eudaimonia 理念之间紧张关系的一种权威性讨论,参见 Julia Annas, ‘Virtue and Eudaimonism’ (1998)。

真话，给予真诚的意见，坦承他们的错误，绝不夸大自己的学识；你可以从他们那里购买二手车或放心地征询他们的意见。在思考这些美德时，
10 很多人会止步于此（或者事实上，有些情况表明，他们其实止步于更早的阶段），从而将其描述为仅仅根据特定方式（也许是根据某条规则）而行动的简单倾向。

但这并非亚里士多德主义的看法。尽管有少数麻烦的例外（友爱、感恩），美德通常是一种品质特征，是一个人品质的某种状态。如果你具备（比如说）慷慨、诚实和正义的美德，那你就是慷慨、诚实和正义之人。显然，一个人可以确保在特定的行为方式中表现得慷慨、诚实和正义，但他实际上不是。而这足以表明，同具备特定的行为倾向相比，拥有美德意味着更多东西；最起码，一个人必须出于特定的理由而以这些方式来行动。但事实上，与（即便出于特定理由的）行为倾向或行为秉性相比，我们认为，这些品质特征还包含着丰富得多的内容。

比如说，我们把诚实之人看作是常常避免不诚实行为，并以特定方式（欣然地、热切地、坚定地、严谨地、恰当地）采取诚实行为的人。如果他们的话语给你造成对他们有利的错误印象，他们会急于纠正；他们会不等别人发现就立即坦白承认；他们会说出其他人都不敢说出的真相；他们希望你真的明白你同他们签署的或同意去做的事情是什么。

对于反映他们诚实态度的行为，我们还期待有一种可靠性。我们期待他们反对、厌恶、谴责不诚实，期待他们赞成、喜欢、欣赏诚实，从而，我们期待他们在谈话时会赞扬诚实的人（无论这些人是真实的还是虚构的人物）或为之辩护；我们期待他们不与不诚实之人为伍，期待他们在可能的条件下选择与诚实之人共事，结交诚实的朋友，还期待他们把自己的孩子培养成为诚实之人。相应地，我们期待他们在工作中坚持真理与诚实的理想；如果他们是学者，我们期待他们在研究中踏实严谨；如果他们是教师，我们期待他们顶住压力，不要言不由衷；或者，如果他们是医生，我们期待他们捍卫医患之间信任关系的重要性；或者，

如果他们是商人，我们期待他们拒绝使用不正当的牟利手段并将诚实作为最好的经营策略。

这就引申出我们期待他们将会表达出来的情感。当他们的亲朋好
友不诚实时，我们期待他们会难过；对于坦率的批评，我们期待他们不 11
会感到怨恨；对于公然的不诚实行为，我们期待他们会（恰当地）表示惊讶、震惊和愤怒；我们期待他们不会觉得油腔滑调有什么好笑的；而对那些通过不诚实手段获得成功的人，他们更多是鄙视而非羡慕；当诚实占上风时，他们也并不会惊讶，而是（恰当地）感到高兴或欣喜。

最后，如果我们足够幸运地遇到完全诚实之人，那我们事实上或许就不是期待，而是可以注意到他们对于那些涉及诚实的事情会特别敏锐。如果我们自身不那么诚实，他们会通过提醒我们（因为我们没注意到）某人明显不可信任或我们全是在纵容不诚实，而使我们感到羞愧。正如斯蒂芬·哈德逊正确论述的那样："品质的统一性极其复杂。它系统地关系到一个人的价值、选择、欲望、意志力或意志软弱、情感、感受、感知、利益、期待以及敏感性。"①

关于人的美德与恶德，有一个重要的事实是，一旦它们为人所有，就会变得非常牢固，而这主要是因为它们要比单纯的特定行为倾向所涉及的内容多得多的缘故。这类品质特征的改变属于一种深刻的改变，就像我们所说的，它是一种"颠覆性的"改变。这种改变会缓慢发生，而当罕见情况下，改变突然发生时，则需要给予特殊的解释——宗教信仰的转变，改变某人整个人生观的经历，大脑受损或吸食毒品。它当然不是一个人一夜之间就可以在自己身上决定实现的改变，比如某人可能决定中断长期的生活习惯，在早餐时不再喝咖啡。

"美德不仅仅是特定的行为倾向"，这算不上什么陌生的想法。更让人觉得生疏的是亚里士多德主义的如下观念，即，美德不仅是品质特

① Hudson, *Human Character and Morality* (1986).

征，而且是品质的卓越状态。每一种美德都关系到要把事情做对，因为每一种美德都关系到对实践事务进行正确推理的能力，亦即实践智慧。对于“慷慨”，它关系到在正确的条件下，出于正确的理由，把正确的东西以正确的数量交给正确的人。而在许多情形中，“正确的数量”乃是“我能够承担的数量”或“我无需剥夺他人就能给予的数量”。因此，比
12 如说，如果我较贫穷，或是虽然较宽裕但有一大家子要养活，那么，我在圣诞节没有为更富有的朋友准备昂贵的礼物，就算不上吝啬或不慷慨。如果我拒绝让别人剥削我，这也算不上吝啬或不慷慨；慷慨并未要求我帮助支持那种超级懒汉，也没有要求我资助一个自我放纵的挥霍无度之人。任何美德都跟好几种恶德或缺陷构成对比关系，而慷慨不仅跟吝啬、自私，还跟挥霍、过分大手大脚以及容易上当受骗的愚蠢形成了对比。

当我们一般地考虑“美德”时，我们似乎是在按照亚里士多德的方式思考。美德概念，乃是关于某种使其拥有者变善的东西的概念；美德之人是道德上善的、卓越的或令人钦佩的人，她理应正确地、较好地做出行为和反应，即她正确地处理事情。这似乎是显而易见的自明之理。但是，如果我们想想美德的具体情形，我们有时就会放弃这些自明之理。我们会说，某人太慷慨或太诚实了，“过分地”慷慨或诚实。人们常声称，某些人的慈善之心可能使他们采取错误的行为，比如，为了照顾别人的感受，他们没有坚持应该坚持的承诺。我们也可以这样来理解勇敢“美德”，即，勇敢使亡命之徒做出了非常可怕的事情，而如果他们胆小的话，就不会如此。因此，情况似乎成了：尽管慷慨、诚实、慈善或勇敢是美德，它们也可以成为缺点；或者说，它们并不总是美德，有时候会是缺点。慷慨、诚实、慈善或勇敢之人也许不是一位道德上善的、令人钦佩的人——或者说，如果“他们是这种人”仍然没错，那么，具备道德善的人也许就会因为那些使他们具备道德善的东西而做出错误的行为！这一切听起来太奇怪了。

虽然很奇怪，但坚持认为这是错误的看法，却一点用处也没有。就我自己的语言直觉而言，我们手头唯一能够确定属于美德术语的（即，一种总能使其拥有者变善的东西）就是“智慧”。（也许还有“公正”，但我不太确定。）人们可以“太过聪明”，但不可能太过智慧。而所有其他术语，看起来都能用“太过……”或“真遗憾，他如此……”来修饰。然而，我们不一定采取这种表达方式，有各种委婉的说法可以使我们继续坚持自明之理，即，美德是一种善的存在方式；美德使其拥有者变善，使之能够很好地行动。我们可以澄清如下断言的意义，即，一个人不可能太过慷慨或太过诚实。我们可以把先前被如此描述的人重新描述为， 13
他具备的不全是“慷慨”美德，而是它的某种扭曲形式；至于“率直”或“坦率”，那也不是十足的“诚实”。我们不再无条件地认为“人们的慈善之心使他们在特定情形中采取了错误的行为”，而会认为“他们拥有的不是美德，而是它的一种扭曲形式或不当形式（这取决于该案例的性质）”，或者认为“他们的道路方向没错，但他们尚未拥有美德或拥有的程度不够”。从而，我们可以说，亡命之徒虽然大胆，但他们并不具备“勇敢”的美德。

我从亚里士多德那里汲取的第三个方面，是这样一对彼此联系的区分。

（1）在出于理性而行动（我们通常就这么做）与其他动物以及小孩在“行动”时所做出的事情之间，存在一种区分。

（2）在理性的需求或欲望（我们通常具有它们）与那些驱使着其他动物和小孩的单纯的激情或欲望之间，存在一种区分。

我个人认为，这些区分源于亚里士多德思想中一个特别务实的方面——即，他从未忘记“我们都曾是儿童”这一事实。而在几乎所有其他的著名道德哲学家那里，我们的印象却是，我们这些作为其演讲对象的聪明的成年读者完全是从石头里蹦出来的。尽管"儿童构成了这个世界的必要部分"偶尔也会被顺带提及(其频率大概与提及非人类动物差不多),如下这个最基本的事实却完全被忽视了,那就是,我们曾经跟他们一样;我们现在的任何模样都是过去模样的延续。

我们都知道,儿童与成人之间有差别——而且我们都知道,这种差别不限于身体方面。圣保罗说:"当我是个孩子时,我像孩子那样说话、理解和思考,但是,当我成人之后,我就把孩子气抛到一边。"在我们确定道德责任(尽管这常常很难)时,就体现了上述理解:同那些已经"达到理性年龄"的人所实施的故意杀人行为相比,8 岁儿童或"心智年龄"只有 8 岁的人所实施的故意杀人行为,被认为是不一样的。所以在道
14 德领域,我们确实假定(心智上的)儿童与(心智上的)成人之间存在区别。但这种区别是什么?大多数道德哲学家没有就此展开讨论,原因在于,他们忽略了"他们正在谈论的那些理性的成年的道德行为者曾经也是儿童"的事实,因此他们不觉得这是个问题。但亚里士多德认为这是个问题,因而做出了区分。

在现代哲学中,上述两种区分并不完全陌生。许多哲学家都曾试图区分"出于理性而行动"与"出于欲望而行动",还有许多哲学家阐述过那些特殊的理性需求形式,它们与非理性的或"基础性的"需求构成了对比。但这两类区分,如果是这样界定的,那么它们就属于技术层面的划分,并且存在着巨大的争议;而(心智上的)成人与(心智上的)儿童之间的区分则没有这两个问题。不仅如此,上述两类区分还常常显得严格固定,然而正如我们所知,从儿童到成人的转变乃是一个连续的过程,不存在发生这种改变的精确位置。虽然我不会拿命来打赌说,人们不可能发现"出于理性而行动"(我们通常就这么行动,而动物和儿童则不然)的充分必要条件,但我十分肯定的是,任何这方面的分析都必须在一定程度上体现上述连续性。进一步说,心智成熟是由诸多因素构成的。"具有 5 岁的心智年龄"常常是个大致判断,它必然会忽视

该主体所具有的而一般5岁小孩所不具有的心智属性。(这样的大致判断无疑同“身心之间的区分常常并不可靠”的事实有关。想要发生性关系或想要生个孩子,这类欲望是属于心智方面的还是身体方面的呢?)反过来,尽管理性的成年人肯定无法完全摆脱孩子气或动物式的冲动或激情,我们并不因此就与孩子或动物“处于同样状态”。我们知道(如果不是出于偶然地知道,那就是出于秉性地知道),冲动或激情可以是清白的也可以是可悲的,可以是过分强烈的也可以是过分孱弱的,可以是得到论证的也可以是无法论证的,可以是根据环境能够期待的也可以是要求得到证明的,等等;同时,我们还知道,知识是我们所处状态的一部分,而不是动物和小孩所处的任何状态。

这就为我引出了(与其说我是从亚里士多德那里吸取,不如说我发现他可能乐于接受的)第四个方面,即,一种与当前流行观点针锋相对的哲学心理学。是否任何有意的行为必定在某种程度上都是由欲望推动的,或者,是否仅凭信念(比如,“如此这般地行动是道德上的要求” 15
这种信念)就有可能发动行为,对此,当代行为哲学存在着激烈的争论。而争论完全基于如下假设,即,信念与欲望之间的差别就像金子与氧气之间的差别那么大;而且,常常还有一种假设,即,理性与非理性之间的区别同样也严格确定。可是,亚里士多德喜欢把“选择”说成是意愿性的理智,或者说成是理智性的欲望;它既属于认知能力,也属于意欲能力,而且不能被一分为二,即不能区分成一个信念和一个欲望。更何况,当他将灵魂描述为“理性部分和非理性部分”时,他并不认为“我们把哪个部分规定为意愿性的”是件多么重要的事。“植物的”部分(生物负责营养和生长的部分)肯定是非理性的,而理论的部分肯定是理性的。但是,意愿的因素既可以被视为非理性的,因为它能违背理性,也可以被视为理性的,因为它能接受理性。面对“一言以蔽之,它是理性的还是非理性的?”这个问题,我们没法回答;这里只能说,它在这个意义上是非理性的,而在那个意义上又是理性的。

对于赞成后期维特根斯坦作品的人来说，像这样拒斥哲学心理学所给出的截然区分，就跟呼吸一样自然，而且必要。这类哲学家目前只是少数，而且在本书中我也没打算让哲学界接受这种少数派观点，尽管我愿意从事这项任务。但是，在一开始就将该问题和盘托出从而排除更深层次的绊脚石，这仍是值得的。我在给研究生上美德伦理学课或是与哲学同行讨论（尤其是）安斯考姆、富特和麦克道威尔的文章时，就已经发现，妨碍理解的常常是一种不自觉的假设，它认为所有人都共享如下观点，比如，信念和欲望是自然的东西，或者，一个理由就是能够引发行为的一对信念与欲望的组合，或者，一切心智状态都是大脑的状态——或者，更一般的，哲学理应揭示或建构我们的思维基础。在尽力让这些前提与讨论的内容协调一致的过程中，听众们发现，所说内容要么是有意含糊不清的，要么是故意不完整或不连贯的，要么就为如此明显的反对意见敞开了大门，他们感到无法理解。如果有人说“不过，如果你是维特根斯坦主义者，你就不会相信这个东西”，那么有时（当然，不总是如此）云翳就会散去。虽然这不一定会带来共识，但起码能知道
16 分歧在什么地方。

本书的计划

我希望本书今后可以被用作教材，帮助那些积极进取的学生学习美德伦理学在处理各种道德哲学问题和主题时具有的独特思路。由于需要考虑不同的老师在课堂上会强调不同的内容，我把本书分成三个相对独立的部分，其组成章节之间具有更密切的关联性，而随着本书的进展，这几个部分在难度上会有所增加。同样需要考虑的是，不同的老师对于他们根据相关材料而希望涉及的内容持有自己的看法，因此，我打算在很大程度上将针对其他作者作品的延伸性讨论降至最低限度——尽管第二部分的话题确实有必要对亚里士多德和康德予以具体

的关注，而第三部分也是以人们知晓伦理学中有关客观性话题的若干文献为前提的。

第一部分　行为

第一章　正确的行为。除了其他方面，美德伦理学被描述为：（1）一种“以行为者为中心”而不是“以行为为中心”的伦理学；（2）它讨论的问题是“我应该成为怎样的人”，而不是“我应该采取怎样的行动”；（3）它以特定的德性论概念（善、美德）而不是义务论概念（正确、责任、义务）为基础；并且（4）它拒绝认为，伦理学可以通过那些能够提供具体行为指南的规则或原则而法典化。所有这些观点有一定的真理性，但它们容易造成某种普遍的误解，即，美德伦理学没有且不能提供行为指南，而功利主义和义务论却可以提供。

但这是错误的看法：美德伦理学能够提供一种关于“正确行为”的详细说明（比如，“一位有美德的行为者在这种环境下将会采取的典型行为”），而且，这种说明（与平常所说的“美德伦理学不提供规则或原则”的断言相反）可以被理解为，它就是在给出一些道德规则或原则。每一种美德都在提供一条指令：“诚实行事”“与人为善”；而每一种恶德都在提供一条禁令：“不要欺骗”“切勿冷漠”。

第二章　可以解决的困境。这类规则看上去似乎无法解决“冲突 17
问题”，因为当不同的美德要求彼此冲突时，它们无法为我们提供行为指南。然而众所周知，当规则发生冲突时，义务论也会陷入同样的问题；而许多人又觉得，行为功利主义运用单一的最大化规则来处理棘手情况是该思路的一个劣势而非优势。在棘手情况或困境（假设）可以解决的情形下，美德伦理学其实会采用一种与某些义务论策略相似的策略；它会论证说，这些可能出现的冲突仅仅是表面性的。而要认识到冲突只是表面现象，或许需要道德智慧或洞察力。对此，美德伦理学给予了明确承认，从而促使人们认真对待亚里士多德的如下观点，即，与数学知识不同，道德知识不能仅靠课堂听讲就可获得，而且通常不会在过于年轻、缺乏经验的人那里发现。规范伦理学不应该把“提供某种可以由任何具有一定智商的成年人运用的决策程序”当作目标。（这是拒绝“伦理学法典化”主张的一个方面。）

第三章　不可解决的与悲剧性的困境。尤其是，规范伦理学不应该在断定是否存在不可解决的困境之前，就试图提供某种可以解决所有困境的决策程序。如果存在不可解决的困境，那么，此时就不能提供行为指南。然而，针对行为的评价不仅依然是可能的，而且是必需的——对于那些不足为虑的恼人困境与那些真正悲剧性的困境（后者是即便最有美德的行为者也无法毫发无损地加以解决的困境）之间的差别，美德伦理学可以提供一种特别令人满意的说明。

这三章关注的都是美德伦理学与行为的关系，我通过重新思考以往用于概括美德伦理学在这方面立场的标准命题，而对它们进行了小结。

第二部分　情感与动机

第四章　亚里士多德与康德。关于困境的讨论需要我们涉及情感，而美德之人在特定情形中会感受到情感，尤其是遗憾乃至极度悲哀，它们是对“已发生之事”的反应。人们常常表扬美德伦理学，特别是在批评康德义务论的时候，因为美德伦理学为情感的道德意义提供了一种
18 比其他伦理思路更好的论述，尤其是，它提供了一种比康德更具吸引力的“道德动机”说明。然而，仔细考察亚里士多德对于 enkrateia 和 arete 的区分（即，意志力或“自制”与完整美德之间的区分）以及康德在《道德形而上学原理》中讨论道德价值的著名段落，情况却足以表明，在很

多方面，亚里士多德与康德要比人们通常所认为的接近得多。就亚里士多德的“动机”概念而言，自制的行为者与具备完整美德的行为者拥有同样的动机——他们都是以“选择”的形式、出于理性而行动的。

第五章　美德与情感。亚里士多德论证的优势之处在于他对人类理性的论述，该论述允许情感参与到理性之中，而不仅仅是纯粹动物式的非理性冲动，从而情感可以在详细说明完整美德的过程中扮演它们的恰当角色。美德涉及行为和感受，而用于发展美德的道德教育则涉及情感教育。这一点的完整意义可以通过一个错误的道德教育的案例（即，种族主义的灌输）而充分地体现出来。

第六章　美德行为者的行动理由。在第四章，我们注意到，具有完整美德的人以“选择”的形式，出于理性而行动。那么，他们是“出于责任感”或是“因为觉得此事正确”而行动的吗？如果仔细考虑一下诉诸这类理由时所涉及的内容，我们会发现答案是肯定的（由此，康德和亚里士多德更加紧密地联系在一起）。美德之人，当他们合乎美德地行动时，会出于各种不同的理由。这些理由形成了一定的范围，主要是诚实、友爱、正义、勇敢、节制等具体美德。当儿童和处于不稳定情感状态的人出于这些理由而行动时，他们算不上“出于责任感而行动”，但是，当美德之人（他们的行为出于稳定的品质状态）出于这些理由而行动时，他们就是“出于责任感而行动”。“出于美德而行动”乃是“出于责任而行动”的充分条件。

第七章　道德动机。不仅如此，“出于美德、出于稳定的品质状态而行动”，还为“出于责任或因为觉得此事正确而行动”设立了标准。无论人们如何真心地声明，只有当他们的品质类似于理想的美德行为者 19
的品质时，他们的行动才算得上“出于责任”。因此，道德动机可以是个程度问题，而不是通过内省便能断定的事物。

第三部分　合理性

本书的最后一个部分讨论美德伦理学的“道德合理性”问题，即，是否存在“客观的”标准用以判定某种品质特征是美德。标准的新亚里士多德主义前提，即“美德是人为了实现幸福（繁荣兴旺或过得好）而需要的品质特征”，应该被理解为，它整合了两个彼此相关的主张，即，“美德有利于其拥有者”以及“美德使其拥有者成为好的人”（为了过上一种典型的人的好生活，人需要美德）。这些内容将在本部分的头三章分别讨论，并最终在最后一章的结尾处集中起来。

在这几章，我表达了与两大思想流派不同的意见。我假定（而不是论证），认为伦理学可以“从中立观点出发”而获得任何根据，这是不对的。我假定，伦理思想必然出现在某种后天获得的伦理视野中。然而，尽管与试图提供此类根据的人意见相左，我也没有采取另一种为人熟知的立场，即，把所有根本的伦理分歧都归结为价值的分歧，对此，我同样不赞成。伦理分歧可以视为关于事实的分歧，尽管常常是些非常古怪的事实。

第八章　美德有利于其拥有者。“标准清单上的美德有利于其拥有者”，对此，有些常见的反对意见很快可以排除掉。我们会发现，当我们处在抚养孩子或反思自己生活的语境下，而不是处在试图说服邪恶之徒或道德怀疑论者的语境下考虑该主张时，我们是相信它的。在菲利普斯和麦克道威尔看来，我们相信它，是因为我们有美德，是因为我们对于幸福、利益、伤害和损失有一种特定的看法，足以保证该主张的真理性。因此，诉诸黑尔和富特为支持该主张而给出的事实，还谈不上
20 切中要害。我同意菲利普斯和麦克道威尔所说的，不可能从中立的或邪恶的立场出发而意识到“美德有利于其拥有者”的真理性，但我不同

意他们的解释。黑尔与富特所提供的事实是对该主张的必要支撑，而且，对于我们培养自己孩子的美德来说，也有必要。不过，它们是些古怪的事实，迄今很难对它们进行哲学归类。

第九章　自然主义。“美德是人为了实现幸福、繁荣或生活得好而需要的品质特征”，对于这个前提还有另外一种阐述方式，使之表现出某种形式的自然主义。我们将它阐述为：美德就是让人成为好的人的品质特征——即，人作为人，为了生活得好，为了过上一种典型的人的好生活而需要的特征。对人是好是坏所做出的伦理评价，类似于对其他生物是该物种的好样本还是坏样本所做出的评价。这种类比之所以具有启发性，是因为它揭示出，一些被视为伦理评价所特有的从而使之不够客观的特征，即便在针对植物的准科学评价中也是存在的。

第十章　理性动物的自然主义。然而，这种类比只能被推进到这一步。伦理学不是生物学的分支。其他生物拥有它们无法选择改变的、典型的生存方式，它们可以因此而被评价为好样本或坏样本。但是，就我们所拥有的特定生存方式而言，我们可以理智地追问：这是其中的“一种好的生存方式吗”；如果我们认为答案是否定的，那就要寻找改变它的方法。因此，人们可以正确地声称，伦理自然主义（它被当作将伦理评价建立在某种科学的人性表述之上的尝试）是一个错误的构想。但这远远不是说，任何有关人性的表述都不可能具备良好的客观基础，也远远谈不上直接就引出了“任何人性概念都一样好”的观念。

第十一章　客观性。“美德是人为了实现幸福而需要的品质特征”，关于这一前提的两种不同阐释在根本上可以视为彼此相关，因为它们都基于如下看法，即，我们的自然 / 本性如此，所以就我们的美德概念而言，它们是适用于人类的。而这种事实，即便是事实的话，也

21 是一种极其偶然的事实。我们每个人可以各自实现繁荣兴旺或幸福（eudaimonia），这是偶然的；我们分别可以用同样的方式实现繁荣兴旺或幸福，这是偶然的；我们可以共同地实现繁荣兴旺或幸福而不以彼此为代价，这也是偶然的。如果事情完全相反，那么，根据这里所提供的美德伦理学看法，道德就不会存在，或者，它会表现出难以想象的不同
22 模样。

第一部分

行　　为

第一章
正确的行为

美德伦理学被描绘成许多样子。它被描述为:(1)一种“以行为者为中心”而不是“以行为为中心”的伦理学;(2)它更关心“是什么”,而不是“做什么”;(3)它着手处理的是“我应当成为怎样的人”,而不是“我应当采取怎样的行为”;(4)它以特定的德性论概念(好、优秀、美德),而不是以义务论概念(正确、义务、责任)为基础;(5)它拒绝承认伦理学可以凭借那些能够提供具体行为指南的规则或原则的形式而法典化。

我之所以列出上述清单,是因为对美德伦理学的这些描述实在太常见,而不是因为我觉得它们很好。相反,我认为,就其粗糙的简短性而言,这些描述存在着严重的误导性。当然,它们各自包含一定的真理(这正是它们如此常见的原因),而随着我们的推进,我也会返回这些描述,指出它们可能包含哪些真理以及限定条件。对于我在“导论”中提及的那些模糊了规范伦理学三种思路之间界线的新文献比较熟悉的读者,无疑很早就已抛弃了这些界线或是对它们给出了限定。但在这里,在一开始,我们似乎最好还是凭借多数读者所愿意承认的描述,从简单的层面开始,而后逐渐走向不那么为人所知的复杂与精细之处。

正确的行为

这些描述，尤其当人们第一次见到它们时，很容易被以为是在表达大概同样的观点，而它们之所以全都具有误导性，有一个原因就在于它
25 们鼓励如下想法，即，美德伦理学不可能成为功利主义和义务论的真正对手。这种想法是这样的：

> 如果美德伦理学"以行为者为中心，而不是以行为为中心"，关心的是"我应该成为怎样的人"而不是"我应该采取怎样的行为"（以及"是什么，而不是做什么"），如果它把注意力放在**好人或有美德的**人上，而不是放在**正确的**行为或人（不管他是否有美德）有义务做什么事上，那么，它怎能成为功利主义和义务论的真正对手呢？毫无疑问，伦理学理论应该告诉我们正确的行为是什么，亦即，我们应当采取怎样的行为。功利主义和义务论当然做到了这一点；如果美德伦理学没做到这一点，它就不可能成为它们的真正对手。

其实，这些描述并没有说美德伦理学完全不关心正确的行为，或是完全不关心我们应当做什么；正是因为这些描述容易表现成那样，所以它们会误导他人。要知道，美德伦理学可以提供行为的指南。我们可以通过将它所提供的行为指南与某些功利主义和义务论所提供的指南进行比较，完全用相似的方式加以陈列，从而最有裨益地展示美德伦理学是怎样提供行为指南的。

假设一位行为功利主义者从如下命题展开她对正确行为的论述：

> 前提1：一个行为是正确的，当且仅当，它增进了最好的结果。

虽然该前提在"正确的行为"概念与"**最好的结果**"概念之间构造出紧密的行为功利主义联系,从而给出一种关于正确行为的具体规定,但是,在人们知道何为最好的结果之前,它并没有为人们提供行为指南。因此,这些内容就必须在第二个前提中加以详细规定,如:

> 前提2:最好的结果就是使幸福最大化的结果——它在**最好的结果**与**幸福**之间构造出人们所熟知的功利主义联系。

许多简单的义务论版本也可以通过同样的基本结构展现出来。它们是从一个为正确的行为提供了某种具体规定的前提开始的:

> 前提1:一个行为是正确的,当且仅当,它符合正确的道德规则或原则。 26

就像行为功利主义的第一个前提一样,在这里,在人们知道何为正确的道德规则(或原则)之前,它并没有给出行为的指南。因此,它必须在以如下说法打头的第二个前提中加以详细规定:

> 前提2:正确的道德规则(或原则)是……

而这句话可能会以不同的形式补充完成,比如

> (1)……是下列清单上的内容(接着,就有一份清单附在后面,也许最后以"等等"结束),或者
> (2)……是上帝为我们设立的要求,或者
> (3)……是可普遍化的/是一条绝对律令,或者
> (4)……是所有理性存在者都会选择的对象。

诸如此类。

像这样展示人们十分熟悉的功利主义和义务论尽管没什么争议，但这种情况表明，针对功利主义和义务论的那种过于常用的描述方式——即这句口号："功利主义从'好'开始（或者，以'好'作为基础概念，等等），而义务论从'正当'开始"[①]——却是不对的。如果一种规范伦理学"由之开始"的概念就是它用来规定正确行为的概念，那么功利主义或许真可以说是（通过将其列为最佳概念之一）从"好"开始，但我们绝对应该立刻补充一句说："不过，它只跟事情的结果或状态有关，而跟（比如说）**好的**人或生活得**好**无关。"而即便如此，我们也不应继续认为，由于大多数义务论都通过道德规则或道德原则的概念来界定正确的行为，所以它们就是"从'正当'开始"。在此意义上，唯一"从'正当'开始"的义务论将不得不是弗兰克纳所说的"极端的行为义务论"[②]，（我猜）它认为正确的行为就**是**正确的行为。

如果这句口号是为了（比较粗略地）选出"最重要的"概念，那么**结**
27 **果或幸福**概念似乎就应当作为适用于功利主义的善概念被提出来，而对义务论者来说，最重要的概念（如果有这种概念的话）则会随情况变化而必定有所不同。对有的义务论者来说，这个概念是"上帝"，而对另一些义务论者来说则是"普世性"或"绝对律令"或"理性的接受"，等等。（我们是否应该说，对康德而言，这个概念就是"善良意志"或"绝对律令"，或两者兼而有之呢？）

很可能，对这句口号的过分盲目的信任会让人以为，美德伦理学不可能提供它自己关于正确行为的具体规定。因为，许多信任这句口号

① 对于罗尔斯区分法的一种特别有启发意义的批评，参见 G. Watson, "On the Primacy of Character" (1990)。亦参见 Hudson, "What is Morality all About？"（1990）以及 Herman, *The Practice of Moral Judgement*, ch.10，他们都对这句康德义务论的口号提出了挑战。

② W. Frankena, *Ethics* (1973).

的人接下来会说:“功利主义从‘好’中推出‘正确’,义务论从‘正确’中推出‘好’;然而,美德伦理学何以能够从它最开始的‘美德行为者’概念中推出‘好’与‘正确’呢?”事实上,由于不知道这里指的是“好的**什么**”或“正确的**什么**”,所以我不知道该怎么回答。但是,如果问题是“美德伦理学何以能够给出一种关于正确行为的论述,从而提供行为的指南”,那么答案就简单了。下面就是它的第一个前提。

> 前提1:一个行为是正确的,当且仅当,它是一位有美德的行为者在这种环境中将会采取的典型行为(即,出于品质而采取的行为)。

这种界定基本上(如果有过的话)没法让那些坚持认为美德伦理学不能告诉我们该如何行动的人们闭嘴。相反,它会招来过激的嘲笑和鄙视。“这一点儿用都没有,”反对者说,“它没有给我们提供任何意义上的指南。谁又会是那个有美德的行为者呢?”

但是,如果用来论述正确行为的第一个前提(该前提在“正确的行为”概念与一种特定的规范伦理学所独有的某个概念之间建立起联系)的失败会因为未能提供实践的指南而招致鄙视,那么,类似的鄙视为什么没有冲向我所说的那种行为功利主义与义务论的第一个前提呢?对这两种规范伦理学的第一个前提,我已指出(虽然表面上一带而过,但确实表达了对这个问题的看法)它们并未给我们提供任何指南。在提供指南之前,行为功利主义必须通过给出第二个前提来具体规定什么是最好的结果,而义务论必须通过给出第二个前提来具体规定什么是正确的道德规则。类似的,美德伦理学也必须具体规定谁才是有美德的行为者。就此而言,三者处于同样的境地。

当然,就像人们有时认为的那样,如果美德行为者可以仅仅被规定
为一种稳定地倾向于根据正确的道德规则而行动的行为者,那么美德 28

伦理学就会倒退为义务论,而不是成为它的竞争者。因此,让我们为这个基本框架增添一个附属前提,旨在表明美德伦理学的目标是通过对美德的具体规定而提供一种非义务论的"美德行为者"定义,它将体现在美德伦理学的第二个前提中。

前提 1a:一位有美德的行为者,就是一位拥有并践行某些特定品质特征(即,美德)的人。

前提 2:美德是一种……的品质特征。

美德伦理学的第二个前提,跟某些形态的义务论的第二个前提一样,可能仅仅是通过列举"下列清单上的内容"而完成的,接着有一份清单附在后面,最后也许以"等等"结束。或者,我们可以将《道德原理研究》中的休谟理解为美德伦理学的倡导者。我们可以说,根据休谟,美德是对其拥有者或他人有用的或适宜的(人类)品质特征(这两个"或"都有"和"的意思)。或者,我们还可以提供标准的新亚里士多德主义的补充方案,该方案声称,美德是人们为了实现幸福、繁荣或生活得好所需要的品质特征。

于是在这里,我们就获得了一种关于正确行为的具体规定,其结构同行为功利主义和许多简易形式的义务论非常相似。比较这三者,我们发现可以说:"美德伦理学(就其关于正确行为的论述而言)是以行为者为中心,而不是以结果或规则为中心。它以行为者为中心,是因为它在论述正确行为的第一个前提中就提出了'有美德的**行为者**'概念,而功利主义和义务论在第一个前提中分别提出的是'**结果**'概念和'**道德规则**'概念。"确实如此,美德伦理学就是这么做的。但是,请注意,它并未因此就"以行为者为中心,**而不是**以行为为中心"。美德伦理学对于"我应该决定做什么"也提供了回答。

因此,这就消除了第一种误解。美德伦理学对于正确的行为确实有所论述。不过,这仅仅是消除误解的第一步,因为许多人对它所论述的内容并不满意。原因多种多样,需要占用我们好几章的篇幅;在本章,我将集中考察在如下抱怨中自然表露出来的原因,即,美德伦理学没有而且无法告诉我们做什么;它没有而且无法提供道德的指南。 29

"美德伦理学没有为我们提供道德的指南"——如果它已提供了关于正确行为的具体规定,那怎么可能没有做到这一点呢? 人们有时猜测,它提供的只是一种循环论证,而不是我们可以用来指导自己的规定。"它告诉我们,正确的行为就是一个有美德的行为者将会采取的行为。但这是不言而喻的公理。有美德的行为者当然'采取正确的行为';如果她没这么做,她就不会有美德;我们只不过在兜圈子罢了。"

现在看来,美德伦理学论述正确行为的第一个前提,真的有可能成为一条公理。因为,行为功利主义者会否认义务论者的第一个前提("不! 如果违反规则的结果要比遵循规则的结果更好,那我们就应该违反它。"),义务论者也会否认功利主义者的第一个前提("不! 无论结果怎么样,我们都必须坚持规则。"),但是,双方极有可能共同接受美德伦理学的说法:"一个行为是正确的,当且仅当,它是一个有美德的行为者将会采取的行为。"然而,如果真的这样,那他们就都是以为他们已经通过第一个前提和第二个前提而确定了正确行为的内涵,接着,他们借助这条公理来具体规定他们眼中的美德行为者:"一位有美德的行为者,就是一位采取(我所理解的)正确行为的人。"①

我需要强调的是,这条表面的公理("一个行为是正确的,当且仅当,一位有美德的行为者在这种环境中将会采取的典型行为")并非美德伦理学关于正确行为论述的公理。它只是该论述的第一个前提,就像其他两种论述的第一个前提一样,它也有待第二个前提来加以填充。

① 参见 Watson, "On the Primacy of Character" 一文的开场白。

或许,我可以通过让填充它们的必要性变得极为明显的方式来重新表述第一个前提及其补充命题,从而使这点更加清楚,如下:

> 前提1:一个行为是正确的,当且仅当,它是一位X的行为者在这种环境中将会采取的典型行为。

> 前提1a:一位X的行为者,就是一位具有并践行某些特定品
> 30 质特征(即,X)的人。

通过这样的表达方式,前提1看上去就完全不像一条公理了。

不幸的是,如果同行为功利主义和义务论的第一个前提之间进行不太有利的比照,那么,显然,该前提现在看起来仍没有为我们提供任何信息:"我们大概都知道最好的结果可能是怎样的,正确的道德规则或原则又是怎样的,然而,一位X的行为者到底是怎样的呢?"不过,在这个时候,我必须重复一下先前的观点。其他规范伦理学的第一个前提,严格说来,同样也没有为我们提供任何信息。而我们之所以忽略这一点,是因为功利主义对于最佳结果的规定是我们非常熟悉的,而我们所了解的各个义务论者所征引的也都是熟悉的道德规则。可是,尽管这两者的第一个前提说的都是熟悉的内容,在第二个前提中,陌生的东西就会冒出来了。

有人可能把"最好的结果"界定为罗马天主教徒数量的最大化(以及,非天主教徒数量的最小化)。这是一种非常荒诞的观点;尽管正常的天主教徒们都不会有这样的观点,在天主教信仰环境中成长的某些癫狂之徒却可能会有。或者,有人可能把"最好的结果"界定为遵守特定的道德规则。之所以"我们全都知道什么是最好的结果",并不是因为行为功利主义论述的第一个前提告诉了我们,而是因为我们全都熟知:一般说来,如果行为的结果让很多人快乐或减轻了许多痛苦,它就

是好的结果。

类似的,当我们读到义务论的第一个前提时,我们也假定“我们全都知道什么是正确的道德规则或原则”。我们期待像“不要杀生”“坚守诺言”这样的事情。我们不期待“维系雅利安的种族纯洁”,“让女人永远待在她们的合适位置上,从属于男人”,“杀死异教徒”。但我们知道的只是,这些内容不仅可能而且已经被界定为正确的道德规则。就义务论关于正确行为论述的第一个前提而言,我们实际上从该前提所给出的内容中并不会知道什么是正确的道德规则或原则;我们是在把自己的观念带入其中。

因此,作为一条可以与行为功利主义和义务论的第一前提相提并论的第一前提,“一个行为是正确的,当且仅当,它是一位有美德的行为者在这种环境中将会采取的典型行为”,远远谈不上是公理;同其他论述的第一个前提一样,它没有告诉我们任何东西。只有在补充上第二个前提后,这三种论述才告诉了我们一些东西。 31

认识论问题

在这个层面上,我们会注意到,三种论述之间存在一个有趣的区分,一边是行为功利主义,另一边是义务论和美德伦理学。当行为功利主义给出它的第二个前提,说“最好的结果就是幸福的最大化”时,我们看起来就知道了行为功利主义者的立场。(虽然我后面会追问我们是否真的知道,但我们肯定看起来是知道的。)我们能推论出,比如,行为功利主义者会说,如果讲真话不会使任何人幸福反而会使有些人极其不幸,那么撒谎就是正确的。然而,当义务论者和美德伦理学者给出他们的第二个前提后,我们是否知道他们对这种情况的看法,则取决于他们所采取的具体形式。

如果给出一份正确道德规则的清单或一份美德清单,我们就有了相当具体的内容。如果一份清单包含“不许撒谎”，而另一份清单上写着“诚实”，那么我们可以推论出，义务论和美德伦理学或许并不会同意行为功利主义关于撒谎具有正确性的看法。可是，如果义务论的第二个前提是我提到的其他形式，情况又会怎样呢？我们都知道，上帝制定了哪些要求，接受什么东西才是合理的……诸如此类，一直都有诸多争论——概言之，对于哪些道德规则或原则是正确的，人们一直争论不休。当某个义务论者提出她用于考察道德规则之正确性的一种抽象检测方式时，我们可以肯定，她会捍卫和论证她根据该检测方式而信以为正确的规则——但是，这些规则包含哪些，我们就不得而知了。她是会捍卫那些禁止自杀或堕胎的规则，还是会捍卫那些允许自杀或堕胎的规则？她会成为一名和平主义者，还是会支持因自卫而杀人的行径？我们不得而知。

美德伦理学同样缺乏定论。我们都知道，据说，对于“哪些品质特征属于美德”一直存在诸多争论。当某个美德伦理学者给出她的抽象检测方式时，我们可以肯定，她将捍卫她根据该检测方式而确信为美德的品质特征，并排除没有被她接纳的品质特征——不过，这类品质特征会有哪些，我们就不得而知了。她会捍卫谦卑、谦虚和怜悯，还是会（分别像休谟、亚里士多德和尼采那样）排除它们？她会捍卫不偏不倚的做派，还是会捍卫友爱？我们也不得而知。

因此，我们这里出现了一个有趣的对比，一边是行为功利主义，另
32 一边是义务论和美德伦理学。后者看起来注定会在“我们怎样才能**知道**一个具体行为是正确的行为”这个问题上给我们带来很大的麻烦，因为，无论义务论和美德伦理学说什么，我们总可以追问：“但是我们怎么知道，**哪些**道德规则或原则才是正确的？**哪些**品质特征才是美德呢？”如果它们仅仅给出各自的清单，我们会担心那是不是正确的清单。如果它们给出的是一种抽象检测方式，我们则可能担心，如果有足够精巧的设计或不同的更进一步的前提，这些检测方式是可以引出不同结果的。

因此,二者都使自己暴露在道德的文化相对主义,或者更糟糕地,暴露在道德怀疑主义的威胁之下。也许,我们只能是将那些被我们自己的文化或社会所接受的规则或品质特征列举出来,并且不得不接受如下看法,即,我们所能知道的一切只是在我们眼里正确的东西,而在其他文化看来则可能是错误的。或者,更糟糕的是,如果我们记得“我们”内部存在多么大的道德分歧,那么,大概我们甚至连这一点都做不到。我们或许不得不同意说:没有人“知道某个具体行为是正确的”,他们只不过“凭感觉相信它是正确的”,因为它合乎某人自己希望合乎的某条规则,或者,因为它只是某人自己想要成为的那种人将会做的事。

而行为功利主义则没有,或者说,没有直接地面临同样的威胁。诚然,人们有时可能很难预测行为的结果,但这是三种论述都必须面对的一个生活实践问题。人们有时认为义务论“不考虑后果”,但这显然不对,因为我们所审慎思考的许多行为,只有当我们将其可能导致的后果考虑在内时,才谈得上遵守规则或原则。一位坚持义务论立场,但不确定是否该给某个病人做手术的外科医生之所以心有疑惑,不是因为她怀疑自己原则的正确性,而是因为她很难预测这场手术的结果是让病人多活几年,还是会让他撒手人寰。而一位认同美德伦理的外科医生也面临着同样的问题:她或许并不怀疑“仁慈”(关心他人利益)是一种美德;她所怀疑的是,这场手术的结果是让她的病人获益还是受伤。

难以预测人的行为后果并不会带来道德相对主义或道德怀疑主义的威胁;它只是一个常见的生活问题。然而,如果像功利主义所说的那 33
样,这些后果涉及**幸福**,那么这里不就有危险了吗?不同的文化、不同的个体有不同的幸福观。如果我们无法精确并且正确地定义我们理应加以最大化的“幸福”,我们怎么才能知道某个具体行为就是正确的行为呢?

我认为,人们可以向功利主义提出这样的问题,而这也是我后面会回头处理的一个方面。但很难说这就表明行为功利主义将**直接**面临道德相对主义和怀疑主义的威胁。假设人们的幸福观确实不一样;但这对于实践的目的而言,又有什么重要的呢?我给这个人一本有关宗教沉思的书,她会高兴,我给她一本色情小说,她会不快;而另一个人对这本小说兴致盎然,却对另外那本书觉得头痛。如果我可以同时提供这两本书,那么,行为功利主义者会非常清楚我应该怎么做而无需给幸福下定义或是担心"这两人确实有极为不同的幸福观"这个事实。正如乔纳森·格罗夫坚定指出的那样,"我们大多数人,无论是不是功利主义者,都会顾及我们的行为可能给他人的幸福所带来的影响,如果尽力让某人更加幸福与使他获得成功之间是没有关系的,那我们将会茫然无措"①。

因此,我们现在可以说,行为功利主义没有直接面临道德相对主义或怀疑主义幽灵的威胁,但是美德伦理学,还有义务论,则面临这种威胁。提出并承认这个问题之后,让我暂时把它放到一边,留待后续章节讨论。② 现在,我假定,义务论和美德伦理学在它们的第二个前提中给出了一份开放的、为人所熟知的清单。我们可以假设,义务论列出了如下熟悉的规则,如"不要杀人""要说真话""坚守承诺""不要作恶或伤害他人""帮助他人 / 增进他们的福祉"等等;美德伦理学也列出一些熟悉的品质特征,如公正、诚实、仁慈、勇敢、实践智慧、慷慨、忠诚等等。在给出这番假设后,我们可以回头来处理下面这个问题,即,美德伦理学即使列出这份清单,它在一定程度上是否也没有像行为功利主义和
34 义务论那样提供指南。

道德规则

有一种常见的反对意见是这样的:

---

① J. Glover, *Causing Death and Saving Lives*, p.3.

② 事实上,考虑到问题的大小程度,人们可能会说"留待下一本书"。但我将在第八至十一章回头来讨论这个问题。

> 义务论给出了一系列清晰的、便于使用的指导方案。而美德伦理学给出的指导方案仅仅是:“采取有美德的行为者(即具有公正、诚实、仁慈等美德的人)在这种环境中将会采取的行为。”然而,这没有为我提供任何指南,除非我自己就是(并且我知道自己就是)一个有美德的行为者——若是这样,我就基本上不需要它了。如果我并不是那么有美德,那我就没法知道一位有美德的行为者将会采取怎样的行为,也就没法运用美德伦理学为我提供的这唯一的指导方案。诚然,行为功利主义也仅仅给出唯一的指导方案(“采取能带来幸福最大化的行为”),但人们在运用它的时候不会遇到类似困难;它也很便于使用。因此,在这种意义上,美德伦理学关于正确行为的论述未能提供行为的指南,而义务论和功利主义则成功地做到了这一点。

作为回应,值得指出的是:如果我知道我远不完美,而且非常不清楚一位美德行为者在我目前所处的环境中将会采取怎样的行为,那么,我显然应该(只要有可能的话)向美德行为者请教。这绝非无关紧要的问题,因为,它直接解释了我们道德生活中的一个重要方面,即,我们并不总是作为完全自我决定的“自主”行为者来行动,而是常常从那些在我们眼中比我们自己更高尚的人那里寻求道德指南。当我找借口去做一件我很疑心是错误的事情时,我会问那些道德比我更差的人(或是差不多的人,如果我够坏的话):“要是你处于我的境地,难道你不会这么干吗?”但是,当我急切地想去做一件正确的事情,而我又不太清楚该怎么做时,我则会去找那些我尊敬和钦佩的人:在我眼里比我自己更善良、更诚实、更公正、更聪明的人,请教他们如果身处我的处境会怎么做。我不知道功利主义和义务论如何(或者实际上,是否)能够解释这样的事实,但正如我所说,美德伦理学的解释是直截了当的。如果你想要采取正确的行为,而采取正确的行为就是采取美德行为者在该处境中将采取的行为,那么你就得搞清楚她会怎么做,如果你此时还不知道的话。

35 而且,向美德之人请教,也不是一个努力运用美德伦理学“单一指导方案”的不完善之人唯一可做的事情。因为,一般情况下,反对者说“如果我并不是那么有美德,那我就没法知道一位有美德的行为者将会采取怎样的行为”,这显然是错误的。请回想一下,我们假设美德可以列出(比如)诚实、仁慈、忠诚等等。因此,**根据假设**,有美德的行为者就是诚实、仁慈、信守承诺(等)之人。所以,她所采取的典型行为就是诚实、仁慈和信守承诺(等)的行为,而不是不诚实、不仁慈、不信守承诺的行为。因此,假如可以这样列举美德,那么,不管我自己多么不完美,我都能很清楚地认识到美德之人在我的处境中将会采取怎样的行动。她会公然撒谎以博取不正当的利益吗?不,因为这既不诚实,也不公正。她会帮助路边受伤的陌生人,即便他无权要求她的帮助,还是会绕道而行?是前者,因为前者仁慈宽厚,后者麻木无情。她会坚守她对死人的诺言,纵使活着的人能够受益也绝不违背吗?是的,因为她信守承诺。诸如此类,等等。[①]

针对“美德伦理学的正确行为论述无法指导行为”这条反对意见的第二种回应方式,就是要否认常常被人提及的如下主张,即,“美德伦理学没有提供任何规则”(这是用另一种方式来表达“美德伦理学更关心‘是什么’,而不是‘做什么’”),所以需要用规则来补充。我们现在能看到,美德伦理学提供了大量的规则。不仅每种美德都给出一项指令(诚实行事、与人为善、慷慨解囊),而且每种恶德也给出了一道禁令

① 参见安斯考姆的观点:“如果一个人总是用诸如‘不真诚’‘不贞洁’‘不公正’,而不是用‘道德错误’来命名事物,将是重大的进步……答案有时会立即变得清晰。” Anscombe, “Modern Moral Philosophy”, 1958, reprinted in 1981, p.33.

（不要欺骗、切勿冷漠、无须吝啬）。[①]

一旦掌握了美德伦理学的这一点（众所周知，这点遭到严重的忽视），人们还有理由说美德伦理学无法告诉我们应该如何行动吗？是的，还有一条理由。这条理由大致是，同“采取有美德的行为者将会采 36
取的行为”这条规则一样，“诚实行事”“切勿冷漠”等规则仍然是错误的规则，仍然在某种程度上注定无法给出义务论规则和行为功利主义规则所提供的那种行为指南。

可是，怎么会这样？确实，美德伦理学的这些规则（以下简称为“美德规则”）是要通过在**某种**或某些意义上必然具有“评价性”的术语或概念来表达。而这是使它们注定失败的原因吗？当然不是，否则，许多类型的功利主义和义务论也会因此而失败。

事实上，有的功利主义就是以彻底的“价值中立”或经验性作为目标，比如，将“幸福”定义为实际的欲望或爱好（不论它的内容如何）获得满足的功利主义，或者，将“幸福”定义为一种心理状态（人们最终通过内省而确立它的存在）的功利主义。虽然这些类型面临许多广为人知的问题，而且在我看来一向不足为信，但我承认，持有它们的人们总是在抱怨说，美德规则所给出的只是某种比较拙劣的带有“评价性”术语的行为指南。可是，一个希望在高级快乐和低级快乐之间做出区分，或是对理性的爱好有所表达，或是在定义“幸福”时诉诸了某些善（比如，自主、友爱或对于重要事务的了解）的功利主义者得承认，即便是她的那条单一的规则也隐含地具有“评价性”。（概言之，这就是我为什么认为——正如我前面提到的那样——功利主义通常无法避免道德相对

① 我在以前的文章里提出这个观点时，是借助副词来表达这些规则的——诚实地行动、仁慈地行动、慷慨地行动、不要不诚实地行动，等等。不过，这些副词不仅意味着一个人做出了美德行为者将会做出的行为，而且意味着他是“根据该行为者的行为方式”来这么做的，其中就包括“出于某种（些）同样的理由”，而在我看来，在后续章节单独讨论一下有关美德行为者之理由的问题，也许更好一些。

主义或怀疑主义威胁的原因。)

义务论又怎么样呢?如果我们关注撒谎,将“撒谎”定义为“有意欺骗听众,说出你所认为的不真实情况”,那么我们可以暂时维持这样的幻觉,以为义务论规则不带有“评价性”术语。然而,一旦我们想到几乎没有哪位义务论者会放弃不伤害原则和(或)慈善原则,幻觉便会消失。因为,这些原则及其相应规则(不要作恶或伤害他人,要帮助别人,提升他们的福祉)依赖于这样一些术语或概念,它们至少跟美德规则所采取的术语或概念同样是有“评价性”的。

如果人们把“功利主义从‘善’开始,义务论从‘正确’开始”这句口号理解为,义务论通过某种方式从“正确”(以及“错误”)的概念中
37 推出了“善”(以及“坏”或“恶”)的概念,那么我们便可以揭示这句口号的一种更深层次的缺陷。虽然在具体界定其幸福概念时诉诸正确行为或美德行为概念的“功利主义者”会觉得很难摆脱这句唬人的口号,但没有人认为,义务论者可以在完全不使用**善**的概念(它不仅仅等同于“**因其自身就是正确的行为**”这个概念),或不提及**恶**或**伤害**概念的条件下表述她的每一条规则。

我们还会注意到,很少有义务论者会满足于“不要杀生”这类简单的准生物性质的规则,不过,该规则的某些更精致的版本,比如“不要谋杀”或“不要杀害无辜者”,则再次使用了“评价性”术语,而“不要不公正地杀生”本身就是美德规则的具体表现。

即使接受了这一点,义务论者也仍有可能声称,在给儿童提供指南的问题上,美德规则显然比不上义务论规则。诚然,对于“什么是真正地伤害他人”“什么是真正地提升他们的福祉”“什么是真正地尊重其自主性”“什么是真正地谋杀”这些问题,就连坚持义务论立场的成年人都得费劲思索,而我们在母亲膝下所学到的简单规则却是必不可少。美德伦理学怎么可能合理地抛开它们,而去指望蹒跚学步的孩子能够领会“做仁慈、诚实、友善之事,不要做不公正之事”的要求呢?不客气

地说，这些概念很“厚重”！对孩子们来讲，它们太厚重了，难以领会。

严格说来，这种反对意见与**一般的**反对意见（即，美德规则无法提供行为指南）相当不同，但它是在后者的语境中自然出现的，而我也非常乐意讨论这个问题。因为，它明确揭示了所有的规范伦理学都必须面对的一个充分性条件，即，这样的伦理学不仅要为聪明理性的成年人提供行为指南，而且要对道德教育发表意见，对一代人怎样将行为规范传授给下一代人发表意见。然而，受亚里士多德启发的伦理学不可能遗忘道德教育问题，所以这种反对意见并未击中要害。首先，其中所蕴涵的经验性主张（即，对蹒跚学步的孩子只能传授义务论的规则，而非“厚重的”概念）绝对是错误的。“不要那么做，这会伤到猫咪，你不要这么残忍”，“对你的弟弟好点，他还是个小孩子”，“不要这么吝啬，这么贪心”，诸如此类的句子常常会被讲给孩子们听。虽然由于某种原因，我们不会很早教他们“公正”和“不公正”，但是我们肯定会教他们“公平”和“不公平”。 38

其次，美德伦理学的倡导者为什么就该否认我们在母亲膝下所学到的那些规则（比如，“不要撒谎”“信守承诺”“帮助他人”）的重要性？虽然将“美德行为者”简单地定义为“倾向于根据义务论的道德规则行动的人”是错误的（正如我已声称的那样），但既然我们承认（比如）在践行“诚实”美德和“不撒谎”之间存在明显的联系，那么，这就是个可以理解的错误。美德伦理学希望强调的是，若要教孩子们诚实，就必须教他们热爱和赞美真相，而**仅靠**教他们别撒谎是达不到这个目的。但不一定要否认，为了达到这个目的，教孩子别撒谎是有用的，或者甚至是必不可少的。

因此，我们可以看到，美德伦理学不仅提供了规则（即，通过源自美德和恶德的术语而表达出来的美德规则），而且，进一步地，它没有排斥人们比较熟悉的义务论规则。两者的理论区别在于，这些为人熟知的规则及其在具体情况中加以运用的背景是完全不同的。在义务论看来，我不应撒谎，是因为当我将“不许撒谎”这条（正确的）规则运用于该情况时，我发现撒谎是被禁止的。而在美德伦理学看来，我不应撒谎，是因为这么做不诚实，而不诚实是一种恶德。[1]

不可法典化

那么，对于如下主张（即，美德伦理学通常认为，伦理学不可以被法典化为一些能够提供具体行为指南的规则或原则），又该如何看待呢？现在看来，这是一种回应起来相当麻烦的主张：“是的，它完全取决于你如何理解‘可法典化’的含义。”这个概念过去常常是指，规范伦理学的任务在于提供一组（或许只是“一条”，比如，在行为功利主义那里）普遍规则或原则，它们具有如下两种显著特征：（1）它们可以构成一种决
39 策程序，用以决定某个具体情形中的正确行为；（2）对它们应该这样来表达，以至于那些缺乏美德的人也能够理解并正确地运用它们。[2] 我们称之为“可法典化的强命题”。拒绝承认该命题，过去是，现在也是美德伦理学的典型特征。[3] 不过，至少出于两方面（毫无疑问，彼此相关的）原因，这种看法目前非常少见了。

一个原因在于，人们越来越意识到，提供这样一组规则或原则的做法已然失败。先前，当应用伦理学风头正盛的时候，这种做法似乎还可行，但是，随着越来越多基于相同抽象原则的哲学家这样来运用它们却得出不同的结论，随着他们把不同的修订条件或排除条件添加到一般原则上从而导致不同的结论，随着越来越多试图解决真实生活中医学

① 近年来在康德主义者与美德伦理学者之间令人高兴的趋同发展，使得许多事情，包括（义务论与美德伦理学的）这种清晰区分在内，都变得模糊了。

② E. Pincoffs, “Quandary Ethics”, 197 断定，这是当时关于规范伦理学任务的主流观点，在文章的一开始，他就引用了当代学者的大量说明性的论述。

③ 最有名的是麦克道威尔的观点，参见 J. McDowell, “Virtue and Reason” (1979)。

伦理的棘手问题的哲学家发现自己不得不承认争执双方的论证都很好时——更一般地讲,随着抽象原则与具体道德情境的复杂特殊性之间的隔阂变得愈发明显时,这种看法(即,"规则应当具备上述两种特征")开始失去了它的吸引力。

美德伦理学的同时出现,至少阐明了修正原先看法的一种方式。当人们考虑医生是否需要有美德时,越来越清楚的是,那些自大傲慢、缺乏爱心、不够诚实并且以自我为中心的人是无法保证完全按照具体规则的要求去做他们应该做的事情的。别忘了,恶魔也能援引《圣经》来为自己的目的服务;一个人能够遵循规则的表面文字,却同时违背它的精神。因此,人们意识到可能需要一定数量的美德以及相应的道德或实践智慧,这既是为了解释规则,也是为了决定在特殊情形中运用**哪条**规则才是最合适的。①

当然,我并没有说这一点现在已经得到了普遍承认,我只是说它要 40
比以前常见得多,尤其是在**关于**应用伦理学的著作中,这些著作同那些关于规范伦理学是什么或应该是什么的著作截然不同。那么,我们应当认为,放弃了原先看法的人们(据说)跟美德伦理学者一样"拒斥'伦理学可法典化'的观念"吗?显然,他们同美德伦理学者一样,认为伦理学并不像人们通常所设想的那样可以法典化,但我认为,他们仍有一种挥之不去的观点,认为同美德伦理学的看法相比,伦理学是(或应当是)可以更多地进行法典化的。

有时候,这只不过是我先前指出的那种错误观点(即,认为美德伦理学不提供任何规则或原则),再加上(我猜)一种内心里不愿意加入美德伦理学阵营的念头所构成的结合物。彼彻姆和柴尔德里斯所编写的

① "原则确实不足以决定人们的行为决策。这种观点,对于那些倡导以原则或规则为中心的伦理理论的人来说,几乎并不新鲜。比如,康德就坚持认为,我们不可能获得关于判断的使用法则,因为,某条规则的每一次运用,本身都需要更进一步规则的补充。" O'Neill, "Abstraction, Idealization and Ideology in Ethics" (1987), p.58.

《医学伦理学原则》一开始曾对美德伦理学不屑一顾，而在后续版本中变得逐渐友好；尽管如此，我们仍然可以发现，他们坚持认为美德伦理学需要受到他们所给出的一份原则清单的**补充**。他们虽然没说，但也许会说，这种做法并非十足的**法典化**。这份清单看起来是这样的：

原则	**相应的美德**
尊重自主（Respect for autonomy）	尊敬（Respectfulness）
不做恶事（Nonmaleficence）	无邪（Nonmaleficence）
多行善举（Beneficence）	慈善（Benevolence）
公正行事（Justice）	正义或公平（Justice or fairness）

规则	**相应的美德**
坦诚待人（veracity）	真实（truthfulness）
等等①	

如果这就是全部的问题，那么我们无论如何得说，美德伦理学并**没有**拒斥"伦理学可法典化"的观念。它无需受到这些原则的补充；它已经把它们体现出来了——除它们之外，还有许许多多其他的原则。（我们的美德与恶德列表有一个值得注意的特征，即，尽管这里得到普遍承认的美德清单在我看来很短，我们这里的恶德清单却不同寻常，而且颇为有用地长，它远远超过了任何一个按照标准的义务论规则来思考的人
41 所能提供的内容。许多非常重要的行为指南就是为了规避具有如下特征的行动而产生的：不负责任、软弱无能、懒惰庸散、不深思、不合作、粗糙苛刻、不宽容、不慎重、不仔细、不思进取、优柔寡断、懦弱无能、虚伪、

① T. L. Beauchamp and J. F. Childress (eds.), *Principles of Biomedical Ethics*, 4th edn. (1994), p.67.

任性、物质至上、贪婪、短视等等等等。)[①]

还有些什么别的问题呢？与“美德伦理学过早地放弃了法典化”，或者“美德伦理学没有充分实现法典化”的看法相关，有一种流行的批评意见认为，当我们面对棘手情况或两难困境时，美德伦理学无法提供行为的指南。因此，我们现在要转而考虑美德伦理学与棘手情况之间的关系了，这是个极其宏大的话题。 42

① 有些美德伦理学者或许想要坚持认为，美德与恶德之间存在着一种强烈的对应关系；这不仅意味着，对于每种美德，都至少有一种特定的恶德与之对应，而且意味着，每种恶德也与某种特定的美德对立。从形式上，人们当然可以坚持说，对于懒惰(laziness)，有一种作为懒惰对立面的美德与之对应，而在英语中恰巧没有词来表达它——“勤奋”(industriousness)不完全管用；更加貌似合理的说法是，人们可以声称某个人的品质是“负责任的”(responsible)，这就等于说他具有某种特定的美德，而我们只能用形容词却不能用名词来描述它。不过，我本人并不认为情况就会这么整齐。

第二章
可以解决的困境

在继续思考人们之所以对美德伦理学关于正确行为的论述不满意（即，它在某种程度上无法为我们提供行为指南）的原因时，我们会遇到"冲突问题"。据说，"不同的美德要求会把我们指向彼此冲突的方向。仁慈要求我们应当杀死那个（真的）死了会更好的人，而公正却禁止我们这么做；所以，安乐死是对还是错，对此，美德伦理学并未给我提供指南。诚实要求我们说出伤人的，甚至是具有毁灭性的实话，而友善和怜悯则要求我们保持缄默甚或撒谎；所以，美德伦理学没有给（比如）医生提供指南，告诉他们是否有时应该对病人撒谎，诸如此类。因此，恰恰在我们最需要它的情况下，在我们面临真正棘手的道德困惑而不知怎么办的情况下，美德伦理学让我们失望了"。

在坚定的行为功利主义者口中，这种批评是可以理解的，因为，众所周知，古典功利主义规则所能导致的唯一冲突，只不过是"最大多数人的最大幸福"里的这两个"最大化"之间稍微有点麻烦的逻辑冲突。然而，要在义务论者那里发现完全同样的批评却很罕见，因为，大家都知道，他们面临着同样的问题。实际上，道德困惑或困境常常通过义务论而表现出来，因为导致它们的原因，就在于那些在当下情境中带来不一致要求的、彼此冲突的道德原则或规则。那么，人们是否已经假定，义务论可以通过某种方式来解决冲突问题,而美德伦理学却不可以?或者说,这种反对意见(早在很久之前!)反映出,只有功利主义为我们提供了充分的行为指南,而其他两者应当被毫不犹豫地抛弃掉?在处理这些问题之前,我必须花点时间讨论一下"困境"这个问题本身,因为它具有令人惊讶的复杂性。我还发现,再多谈一点"正确的行为",也是有必要的。 43

困境与剩余物

在当前有关困境问题的哲学文献中,我们发现存在着一种奇怪的分离。一方面,大多数文献讨论的是一个理论问题,即,是否存在甚或是否可能存在"不可解决的"道德困境。[不可解决的道德困境通常被界定为如下情形,即,"做 x 与做 y 是同样错误的,但人们必须选择去做 x 或做 y",或者,"两种道德要求彼此冲突,但(大致说来)谁也不比谁更胜一筹"。]这些文献还包括一些相关的讨论,其内容涉及"不可解决的困境"表明或将会表明什么,比如,表明道德实在论或认知主义是虚假的(或另一种情况,证明它们是真实的!),表明道德绝对主义是失败的,表明道德理论是无法提供决策程序的,等等。

对于"剩余物"或"残留物"的重要看法也包含在这类文献里。假设存在着不可解决的困境,而人们正面对其中一个。那么,他们无论怎么做,都会违背一条道德要求,而我们希望他们能通过某种方式(通过感到痛苦、遗憾、懊悔或罪疚,或者在有的情况中,通过承认人们需要给予道歉、赔偿或补偿)体现这一点。这些东西(懊悔或遗憾,新的道歉要求或无论什么要求)就被称为(道德的)"剩余物"或"残留物"。即便是在困境可以解决时,即,一种道德要求显然优于另一种要求时,许多作者也愿意坚持认为,它只有在"具备剩余物"的条件下才是可以解决的;在某种程度上,那个略逊一筹的要求仍然保有它的力量,因此,遗憾之情,或许还有对于某种新要求的承认,仍是恰当的。

另一方面，在应用伦理学中，也有大量文献涉及各种“棘手情况”（亦称为“困境”），比如，是否应该杀死有缺陷的婴儿，或者，是否应该打掉因遭强暴而怀上的孩子，或者，是否应该告诉那个身处重症监护的人如下事实：她是她们家在车祸中唯一的幸存者，等等。对于第二类文献，有一个显而易见的事实是，它们几乎没有（即便曾经有过的话）重视过第一类文献。致力于第二类文献的人们（1）几乎没有考虑过，他们所讨论的困境可能是无法解决的；相反，他们假设认为，对这种困境一定可以做出正确的决定，而这就是他们的道德理论事业（通常是功利主义
44 或义务论）所试图揭示或发现的内容。而且（2）当他们全神贯注地思考“在此情形中，哪一个才是**正确的**行为，x 还是 y”这个问题时，他们完全没有对“剩余物”或“残留物”给出任何论述。（1）和（2）都是需要讨论的，而我将从（2）开始，把（1）留待下一章。

我认为，在应用伦理学的论辩中没有提到剩余物，往往属于一种令人可悲的疏忽，它至少是由作者的某种错误所导致的。

有时，这只是因为人们没搞清楚什么是真正的困境。作者们（常常不自觉地）把困境理解为“**要么** x 是这里应当采取的（无条件的）道德正确行为而 y 是道德错误行为，**要么** y 是（无条件的）道德正确行为，等等”。他们轻率地忽视了第三种可能性，比如，“是的，两者都很糟糕，但 x 还不至于像 y 一样糟糕（假设该困境是可以解决的）”。

这种不自觉的假设（即，在任何道德困境或冲突中，一边必定无条件地道德正确，而另一边则赤裸裸地错误）深深影响着日常观念，甚至延伸到两个不同行为者之间的道德冲突情形。我觉得，值得一提（而且让人感叹）的是，在有些上演戴维·马梅特的话剧《奥利安娜》[①] 的剧院

① 在第一幕中，她（一个学生）去看他（一位教授），因为她上他的课很吃力。他忙于自己的事情，无暇听她的问题，尽管他仍有工夫说出各种让人无法接受的充满了性别歧视色彩的话。在第二幕中，她返回，以更加断然的语气告诉他，她已经对他提出了性骚扰的指控；他不仅会失去他的教职，而且会失去他钟爱的别墅；他勃然大怒。

大厅里，放着一块公告板，希望看过话剧的观众回答一个问题：“谁是对的？她还是他？”成千上万的人写下了答案，说是“她”或“他”。而他们怎么没有注意到，眼前的选项（她是对的 / 可以在道德上得到证明，**或者**，他是对的 / 可以在道德上得到证明）显然并未穷尽所有的可能性呢？我拒绝接受公告板所给出的强迫性选择，我想说，他俩都不对，都不可以在道德上得到证明；我认为，他俩的行为都很糟糕（稍微提一句，尽管他比她要更糟糕）。

我们现在之所以更容易发现“奥利安娜”案例中的谬误，是因为这
种强迫性选择（哪一边道德正确？）发生在两个人之间，而不是发生在 45
两种行为方案之间。我敢打赌，如果公告板上问的是“你愿意和谁成为朋友，她还是他？”会有更多的人避开困境而干脆利落地说“都不愿意”。（而且，我猜——在我同人们谈及我拒绝接受强迫性选择的谈话过程中，证实了这种猜测——那些在公告板上写下答案的人们，不知不觉地让自己回答了一个有关行为方案的问题：“如果你**不得不**支持他们中的一个人，你会支持谁，她还是他？”）

为什么当选择是介于两种行为方案之间时，我们会比较难以发现谬误呢？至少部分原因在于，我们非常容易混淆“道德正确的决定”或“正确的道德决定”这些短语的两种不同意义。

假设我们面对一个可以解决的道德困境——x 比 y 更糟糕。那么，在此情形中，决定采取 y 行为而非 x 行为就是**正确的**决定。而且（假设我们是在“x 比 y 更糟糕”的道德依据上做出该决定的）它是一个道德的决定，或者说，一个在道德上做出的决定。因此，它是“道德正确的决定”或“正确的道德决定”；这是我们使用这些短语的一种方式。

现在，假定我们拥有一种道德正确的行为：一种好的行为。就其本身来说，它是一种值得赞扬而不是值得责备的行为，一种行为者会因为做了它而感到自豪而不是觉得不高兴的行为，一种正派的美德行为者会去做而且会找机会去做的行为（假定“美德行为者会采取正确

的行为”是一条公理)。不仅如此,行为者会因为决定这么做而感到自豪(它们是体面的美德行为者会做出的决定),并且,他会因为做出了这种决定而受到表扬,不论该行为是否已经发生。如果它没发生,那有点遗憾,但我们依然可以说他们做出了“道德正确的决定”“正确的道德决定”;对他们而言是善的。这里,我们是以第二种不同的方式使用这些短语。

两者之间的差异可以通过思考如下断言而表现出来:“一旦道德正确的决定得以实施(一旦行为者做了她想做的事情),我们便会得到道德正确的行为。”如果是以第二种方式使用“道德正确的决定”,那我们确实可以这么说。但如果是以第一种方式使用“道德正确的决定”,那我们则不能这么说,因为它显然不对。一个通过承诺结婚而让
46 两个女人怀上自己孩子的男人虽然只能娶一个,他所处的却并非一个不可解决的困境;也许,抛弃 A 而不是 B 会更糟糕,并且,让我们假设他做出了“道德正确的决定”并娶了 A,从而必然违背了他对 B 的诺言,使 B 的孩子成为非法的私生子。他不值得表扬,而要受到谴责,因为正是他导致了这种他必定要抛弃 B 的状况;他应该为自己感到羞愧,而不是骄傲,等等。况且,即便行为者面对的是一个并非因自身过错造成的可以解决的道德困境,她(恰当地根据假设而)在两者之中决定选择的那个较小的恶行,也仍然不会是道德正确的行为或好的行为,不会是为她带来“幸福(非常)所需之条件”—— 即,正如休谟如此优美地描述的那样,带来“心灵的内在平静、正直的感觉,(以及)对(她)自己行为的满意评价”的行为。相反,它将会或应该会给她带来某种“剩余物”。

因此,我认为,在应用伦理学争论中处理各种棘手情况,却没有提及“剩余物”的哲学家,常常(当然并不总是)对于“道德正确的决定”理解不到位,因而容易陷入一种虚假的困境。他们把“哪一个才是道德正确的决定,做 x 还是做 y”这个问题,与“哪一个才是(没有任何剩余

物的）道德正确的行为（即，行为者无需感到任何遗憾的好行为），x 还是 y”这个非常不同的问题混淆了。**假如**世界上不存在不可解决的困境，那么第一个问题就没有构成虚假的困境，但是，即便每个道德困境都可以解决，第二个问题也肯定会构成虚假的困境，因为正确的答案很可能是，“两者都不是”。

我认为，这种忽视剩余物的倾向，受到规范伦理学应当“提供关于正确行为的论述”，以及人们需要它充当“行为的指南”等最初要求的积极鼓动。而为了消除“美德伦理学是‘以行为者为中心而不是以行为为中心’，它甚至都没有假装要提供行为指南”这种流传广泛的错觉，我一开始对上述要求有所让步，并强调指出，我们可以认为美德伦理学提供了一批规则：美德规则。但是，我们现在可以有理由稍作反悔，重新引入“美德伦理学更关注**行为者**而非**行为**”的理念。“功利主义和义务论以行为为中心”，因此，当其支持者考虑棘手的困境时，他们仅仅关注“哪一个行为才是正确的，x 还是 y”。由于人们不可能决定要感受遗憾，而且，感受遗憾也不是个必需意义上的**行为**，因此他们根本就没有考虑 47
过“剩余物”的出现。而一个美德伦理学的支持者，当他关注“美德行为者在此情境下会采取何种行为”这个问题时，既然他关注的是行为者以及更广义的“行为”，那么他就会回答说（比如）：“在经过对各种可能选项的诸多犹豫和考虑，感到深深的遗憾，并做出了如此这般的补偿之后，他会采取 x 行为。”

尽管就个人而言，我比较同情医生，但人们确实听说过一些偶尔发生的毛骨悚然的故事，谈到某些医生的傲慢自大、麻木不仁。人们常常并不是抱怨医生的决定，而是他们告知该决定或根据该决定而行动的方式。对于是否可以做点什么以便今后有可能尽量少地做出这种决定，医生们没有表达出任何遗憾，没有表达出任何关心；做出了（他们所认为的）道德正确的决定，他们似乎就觉得，他们可以十分满意地看待自己的行为。可是，如果有人因为他们的决定而死亡、受伤或遭受可怕的耻辱，那么，就算这个决定绝对正确，遗憾之情也必不可少。而美德伦理学会让人们更多地关注他们应当作何反应，而不是让他们满足于“他们已经做出了正确的决定”这个念头。

我不是充满火药味地说这番话；正如我在“导论”中所言，我的目标不是摧毁功利主义和义务论。我曾经确实认为，由于“以行为为中心而不是以行为者为中心”，功利主义和义务论在理论上无法公正地对待那些带有剩余物的道德困境，但正因如此，我也没有预料到（我同样在“导论”中提到的）那种对美德伦理学的出现而做出的令人激动的、富有创造性的反应。现在，新康德主义者就对行为者应当有何感受（作为美德的一部分）燃起了兴趣，而某些功利主义者则对有必要培养行为者的特定品质特征（即，有美德的品质特征）表现出了关心。当我们引入这些内容来处理应用伦理学的困境时，（我希望而且估计）我们会发现，讨论将有所改善。毕竟，一旦人们注意到有可能给出美德伦理学的回答，他们就会更容易记得遗憾，从而，通过思考可以怎样表达这种遗憾，他们会提出一些更饱满的回答，比如，“采取 x 行为，但同时感到歉意或尽可能给予补偿”或者“在同有关人员进行长时间的、耐心的和敏感的讨论之后，再采取 x 行为”。义务论者和功利主义者并没有因为它们“以
48 行为为中心”就不会这么做。

再论正确的行为

将上述看法铭记于心，让我们再来看看美德伦理学对正确行为的“论述”。“一个行为是正确的，当且仅当，它是一个有美德的行为者在这种环境中将会采取的典型行为。”并且，我们假设我们有一份关于美德和恶德的标准清单。我们现在会问，这种“论述”是在提供行为**指南**还是在提供行为**评价**，抑或两者皆有？二者之间差异的重要意义在第一章中并未浮出水面，但我们现在需要有所考察。

当我谋求行为指南时，我是在问："我（在我所身处的情境中，或在我即将面对的情境中）应该做什么？"规范伦理学理应为我提供必要手段，以获得答案（除非我面对的是一个不可解决的困境）。

"这种"答案可以通过多种不同的语法形式表现出来。如果为我自己提供"这种答案"，那么我可能会说"我必须/应该/应当做x"，或者"x是/将会是需要去做的正确事情/需要采取的正确行为"，或者"我将做x"。而某个向我提建议的人则会说"你必须/应该/应当做x"，或者"x是/将会是需要去做的正确事情"，或者"做x"。应用伦理学的作者很少对他们的读者发出这样的指令："如果你身处如此这般的情境，那么做x"；虽然他们有时会说"如果你身处……那么你必须/应该/应当[①]……"，但是，更常见的人称代词是非个人性的（"身处……情境的任何人都必须/应该/应当……"），或是第一或第三人称的。他们常常会说，"x是/将会是需要去做的正确事情/正确行为"。

在规范伦理学那里寻求并发现行为指南的语境中，所有这些不同的语法形式可能被看作是在表述同样的事情，给出同样的答案。我是在表达意图（"我将做x"）还是在不容置疑地接收指令（"做x"），我是在设定或被告知与我有关的某件事还是在赋予自己（或被人赋予）某个不容置疑的指令（"我/你必须/应该/应当做x"），或者，我是设计了还是发现了与某行为有关的某种情况（"x是/将会是正确的"），统统不重要。因为这种语境，别忘了，应该是这样的语境，在那里，我的目标是实 49
践性的，而且，更重要的在于，它得是正确的。我希望能够形成某种意图，在谋求指令的过程中，我为了获得指南而诉诸规范**伦理学**。我没有诉诸我的个人爱好、法律或身边的某个马基雅维利主义者，因为我想做的是那些真正可以被评价为**正确**的事情。在许多情况中，我们可以认为，这些在语法上不尽相同的答案既提供了行为的指南，同时又确立了

① 我不是没有意识到有些作者确实已对这三个助动词做了精细的区分；我之所以忽略这些区分，是因为我觉得它们在这个语境中不重要。

行为的评价。"决定去做 x"是道德正确的决定,而 x 也是道德正确的行为。

然而,那些可以解决却带有剩余物的困境则表明,这两个方面何以会彼此分离。假设我,由于先前的错误行为而使自己身陷一个不得不在两种恶行之间作选择的境地。因为对于先前的错误行为感到羞愧,我转而诉诸规范伦理学以谋求指南(我应该做什么?假设这个困境是可以解决的,既然 x 比 y 更糟糕,那么就有许多合适的答案),"我将做 y""做 y""我 / 你必须 / 应该做 y""身处这个境地的任何人都应当做 y"。然而,认为"y 是正确的行为"在这里却并不恰当;y **不是**正确的。它牵涉到带来严重伤害,违背诺言或是干出卑鄙之事。如果我说现在"我想做些正确的事"以便将过去的错误行为一笔勾销,洗心革面从头来过,那也是徒劳。我本该先前就想到这一点。"满意地评价我自己的行为"并不是我的事,或者至少目前不是我的事;懊恼和愧疚才是我的分内之事。

这里我们发现,行为指南和行为评价是非常不同的。那些明确的指令以及那些"应当""应该"和"必须"所给出的是指南,然而"y 是正确的行为"却是对该行为的评价并为它赋予一个赞扬的记号。而在有些情况下,这个记号并不靠谱。这样,"y 是正确的行为"就不是真的。

在美德伦理学的说法中,这个问题又是怎样的呢?请再次想一想那个显然缺乏美德的人,他让两个女人都相信他会娶自己,从而诱骗她们,让她们有了身孕,而我们现在假设,抛弃 A 要比抛弃 B 更糟糕。(我认为,我们目前很明显不是在设想如下情形,即,他之所以对双方都给予承诺,只是由于无心之失;比如说,他以为 A 已死于车祸,于是才转向 B 的怀抱。)美德伦理学的说法绝不会向他保证说,如果娶了 A,他便做了"一种道德正确的行为:一种好的行为"。就算娶了 A,他也没有"采
50 取一个有美德的行为者在这种环境中将会采取的典型行为",因为,没有哪个美德行为者会让自己一开始就陷入如此境地。一个饶有意味的

更深层次的问题是，即便所有的事情都因为运气爆棚而尽遂人愿，上述主张也依然是正确的。（假设他根本不必违背他对 B 的诺言，也不必让 B 的孩子成为非法的私生子，比方说她愿意同他分手并嫁给一个乐于抚养这个孩子的前男友。）他娶了 A，结果很好，当他这么做时也没有违背任何道德规则——但是，在美德伦理学的论述中，尽管他可以恭喜自己运气不错，但不能恭喜自己做了正确的行为。有人可能觉得这不合直觉，但我自己觉得，这恰恰是这种论述富有吸引力的一个地方。

既然人们可以获得美德规则（尤其是恶德规则），那么，其具体规定就仍然在提供行为的指南。也许，抛弃 A 会显得麻木无情，抛弃 B 则不会。也许，抛弃 A 要更加不负责任，抛弃 B 则不会。也许，当 B 发现一切时，与 A 不同，她再也不想嫁给这个败类；于是，试图强迫她接受婚姻，而不是允许她选择平静地顺从并让这个男人去爱 A，就不仅很愚蠢而且很傲慢。这样一来，“与 A 结婚”就成了道德正确的决定。

那么，美德伦理学关于正确行为的论述，仅仅是在提供行为的指南，回答“对我来说，眼下要做出的道德正确的决定是什么”这个问题，还是在同时提供行为的评价，回答“对我来说，眼下要做的道德正确的事情是什么”这个问题呢？是的，既然我们对后者有**一种**回答是“一件事情都没有”（尽管这不是我们通常期待的回答），那么我认为，我们就应该说，美德伦理学的论述既提供了行为的指南，又提供了行为的评价。就目前考虑的情形而言，在美德行为者可能身处的环境中所出现的某个可以解决的困境，将会通过某个道德正确的决定而解决，而这个**实际做出的**行为，比如“在经过对各种可能的选择的诸多犹豫和考虑，感到深深的遗憾并做出补偿之后而采取的 x 行为”，则会被评价为道德正确的行为。而那些绝不会被美德行为者遇上的可以解决的困境，虽然也能通过某个道德正确的决定而解决，但是，那个实际做出的行为不会被评价为道德正确的。（在下一章讨论另外一些颇为不同的情形时，将会对该问题予以进一步的探究。） 51

冲突问题:可以解决的困境

还是先把不可解决的困境放在一边,让我们回头来处理“冲突问题”。在可以解决的情形中,义务论是否能以美德伦理学所不能的某种方式来解决它们?

对于可以解决的困境,义务论者的策略要证明,导致困境的那两条规则之间的“冲突”仅仅具有表面性,或者说,乍看起来如此。然而,美德伦理学的支持者也可以采取同样的策略。在她看来,许多假定的困境仅仅具有表面性,它们不是来源于义务论规则之间的冲突,而是因为人们太过笨拙地使用美德或恶德的术语。善良就是要求不说出伤人的真相吗?有时候如此,但在这种情况下,我们必须意识到,向人们隐瞒真相(也许它很伤人)并不等于善待他们。(可以举个例子:一位老师告诉一名全心投入但年纪有点大的学生,与他的希望和梦想相反,他其实没能力完成他的哲学研究生学业。)或者,在另一种情形中,相关真相的实质或重要性已使人无暇顾及那种伤心感受,说出真相也谈不上残忍或傲慢。(没有人会因为医生把“只能活半年”这个令人震惊的真相告诉了她的病人,就认为医生是残忍的或傲慢的,尽管该行为可能明显地表现出某种残忍或傲慢的方式。)仁慈就是要求我杀掉那个死去会更好但他自己想活下来的人,从而与正义产生冲突吗?若像富特说的那样,“一个人不会因为他克制自己不去做一个可以对某人有利的不正义行为,而缺乏仁慈”[①],那么回答就是否定的。这里,重要的在于注意到,这些判断并不是关乎上述美德之间谁更重要的判断;它不是说,比如,诚实美德就比善良美德更重要或更胜一筹,也不是说,正义就比仁慈更胜一筹。(关于这一点,我会在后面详加讨论。)

① P. Foot, ‘Euthanasia’ (1977; repr. 1978), p.60.

人们不一定为了承认这是美德伦理学可以利用的**策略**，就非得同意这里所说的三个观点，就像人们不一定非得同意那些义务论者在证明某种假定的冲突情形是可以解决的时，可能会声称的具体观点，比如说，某规则要胜过或优于另一规则，某规则内部存在着特定的例外条款或者它可以作特定解释。[①] 一位道德哲学家，她个人是否正确解决了 52
某个假定的道德困境，这是一个问题；而她所拥护的规范伦理学是否具备解决该困境的方法，则是一个完全不同的问题，我们这里所关心的是后者。

考虑到他们策略之间的相似性，因此毫不奇怪，在这个问题上，义务论者和美德伦理学者会发现他们面临同样的反对意见。他们的困境解决方案，难道（实际上）不都依赖于某种根本不能让人满意的概念吗，即，直觉（或“洞见”或“感知”或“运用判断”）概念？人们怎样才应该说这条规则要胜过那条规则，或者，这条规则内部存在着特定的例外条款？除了依靠直觉，人们怎样才应该说“向他们隐瞒真相并不是善待他们”？那些以特殊方式来解决困境的哲学家可能说，在此情况下，“运用判断”是有必要的。但是，如果义务论和美德伦理学在面对棘手情况的任何时候都打算依赖某些神秘的“运用判断”，那么，必定只有功利主义可以声称为我们提供了充分的行为指南。

对于这种可能的反对意见，至少有些义务论者是通过否认这种依赖状况的必然性而做出回应的。他们是一些依然赞成我在上章结尾所提到的“可法典化的强命题”的义务论者。他们假设（1）他们拥有（或能够及时制定出）一套完整融贯的规则集合，在其中，二阶规则或原则可以解决一阶规则之间的冲突，它比我们在母亲膝下所获得的内容要

① 朱迪斯·贾维斯·汤姆森那篇堪称著名的讨论堕胎的文章（“A Defense of Abortion”）就体现了这一点。胎儿的生命权与母亲对自己身体的决定权之间的冲突，就是通过对生命权内涵（即，不可被不公正地杀害）的某种特定解释而部分得到解决的。虽然这种策略很精致，但许多人并不同意汤姆森的冲突解决方案。

精确得多，而且，它里面也应该具备许多必要的例外条款。这样的体系
53 将决定各个情境的要求是什么，并且（2）不会依赖直觉或洞见来解决冲突。按照欧诺拉·奥尼尔的精彩描述，它将是“一种不仅用于部分情境而且用于生活的推演公式”[1]。因此看起来，至少在理论上，义务论能以美德伦理学所不能的方式来解决冲突问题，而无需依赖那种成问题的“直觉”或“运用判断”概念。

这些义务论者对于什么是充分的规范伦理学大概持有特定的看法。根据该看法，一种充分的规范伦理学，一种可以充分提供行为指南的伦理学，必须给出一种能够用于解决冲突或处理道德困境而无需借助道德智慧的决策程序。这种看法诉诸的显然是关于规范伦理学充分性的某种特定检测方式，至少就其表面而言，行为功利主义可以漂亮地通过该检测，因为它确实给出了这样一种决策程序。但出于某些原因，并非所有的义务论者都认为，针对充分性的恰当检测就是要给出一种无需运用判断的“用于生活的推演公式”。那些认为康德伦理学是“充分的”伦理学的人们就拒绝承认这一点，正如奥尼尔指出的那样，康德本人坚持认为，我们做判断可以没有推演公式，因为，对于一条规则的每一次运用本身就需要进一步的规则来补充。[2] 更普遍的是，许多义务论者都坚持认为，认识到某个具体情境“在道德上最显著的”特征，运用这些规则而不是那些规则，以及正确地衡量和平衡彼此竞争的思考方案，都不仅要有判断，而且要有“道德的敏锐性、感知力（和）想象力”[3]——概言之，要有道德智慧或实践智慧（phromesis）。

因此，对于什么是充分的行为指南，我们就有了不同的意见。也许，功利主义依然倾向于如下观点，即，一种规范伦理学若不能提供决策程序便是不充分的；义务论者显然有所分化，而美德伦理学则像某些义务

① ‘Abstraction, Idealization and Ideology in Ethics’.

② 出处同上。

③ S. Scheffler, *Human Morality* (1992), p.43.

论一样，压根就没打算要提供一种无需判断的“用于生活的推演公式”。它的那些紧密追随亚里士多德的支持者常常引用亚氏的看法，即，伦理学不是根据规则来定义，而是有时取决于某种基于“感知”的决定。不过，人们会问，除了亚里士多德这么说过外，我们还有什么理由来相信这一点呢？ 54

是的，我们可以诉诸有些义务论者给出的理由，即，当我们实事求是地思考某些棘手情况时，恰好发现，规则会因为这样或那样的原因而无法决定该如何决策。这条规则是否适用这种情况，或者说，它是否可以恰当地涵盖这种情况；假定它是适用的，那么，判定它优于另一条规则的更高层级的规则是否也适用——对于这些问题的回答，我们有时只能靠这么说来进行“论证”：“它**确实如此，**难道你看不见吗？”

我们可以将此视为非功利主义者对功利主义提出的标准反对意见的一个具体版本。有一种标准的反对意见认为，功利主义曲解了我们道德经验的实质，使之比实际情况简单得多。而在这个具体版本里，反对意见所针对的事实是，功利主义确实（差不多）提出了一种无需判断的决策程序。既然人们对功利主义的单一规则是否适用于具体情形没有疑问，对这条规则的涵盖范围也提不出问题，而且也不存在更高级的规则，那他们必定会说，伦理决策几乎从不“依赖于感知”。**可是**，这歪曲了我们的道德经验，错失了我们可以说出如下这番话的许多情况：“别的（非功利主义）规则在这里**确实**适用，而且，尽管我同意‘痛苦最小化’的规则有时会更胜一筹，这种情况也没那么简单明显，难道你看不见吗？”

人们必定很难将这种反对意见同更标准的反对意见区别开来，即，在非功利主义者看来，功利主义对于棘手情形常常给出错误的解决方案。但这是可能出现的。让我们想想这样的情况：义务论者和美德伦理学者均同意功利主义者关于“哪个行为正确”的判断——我们必须做那件阻止痛苦的事。但他们仍可能反对说，**得出**这样的解决方案，并不像行为功利主义的不可靠的决策程序所呈现的那么简单。比如,为了避免因遵守诺言带来的巨大痛苦而不得不违背该诺言,就是必须纳入考虑的事情;人们不得不运用判断来决定这条诺言是不是可以违背的诺言,这种行为的良好效果是不是足以为它提供论证,等等。在这种反对意见看来,将我们的深思熟虑表现为对功利主义计算的直接应用,
55 这是错误的。

再论可法典化

因此,在那些认为规范伦理学应当给出某种决策程序的人看来,美德伦理学确实拒绝了法典化,因而提供了不充分的行为指南。但是,我们可以预料,那些同意美德伦理学者如下看法的人——即,规范伦理学不应旨在提供这样的决策程序,而是必须承认道德智慧的必要性,尤其是在解决棘手的(不过,根据假设,同时又是可以解决的)情况时——不会提出同样的批评。不过,正如我在上章结尾所指出的,这种批评仍会出现;非美德伦理阵营的学者仍然疑心,与美德伦理学所承认的相比,人们其实需要更多的规则或普遍原则,即,更多的法典化。

批评者坚持的一条批评意见是,美德伦理学令人遗憾地没有提供关于美德的先后排序方案。仅仅诉诸美德并不足够;它们,以及相应的美德规则,必须得到规则或原则的补充,从而最终能够让(比如说)诚实胜过善良;缺少这点,它的行为指南便不充分。该批评揭示出,当人们承认道德智慧对于解决棘手的(尽管是可以解决的)情况具有必要性时,其中可能存在着某种模糊之处。

在我最开始概述"可法典化的强命题"时,我曾说,它要求(1)这些规则应当提供一种决策程序,并且(2)这些规则应当不仅可以由有美德的人使用,而且可以由缺乏美德的人使用,亦即,它们可以被使用而无需借助任何道德智慧。现在,承认道德智慧有必要,但又认为美德

伦理学需要提供一种关于美德的先后排序方案的人，可能仅仅会拒绝（2）。也就是说，他们仍然希望获得一系列的规则，可以决定在各类情形中什么才是应当去做的正确行为，不过他们相信，这样的规则只有在具备一定道德智慧的人手里才能得到正确、有效的使用；它不可能被完全机械地使用。

虽然我不知道谁明确表述过这种立场，但我无法理解，这样的抱怨（即，美德伦理学没有提供一种关于美德的先后排序方案）背后还能有什么别的原因。既然是作为针对美德伦理学的批评而提出来，那么，它必定出于如下信念，即，由于没做到这一点，美德伦理学与人们设想的一些做得更好的规范伦理学相比，就处于弱势地位。可是，考虑到我所 56
指出的美德［比如，仁慈（或慈善）和诚实］与规则（比如，"帮助他人，不要伤害他们"和"不要撒谎"）之间的紧密联系，那么，我们除了设想如下体系之外——它对这两条规则的某种（也许非常精致的）版本明确地进行排序，或是提供了一种用于在所有的相关情境中权衡它们的推演公式（尽管是只有智慧之人才能理解和运用的推演公式）——还能设想什么呢？

遵循麦克道威尔的思路，我当然希望不仅拒绝（2），而且拒绝（1）。在我看来，"最理想的道德智者可以对美德或义务论规则进行排序，或是掌握了某种用于权衡它们的推演公式"这种观念似乎是认为，我们不再可能通过考虑如下问题而获得什么洞见：针对真实生活中棘手情况的解决方案可以有哪些实际的看法？如果我们观察这些解决方案，会发现，我们提出了各种各样的考虑来处理不同的情况；有时，某种考虑具有核心的甚至压倒一切的重要性；有时，我们只将它搁置一旁，不关心其重要性，因为它以某种方式同其他考虑结合起来，解决了问题；而在另一些情况下，尽管它重要，却由于在这些情境中与其他考虑相结合而得到了更多重视，等等。事情就是这样。任何对美德进行排序的法典化方式，就跟任何对规则进行排序的法典化方式一样，必定会遇到我们想要改变其排列顺序的情况。

我和其他一些反对法典化的学者就是这么认为的，而且，我愿意在这里进行详细论证。当有人批评美德伦理学没有提供关于美德的先后排序方案时，虽然我们至少值得将其症结公之于众，但是，认为“规范伦理学是由某种决策程序构成的（即便只是一种充分具有美德的智慧之人才可以理想使用的决策程序）”，这种看法难以消除，我也不打算假装我能消除它。

然而，拒绝这种关乎决策程序（甚至是一种理想的，在道德上颇为精致的决策程序）的看法，并不等于说伦理学中就不存在真正的普遍化或普遍原则；在我看来，这显然不真实。虽然该观点常被归因于麦克道威尔的文章《美德与理性》[①]，但我觉得可能不对。在将亚里士多德作为
57 权威加以引用时，麦克道威尔说，“关于一个人应该如何行动的最佳普遍化方案，仅仅适用于大多数情况”[②]，而我一直认为，他所说的“最佳普遍化方案”是类似于美德规则，指那些具有非常**普遍的**使用范围，具体性和灵活性得到**最佳**结合，但又并非适用于所有可能情形的规则或原则。但我从不认为他的意思是，比如，“不要为了取乐而对儿童进行性虐待”这条规则“仅仅适用于大多数情况”。事实上，没有人可以将亚里士多德引作自己的权威来否认这种毫无例外的或“绝对的”规则，因为亚里士多德本人坚定地说过，有些行为的“名称直接就意味着堕落”，他提到了（通常被译作）“通奸”、偷盗和谋杀。[③] 正如我们在下章将看到的，预先承诺美德伦理学必定彻底否认任何形式的绝对主义，这将导致一些奇怪的后果。我认为，拒绝法典化不是要无条件地拒绝任何绝对禁令，而是要承认，无论它们会是什么，它们作为普遍行为指南所提供的东西都非常少，

① 比如，克里斯普和斯洛特在他们为 *Virtue Ethics* (1997), p.14 所写的“导言”中就是这么认为的。

② McDowell, ‘Virtue and Reason’, p.337.

③ Aristotle, *Nicomachean Ethics*, 1107a10—11.

它们绝不是人们因之便能生活得好、行动得好的法规。

批评美德伦理学不够法典化的第二种形式是认为美德规则不够具体；它们亟须恰当的义务论规则（无论是什么规则）来加以补充（替代，或是把它们解析为这种规则？）。

就“做正义之事；不要做不正义之事”这么一对美德规则而言，我至少可以接受上述批评的前一部分；我同意它们“不够具体”，同意说它们还需要美德伦理学关于正义的论述，而我在“导论”中已承认这种论述并不存在。但是，我想坚持认为的是，它们在这方面同其他的美德规则构成了鲜明对比。请回忆一下我说过的，关于我们可以期待一位完全诚实之人将会做的那些事的长长清单（参见前文边码第 11—12 页）。我不认为，我所提到的任何事会让我的读者感到不恰当，抑或让他们觉得特别有洞见；那只是合理掌握了“诚实”内涵的任何人都能提出的一份清单。不过，它很长，本可以更长，而且**具体**，充满了各种细节。

诚然，有些细节可以通过非美德规则来明示；我们可以说：“不要撒谎，不要欺骗。”但是，这仍然给不诚实的狡猾之徒通过某种方式“简化真相”留出了余地；我们把标准设得太低了。那么，我们应当补充说“不 58
要简化真相，而要一直说出真相”吗？但这样一来，我们就走得太远，我们这里刻画的就不是诚实，而是粗鄙的坦白、直率或坦率。尽管后两者对年轻人有魅力，但在年龄大、阅历多的人身上，它们却意味着不敏感、欠考虑和冒傻气，而诚实则不同，它不意味着这些东西。（人们是多么害怕那些坦白、直率，一上来就来句“我希望你不要介意我的说法，但是……”的人啊！）那么，我们应当说“不要简化真相，虽然不要一直说出它，在……的时候却要说出它”吗？然而，这是什么时候呢？除了说“当诚实之人会说出真相的时候”，我们目前没有更好的办法来搞清楚一个人该在什么时候说出真相，而又该在什么时候谨慎地保持沉默，他该在什么时候说出全部真相，而又该在什么时候仅仅说出部分真相。

对于我们预计不诚实之人会做哪些事情，我们完全能够提供一份类似的清单。同样的情况,也适用于仁慈、慷慨、忠诚、友爱、节制、勇敢、善良、正直、自尊……及其相应的恶德。比彻姆和柴尔德里斯在用美德术语来表述他们的原则时是多么敏锐啊!与“增进他人利益”或“不要伤害”相比,这些术语要具体得多。

道德智慧

想象人们可以通过启动一种无需运用判断的决策程序而在行动问题上获得正确的道德决定(这确实需要很强的想象力),这方面的努力会使人注意到亚里士多德的另一条(并未得到充分承认的)洞见,即,道德知识与数学知识是不同的,它无法仅靠课堂学习获得,它通常不会在那些太年轻从而缺乏生活经验的人身上发现。[1] 我们并不认为,道德或实践智慧(即,关于一个人应当如何行动的知识)就像青少年可以具备
59 的某种东西一样那么容易地获得,即便这名青少年在数学、科学或股票市场方面颇有天赋,而且还上过规范伦理学的课,也不行。[2]

---

① Aristotle, *Nicomachean Ethics*, 1107a10—11.

② 当我第一次读到这段话时,作为亚里士多德最深刻的洞见,它令我感到震撼。(当然只是在“很大程度上”如此,因为青少年常常鲜明地表现出理想主义,它能够成为一种针对其长辈身上腐朽“现实主义”的必要矫正。有时,后者会说:“哦,事情比你想的复杂得多;你要懂得妥协的必要性。”而前者则会恰当地讲:“不,这种情况非常简单;我们只需这么这么地行动,就知道接下来该怎么办了。”)

我注意到,这是义务论者乐意接受的一种看法。而当我以平常心来考虑“功利主义能否同样接受青少年容易缺乏道德知识,无论多么了解功利主义理论”时,我相当惊讶地发现,我认为他们是可以接受的。就他们追求一种丰满而客观的幸福概念而言,他们会像美德伦理学者一样认为,青少年基本上不能充分地把握这个概念。更具体地说,他们会指出,青少年对待结果的态度其实要比他们对待理想的态度愚蠢得多。请想想天真年轻的乐天派吧,他们说:“我能把持得住毒品。”“虽然我们的关系是一种严肃的承诺,但我们不觉得另一方面同时存在随意的性关系有何不妥。”“我们并肩共事不会有任何严重困难,因为我们坚持同样的理想。”“我不需要父母的爱和同意;我可以毫无牵挂地同他们断绝联系。”而后来,他们只会自食其果。

就可以解决的困境而言，如我前面指出的那样，美德伦理学采取了一种与某些义务论相类似的策略。它表明那些假设出来的“冲突”只是表面的，但是，该策略却没有假定说，我们无需运用判断便能发现解决它们的方案。该策略在美德伦理学内部所采取的形式，在有些情况下，为如下问题提供了一种直接的解释，即，为什么尽管确实**有**答案，行为者却不知道“我在这些情境中该怎么做？”一般来说，这种解释就是，他们缺少在此情境中应当如何行动的道德知识。但为什么缺少呢？怎样缺少呢？按照美德伦理学的策略，这是因为他们没有充分把握**善良**或**不善良**行为的内涵，没有充分把握**诚实**、**正义**或**缺乏仁慈**的内涵，或者，一般说来，是因为他们没有充分把握正确运用美德（和恶德）术语的方式。

这里，我们为那些常常被批评为难以运用的美德规则提供了一种有趣的辩护。虽然我先前拒绝说，由于美德规则采用“厚重的”概念，所以它们太难了，根本没法教给小孩子，但我并没有打算否认它们是难以得到正确运用的；它们确实如此。虽然我们认为充分的规范伦理学必须对应当做什么、不应当做什么提供清晰的、任何 60
具备一定智力的成年人只要选择便都能遵循的指南，但我们很可能假设，这是美德伦理学的某种不能令人满意的特征。然而现在，既然我们讨论过困境，并且承认我们不能指望青少年（无论他们多么聪明，无论他们从书本中多么完备地获得规范伦理学的观念）可以具备“一个人在特定的棘手情况下应当做什么”这方面的知识，那么，它就不应再是一种令人不满的特征。相反，它可以被视为一种特别令人期待的特征。如果用来决定正确行为的规则，就像美德规则这样，由于涉及（比如）把握“**那种**若是加以隐瞒并不等于善待他人的真相”或是“**那种**使人无法顾及伤心感受的真相”因而很难得到正确的运用，那么，我们就容易理解为什么青少年常常不知道自己该怎么做了（即使他们以为自己知道）。通常情况下，无论青少年多么聪明，他们也把握不好这类东西。当然，我不得不根据我的读者的知识面来讨论“那种真相”和“这类东西”。因为如果我能精致地定义其种类，那么聪明的青少年便又可以从教科书中获得道德智慧了。

其实，我们大多数人（即便不是所有人）都不能充分地把握这些“种类”，因此我们有时就应当谋求处理困境的建议，有时就应当在那些受到我们尊重的智者对我们的所作所为表示不同意见时予以留意，而有时则只需要至少**暂时地**顺从他们的判断，并努力领会他们对于特定领域事物的理解。

尽管我不希望有什么火药味，在这里，我必须针对简单的义务论规则说些带点火药味的话，也就是说，我准备捍卫如下命题，即，在实践中，几乎很少有义务论规则（如果有的话）能够比美德伦理学的美德规则更简单、更清晰、更容易得到正确的运用。我不打算通过一个个例子来证明，那将是件没有终点的任务。相反，我会指出两点。第一点我先前已经提过：毫无疑问，成熟的义务论者必须认真思考什么是真正的伤害他人，什么是真正的增进其福祉，什么是真正的尊重其自主性。我最开始把这点同“评价性”的术语连在一起；而现在，我把它放在“运用判断具有必要性”的语境中。与青春期的子女矛盾重重的人们都知道他
61 们的孩子是怎样理解这些术语的，也知道必须怎样努力让孩子获得更好的理解。

第二点关系到那些看来简单的“母亲膝下”的规则。在情形清楚且没有疑问的情况下，使用（比如）“坚守诺言”“不要撒谎”“说出真相”等规则，就属于这类情况。然而，一旦变成“棘手情形”，理解和使用这些规则就成了困难的麻烦事，它再次涉及判断，涉及对某些事情的理解与把握，比如，“那种可以违背、无需坚守（甚）或不应坚守，以及从来就不应许下的诺言”。

因此，我目前的结论是，在特定前提下，美德伦理学具有一种充分

的规范伦理学所需要的法典化因素，而且，就可以解决的困境来说，“冲突问题”对美德伦理学来说不是什么特殊的问题。那么，不可解决的困境又会是怎样的呢？ 62

第三章

不可解决的与悲剧性的困境

我所说的“不可解决的困境”指的是这样一种情形，在其中，行为者的道德选择介于 x 和 y 之间，但是，缺乏道德的根据可以让人更倾向于做 x 而不是做 y。[①] 我们也可以这样来描述它：行为者的选择介于 x 和 y 之间，但是，对于“我应当做 x 还是做 y”，没有什么东西足以构成**那种**合理的实际答案。[②] 现在开始，我给出的假设案例注定都充满争议，因为，任何在我眼里堪称不可解决困境的具体情境，在别人眼里都可能以特定的方式获得解决，而且，有些人认为，世界上根本就没有不可解决的困境存在。

存在不可解决的困境吗？

我在上一章开头就提到，对应用伦理学中棘手情况进行讨论的那些流行文献的作者“几乎很少认为，他们正在讨论的困境有可能是不可解决的；相反，他们假设，一定能为困境给出某种正确的决定，而这正是他们的道德理论……试图揭示或发现的内容”。存在不可解决的困境

① R. B. Marcus, “Moral Dilemmas and Consistency” (1980).

② David Wiggins, “Truth, Invention and the Meaning of Life” (1976).

吗？他们是否可以做出上述假设？是的，这里既有从他们自己立场出发的论证，也有直截了当的论证。我将从前者开始。

行为功利主义者很大程度上是从自身立场出发，证明他们可以做出这种假设的。因为，既然他们的理论基本消解了冲突问题，那它也就消解了不可解决的冲突。当有关终极的功利主义价值的经典表述（“**最大**多数人的**最大**幸福”）中的那两个“最大”的指向不同且不相兼容时，确实会带来不可解决的困境。而且，A 的幸福与 B 的幸福或痛苦也许会不可公度，由此也将带来不可解决的困境；而第三种情况则可能表现为，x 和 y 是仅有的选项，但每种选项都会导致同样的痛苦。然而，事实上，应用伦理学所讨论的棘手情况几乎都不在这些类型之列；如果它们不是，那么行为功利主义者基本上就可以正当地持有她的假设，即，她可以为它们提供一种正确的决定。她认为，除了一些不可思议的情况，道德生活总是非常直截了当的。然而对义务论者来说，情况却不是这样。 63

人们也许以为，义务论者之所以受到（与功利主义相对立的）义务论及其规则或原则的多样性的吸引，是因为这种多样性能以功利主义所不能的方式，将生活表现为一种充满不可解决之冲突的状态。功利主义完全是机械地、按部就班地解决困境；而认为生活要比功利主义所理解的复杂得多、困难得多的人们则转向了义务论。可是，一般说来，这些人似乎并不是因为觉得生活充满了不可解决的困境，才被义务论吸引并支持它的；毋宁说，他们转向义务论，是把它当作一种像功利主义一样可以解决困境，但是以不同方法来解决的伦理思想体系。人们发现，义务论者其实常常坚持认为，功利主义者把某个假定的具体棘手情况理解得过于简单了——仅仅关注杀害某人或拒绝杀害某人（此时，许多其他的人就得死）的后果，关注坚持诺言或违背诺言的后果，关注说实话或说谎话的后果，等等——而没有考虑到行为本身的性质。但是，引入这种更进一步的思考及其所蕴涵的“功利主义忽略了真正的道德复杂性”的意思,一般却不会得出“这些假定的困境是不可解决的”这一结论。通常,义务论在文献中的结论是:这些假设的困境**是**可以解决的,不过是以同功利主义者相反的方式来解决。

因此,义务论者之所以支持义务论,看起来好像是因为他们觉得它提出了比功利主义更好的困境解决方案,但是,他们又倾向于分享功利
64 主义的如下观点,即,几乎不存在(如果还有一点的话)不可解决的困境。不过,既然他们认为道德生活是纷繁复杂的,那么问题是,**为什么**几乎不存在不可解决的困境呢?

我能够想到一种可能的解释,但它远远谈不上一种论证。人们可以在义务论的宗教源头中,在如下事实中(即,过去的义务论者以及部分当代义务论者相信,我们生活在一个由全知、全能、全善的上帝所塑造的世界里,他赋予我们理性,使我们可以理解并遵守他的指令)发现这种解释。上帝的眷顾当然不允许有不可解决的困境存在。正如吉奇恰当评论的那样,既然有上帝的眷顾,那么我们便可以断言,他所有忠诚的奴仆都不会面临诸罪之间的绝望选择[①]——就像鲁斯·巴坎·马库斯所说的那样,他做也会受谴责,不做也会受谴责。[②]

可是,即便假设有上帝的眷顾也不足以保证不存在不可解决的困境。首先,“他所有忠诚的奴仆都不会”这个限定条件非常重要。事实上,尽管人们期待上帝的眷顾能保护无辜者远离那些难以摆脱的罪恶,这种保证却没有扩展到坏人身上,甚至没有扩展到那些实际上不坏却犯有罪行的人们身上。我认为,“一罪生一罪”这句谚语不仅可以指称亚里士多德对于习惯的看法,而且可以指称如下缺陷:即,如果我违背了上帝的指令,我便脱离了他的眷顾的保护,使自己可能不得不再次犯罪,从而面临着诸罪之间的绝望选择。上帝的眷顾并不能保证,人们在前面考虑的那个情形中可以对“我应当娶 A 还是娶 B”做出正确的

① P. T. *Geach, The Virtues* (1977), p.155.

② Marcus, “Moral Dilemmas and Consistency”.

回答。

其次，即便上帝的眷顾也不足以保证，在行为者自身完全无过错的情况下，任何困境或道德窘境都可以解决；它仅仅保证人们可以经历困境而不犯**罪行**，亦即，不违背绝对禁令。在罗马天主教的教诲中，撒谎是绝对被禁止的，而欺骗则不然。（当然，这不代表欺骗总是对的，而仅仅意味着欺骗有时被允许，但撒谎从来不行。）因此，在自身完全无过错的情况下，人们可能面对“是说出真相？还是选择欺骗？”的选择；由于这不是一种罪与罪之间的选择，所以它可能就是不可解决的。杀人是绝对禁止的，但是，不使用超常规的手段来维持生命的做法则不然；因 65
此，就算一个人自身无过错，他也可能面临着是“采用超常规的手段来医治他孩子以延长 6 个月生命”还是“现在就停止治疗”的抉择；由于这不是一种罪与罪之间的选择，它可能就是不可解决的。

我可以很容易地想象出一种情形，在其中，这些决定都非常痛苦，人们会对“什么是应该采取的正确行为”感到极其纠结，他们热切地希望找到这个问题的决定性答案，然而，即便是罗马天主教的教义也无法支持说我们总能找到答案（尽管它常常声称阿奎那的自然法学说已经消除了不可解决的困境）。

因此，我想我能理解“不存在不可解决的困境”这一假设是怎样潜入义务论的，因为人们并未完全搞清楚上帝的眷顾将会提供怎样的保证。但是，这样的解释没有为上述假设给出丝毫的论证。那些相信其道德理论不依赖于任何神学预设的义务论者（无论他们是不是有神论者）会怎么看？他们怎样才能证明这个假设？虽然它似乎体现了如下信念（即，实践理性**不可能**在决定道德依据时无计可施），可是除非人们认为上帝已经对此做了保证，否则他们凭什么就该相信这一点呢？

事实上，如果该主张是在一种出乎意料的不同语境中提出来的，那么很少有人会相信它。在应用伦理学语境中，我们总把困境视为一种不得不在恶与恶之间进行的选择，一种让我们感到极度纠结的东西。

然而，在抽象地讨论“是否存在不可解决的困境”的语境中，富特已经正确地指出，世界上可能存在某些让人十分愉快的困境。我们会面对一种介于善与善之间的选择，在那里，没能获得其中某种善并不是什么损失，也“没有什么道德依据可以让人更倾向于做 x 而不是做 y”①。虽然她没给出例子，但这里就有一个。假设我必须给我的女儿买份生日礼物；基于我们的关系、她的年龄和愿望，以及我的经济条件等因素，如
66 果不给她买礼物，那肯定是非常小气的。不过，我却面临着“有钱怎么花”的困境；从一大堆东西中为她买任何一件，都同样可欲，同样可接受。因此，现在就出现了一个不可解决的困境（虽然它不是一个令我们烦恼的困境，不是一个最终的决定有多么重要的困境，但它仍然是一个不可解决的困境），该困境提供了一个清楚的案例，在那里，实践理性在决定道德依据时就无计可施。

所以，“实践理性**不可能**无计可施”的信念仅仅适用于那些令人沮丧的困境吗？这确实看起来很奇怪。我们拥有这种理性能力，我们知道，当决定不是让我们担心或沮丧的时，它有时就是无法找到决定的依据；但我们据称又有把握说，如果我们发现决定是令人痛苦的，这种情况就不会出现了。这似乎表达了某种乐观主义，只有一个（被模糊设想的）呵护性的神灵的存在才可能支持它。

事实上，义务论者有可能也赞同某种实在论（达米特意义上的“实在论”）②，从而相信，即便是在富特所指出的情形中也一定存在某种确实是正确行为的东西。但是，这种实在论丝毫没有证明如下假设（即，

① P. Foot, “Moral Realism and Moral Dilemma” (1983). 西蒙·布莱克本通过有力的辩护指出，不可解决的困境（“稳定的行为者窘境”）是任何类型的实践推理都会常常遇到的，而且（就像我在讨论可以解决的悲剧性困境时所做的一样）他质疑如下这个常见假设，即，恰当的遗憾之情必然表明行为者承认自己没有履行某项要求。参见 Blackburn, “Dilemmas: Dithering, Plumping and Grief” (1996)。

② 关于达米特的实在论与伦理学认知主义之间的区别，有一种简短但有益的讨论，参见 Foot, “Moral Realism and Moral Dilemma”。

我们可以搞清楚正确的行为是什么),而是坚持认为,获取这方面真相的可能性已经超出了我们发现或认识它的能力范围。

所以我的结论是,从他们自身的立场出发,义务论者并没有证明他们可以解决任何令人沮丧的棘手情况这一假设。那么,直截了当的论证方式又怎样呢?我们应该接受说,生活有时就会让我们面对一些令人沮丧的困境,无法获得**那种**正确答案吗?如果是这样,我们就再次获得一种针对功利主义的标准反对意见的特定表现形态(参见前文边码第 55 页),即,功利主义歪曲了我们道德经验的实质。跟先前一样,要将这种反对意见同那种常见的反对意见(即,功利主义解决棘手情况的方式不对)区分开来,虽然困难,但也并非不可能。前者不同于后者,它更多的是说,面对某些棘手情况,功利主义渴望将它们全部解决。这种反对意见认为,考虑到生活有时呈现出来的可怕困境,一种充分的规范伦理学(即,一种充分把握我们道德经验的规范伦理学)会体现如下事实,即,我们真的无法解决其中的某些困境,它并没有打算告诉我们应该怎样解决它们。 67

从现在开始,我将把“存在令人沮丧的不可解决困境”以及“容纳这种可能性乃是对规范伦理学之充分性的一种检验”作为前提而接受下来。接下来,问题就在于可以怎样看待它们。美德伦理学又是怎样看待它们的?

美德伦理学中的不可解决困境

首先,美德伦理学的倡导者可以轻松地承认不可解决的困境是十分常见的情况,因为,对于不能提供决策程序,甚至不能提供只有具备道德智慧的人才能理解和运用的决策程序,他们安之若素。他们远远没有以为,他们的思路就是要向人们展示那种能够解决任何困境、每个困境的方法,在他们眼里,规范伦理学不应当被理解为在提供一种决策程序。

如果还记得美德伦理学对于正确行为的看法，那么，在它这里，是什么使得一种困境成为不可解决的呢？基本上是这样的状况：两位真正有美德的行为者，在同样的情境中，面对同样的介于 x 与 y 之间的道德选择。当他们典型地采取行动时，一个人选择 x，而另一个人选择 y。[我先前把“正确的行为”谨慎地规定为**一个** (a) 美德行为者将会做的事情，而不是**凡** (the) 美德行为者将会做的事情；在这个问题上，不定冠词真的很重要。]

让我们把这一点运用在前面讨论过的那个令人愉快的不可解决的困境例子上。我寻求指南的问题是：“我应该给我的女儿买 a 还是 b？”美德伦理学是通过揭示另一个问题（即，“一个美德行为者在我所身处的这种环境中将会典型地采取什么行为”）的答案而指引我发现这个问题的答案的。不过，预设“这个困境确实不可解决”，就等于是假定了如下情况的可能性。我们有两位美德行为者，她们每个人（让我们很不真实地假设）只能从两件东西中选择一件，a 或者 b，作为女儿的生日礼物送给她；没什么道德依据可以让人更偏爱其中一件而不是另一件（因为，如果存在这样的道德依据，那么每个有美德的行为者就都会选择那个得到这些依据偏爱的东西）。一个人采取 x 行为，给她的女儿买了 a，而另一个人采取 y 行为，给她的女儿买了 b。所以，美德伦理学在这里就没有为我提供行为的指南——而这正好就是我们想要的状况，如果我们希望规范伦理学可以体现如下事实的话，即，存在着令人愉快的不
68 可解决的困境，在其中，没有什么算得上道德正确的决定。

行为的评价又怎样呢？我们应该对 x 和 y 说些什么？是的，按照美德伦理学的论述，尽管这两位行为者都没有采取对方所采取的行为，她们做的都是正确的行为、值得赞扬的行为。

现在，如果你不觉得这种说法（尽管她们都没有采取对方所采取的行为，两位行为者做的都是正确的行为）刺耳，那当然很好。但是，如果

你觉得它听起来奇怪，那么，此时我们就得重新来考察“美德伦理学是以特定的德性论概念（好、美德）为基础，而不是以义务论概念（正确、义务、责任）为基础”这句口号了。

正如我们已知的那样，该口号不应当理解为，美德伦理学只关心善良的或有美德的行为者而根本不关心正确的行为；它可以为后者提供某种论述。不过，它这么做是出于压力，目的仅仅在于同大多数现代道德哲学家（对他们而言“**正确的**行为”是很自然的短语）维持一种富有成果的对话。蕴涵着独一无二性，暗示着“不是正确便是错误”，并且与“必需的 / 义务的”“禁止的 / 严禁的”以及“可允许的”联系在一起的“**正确的**行为”，并不是一个让美德伦理学感到满意的术语。它更喜欢说**好的**行为（eupraxia）、做得**好**（或坏），而不是说**正确的**行为。如果你的语言学耳朵在听到说“尽管这两位慷慨的家长都没有采取对方所采取的行为，她们做的都是正确的行为”时觉得刺耳，你或许能明白为什么。

说她们做的都是正确的行为，也许**是**很奇怪（毕竟，这两种行为都不是必须的或义务性的），但她们确实都做得**好**。这里请注意，仅仅说她们做的都是可允许的行为，这并没有把握事实，从而没有公平地对待这两位行为者。她们的行为值得更高的评价，因为她们不是在做仅仅可允许的行为，她们是在慷慨地行动，因而是做得好。

现在，让我们转向那些令人沮丧的不可解决的困境。对这类困境的讨论必定更广泛、更复杂。

我们假设（仅仅举个例子）：某个人是请求医生通过超常规的手段为他那已经没有意识的母亲再多延续一年的生命，还是现在就停止治疗，有时候这就是一个不可解决的困境。通过承认如下情况的可能性（即，两位美德行为者在同样的环境下面对同样的决策却可能采取不同的行为；一个人选择让医生继续治疗，另一个人则选择让他们停止治疗），美德伦理学体现了上述事实。于是，跟前面一样，它没有提供行为 69
的指南，而这正是我们想要的局面。

但我们不能直接进入行为评价的问题，因为这里所设想的**这种**可能性，同那个关于挑选生日礼物的比较无关紧要的例子所体现的可能性相比，还不够清晰。重要的在于记住，这种可能性理应体现如下事实，即，困境确实不可解决，不存在更倾向于采取这个行为而不是那个行为的道德依据——因此，任何认为自己发现了某种更倾向于采取这个行为而不是那个行为的依据的人，都搞错了。这种可能性不是平可夫斯所想象的那种相当不同类型的可能性。

平可夫斯强调指出，参考**我自己的**标准、**我自己的**理想，进而参考**我自己**关于什么值得做、什么不值得做的看法，这是“我的道德慎思的一项本质特征，而非偶然特征”；他还强调说，两个人可以同样有美德，但又无须具备完全相同的标准和理想。[①] 因此，假设我们现在有两个这样的人。一个人可能本身就是医生，她一直试图把人的肉体理解为一种现在活着但必会死去的生物，而不是某种可以随便修补的机器；她知道，如果她的母亲是她的病人，她会建议停止治疗。而另一个人则可能致力于精神失常、明显没有希望的病人方面的工作，她对自己说：“我绝不放弃希望；如果我放任不管，那我就没法干这份工作了。”面对上述这样的决定，每个人似乎都可以采取不同的行动，并且，每个人都正确地相信，自己有一种道德依据或理由可以倾向于她所选择的那个行为。医生或许会说：“我必须承认，肉身终有一死”；另一个人则说：“我绝不放弃希望。”

上述情况虽很有可能，但它并非我们所设想的那种不可解决的困境。因为，在这里，困境**是**可以解决的，每位行为者都在根据她自己的理想和标准行事。当她们分别认为自己找到了更倾向于做这件事而不是那件事的依据时，她俩（按照假设）都是正确的。当人们说两位美德行为者“在同样的环境下”面临“同样的抉择”时，其确切含义迄

① E. Pincoffs, “Quandary Ethics”, p.564.

今并不清楚。但现在可以讲，它是为了排除平可夫斯提到的情况。它所设想的是，美德行为者自己承认这个困境是不可解决的，承认这个 70
困境是一种即便考虑到他们的特定标准、理想或什么，也仍然缺乏道德依据以更倾向于这个行为而非那个行为的困境。这就是为什么我会谨慎地说他们是在“选择”不同的行动方案，而不说他们是在做出选择。

那么，他们**怎样**做决定呢？这个问题我们待会处理；现在，让我们回到行为评价的问题上。一个人选择请求继续治疗，而另一个人选择停止治疗。我们应当如何评价这两种不同的行为？

就像那个令人愉快的困境情形一样（在这里也许更是如此），此时说每个人都做出了正确的行为，是有些不妥：既确保某人的母亲立刻死亡**又**尽力延续她的生命，这真能是**正确的**吗？现在看来，承认每个行为者的做法都是可允许的，似乎更合理。然而，我们又一次没有公平对待我们的行为者。毕竟，她俩是以那些缺乏勇气和责任心的人在如此情形中通常无法做到的方式来做出决定的。她俩都认真、细致、明智地思考，并在经历了诸多痛苦的思考之后得出结论说，这里的两种决定均不是**那个**正确的决定。当我说这些行为者**有美德**时，这些内容便包含其中。因此，我们无疑应该说，她们做得**好**（有勇气、有责任感、考虑周密、认真细致、诚实、明智），而不应该说她们仅仅做出了可允许的行为，后者是任何懦弱的、不负责任的、考虑不周的、不够谨慎的、自我欺骗的傻瓜在此条件下也能做得到的。

因此，假设我们这里可以说而且应当说，这两位美德行为者做得**好**。虽然面对和处理这类不可解决的困境让人痛苦，但它们还不至于像其他一些不可解决的困境那么糟糕。对于那些其必须采纳的选项更为可怕的不可解决的困境来说，情况又是怎样的呢？或许，我们可以暂且称之为悲剧性的困境，正如那句俗语所说，“你不可能出淤泥而不染”。对于它们，美德伦理学能够给出怎样的看法？

悲剧性的困境

这句俗语还没有完全把握这里要表达的意思,因为“有些你不可能
71 两手干净地脱身的情境”,不等于“有些无论你怎么做也必定要脏了手才可脱身的情境”。有一些事情,毫无疑问,是美德行为者宁死也不会做的。日常道德就承认这一点,它至少会谴责那些通过背叛或杀害他人的手段来挽救自己性命的情形。在此类情形中,虽然人们其实无法两手干净地“脱身”,但我们知道美德行为者会做什么,知道他们实际上已经做了什么,是的,他们会让自己牺牲或被杀死;甚或选择自杀。尽管这个困境的解决方式格外苛刻,而且行为者根本没有“脱身”,但它是可以解决的。

因此,让我们坚持我们所讨论的是“不可解决的困境”,在那里,行为者自己的死亡并非选项,行为者要么没法去死,要么其死亡本身意味着怯懦地放弃责任。对于这样的困境,美德伦理学能够给出怎样的看法呢? 是的,既然它们不可解决,那么,我们首先就得讲点此前讲过的话——即,身处同样情境的两位美德行为者会采取不同的行为。但是,对于悲剧性的不可解决的困境而言,就像说“两位行为者都做出了正确的事”确实很不恰当一样(我认为确实如此),在这里说“每个人都做得好”似乎也很不恰当。如果一定要讲的话,我们很可能讲这两位都做了**错误的**事。所以,看起来我似乎不得不说,两位行为者都做得**不好**。

在这里,我们似乎发现了一种让美德伦理学面临真正麻烦的“冲突问题”。麻烦并不在于,美德伦理学不能为该情境提供行为指南——因为,根据假设,该困境是不可解决的,因此,任何充分的规范伦理学都应该无法提供行为指南。麻烦在于,采用“美德行为者”概念的美德伦理学似乎陷入了一种矛盾,如下:

在我们眼里拥有美德的行为者面临着一种悲剧性的困境。她

> 采取行动，因为她必须有所行动，而她无论做什么都是错的、都是不被允许的；她只能出淤泥而有染地摆脱该情境。可是这样一来，我们又怎能一以贯之地称她为有美德的人呢？也许，一直都有人质疑，认为“美德行为者”这个理念只是一种理想化的东西；而现在，我们则发现它是泡影。如果世界上存在悲剧性的困境，那便不可能存在“美德行为者”这样的个体。

这似乎是个显而易见的结论。但它之所以看起来显而易见，只是因为我们执着地认为，“美德行为者”的概念依赖于一条针对正确行为 72
和错误行为予以先验界定的公理。这条公理就是“美德行为者从来不做错误之事”，它对错误的行为预设了某种先验的界定。可是在美德伦理学这里，“美德行为者”的概念并不依赖关于正确或错误行为的先验概念。美德行为者是具有（比如）仁慈、诚实、公正等品质特征的人。因此，上述结论等于声称，如果存在悲剧性的困境，那就没人能够具备仁慈、诚实、公正等品质特征。而这一点似乎并没有那么地显而易见。①

我们可以用另一种方式来表述这种表面上的矛盾吗？假设我们这么说：

> 悲剧性的困境，即，行为者必定出淤泥而有染才能摆脱的情境，乃是那些理应仁慈、诚实、公正……的行为者被迫不仁慈、不诚

---

① 只有这样的差错才能让人们说，“美德统一性”学说（即，“如果你拥有一种美德，那么你必定拥有全部美德”的主张）排斥悲剧性困境。他们必定认为，摆脱悲剧性困境的（假定的）美德行为者必然表现出进而具备了这样那样的特定恶德。如果她具备某种恶德，那么，只要美德统一性学说有效，那么她就没有任何美德。因此，要么不存在美德行为者，要么（既然美德具有统一性）不存在悲剧性困境。但是，谁会仅仅因为某人面对悲剧性困境并有所行动，就把一种特定恶德的全部品质特征归咎于她呢？仅仅在悲剧性困境的语境中采取了（比如）不诚实的行为，并不代表不诚实，并不代表具有这种恶德；它甚至没有为此提供任何证据。

> 实、不公正地……开展行动的情境。可是，如果某人的行动是冷漠无情的、缺乏诚信的……那么她就不可能是仁慈的、诚实的……这就是矛盾。因此，如果存在悲剧性的困境，那便没有人能够真的是仁慈的、诚实的……没有人能够真的具备这些品质特征。世界上不可能存在“美德行为者”这样的事物。

然而，并不存在这样的情境；该主张体现了一种因为误解“不仁慈地”“不诚实地”“不公正地”等副词限定语而导致的概念混淆。仁慈、诚实、公正的行为者，即便是面对一个悲剧性的困境，也不会“**像**不仁慈、不诚实、不公正的行为者那样（以他们的方式）”不仁慈、不诚实、不公正地行动。她在行动时会有巨大的遗憾与痛苦，而不是像不仁慈、不
73 诚实、不公正的行为者那样无动于衷或兴高采烈。因此，我们无须认为，面临悲剧性困境的美德行为者就会做得不好。他们不会；做得不好的是那些邪恶之徒。

然而，如果美德行为者加以摆脱的是一个真正的悲剧性困境，那她确实会做出可怕的事，即，那些不仁慈、不诚实、不公正，或一般说来，邪恶的行为者将会采取的典型行为 —— 杀害他人或任由他们死去，[①] 背叛信任，侵犯他人的重要权利。于是，人们不可能说她做得**好**。由此推论得出的并不是美德无法存在，而是说，可能存在着一些即便美德行为者也无法毫发无损地摆脱的情境。

“怎么会这样？”有人可能会问，“难道在美德伦理学的论述中，行为甚至不一定是好的、坏的或不好不坏的吗？”

之所以存在这种可能，是因为在美德伦理学这里，“好的行为”**不**

---

① 关于这些例子，我应当强调普遍受到忽视的一个方面：即，就像“杀人”常常被列为“正义”的对立面一样，它也可以构成“仁慈”的对立面，但是，“任由他人死去”，即便不同时构成“正义”的对立面，也肯定应该常常被列为“仁慈”的对立面。参见 Foot, “Euthanasia”。

完全等于“正确的行为”，它也**不**仅仅是根据“美德行为者的行为”而决定的。美德伦理学并不是因为有人认为“行为是正确的、错误的或可允许的”，才认为“行为是好的、坏的或不好不坏的”；它也并不是因为没有其他短语可用，才把美德行为者的行为（在多数情况下）称作“好的行为”。“好的行为”是经过仔细考虑之后才这么称呼的，而且，尽管它在概念上与道德正确的决定以及“美德行为者的行为”有联系，它在概念上**也**跟“好的生活”和幸福有联系。①

美德行为者在悲剧性的困境中被迫选择的行为之所以无法成为好的行为，是因为，无论出于有意或无意，采取这些行为都将玷污或摧毁好的生活。因此，说“存在着一些即便是美德行为者也无法做得好的困境”，就等于是说“存在着一些即便是美德行为者也无法毫发无损地摆脱的情境”—— 不是因为她做了什么错误的事情（因为，根据假设，当行为者被迫选择时，她无须受到责备），也不是因为她做了什么正确的或可证明的或可允许的事情（这可能听起来非常奇怪），而仅仅是因为 74
她的生活让她遭遇了**这个**选择，从而玷污甚或摧毁了她的生活。②

有些人把威廉姆斯笔下的吉姆与佩德罗的情况③就看作一个不可解决的困境，他们针对这种情况想说的是，不论吉姆与佩德罗是杀死一个人，还是拒绝杀死这个人而让另外 20 个人被害，只要有机会，他们都必定选择自杀 —— 这是美德行为者将会采取的行动，因为，任何正派之人不可能在经历如此状况之后还继续生活下去。而另一些人则说，不，这是怯懦的表现，美德行为者不可能这么做。她必定因此而满怀歉

① 正如我在第一章（注释 5）指出的，我把所有关于“好的生活”和幸福的讨论都留到本书最后一部分的理论部分。只不过，我确实需要在此处提到这些概念。

② 参较亚里士多德对普里阿摩斯所遭厄运的讨论（*Nicomachean Ethics*, 1101a5—14）。我觉得，亚里士多德将会承认的是，美德之人的生活有可能被玷污，但（我认为）不可能被摧毁。如果真正有美德，那他就不会变坏，因为这意味着“采取可恨而卑鄙的行为”，而且，对于能够摧毁某人生活的唯一方式，他肯定也想表达同样的意思。

③ B. Williams, *Utilitarianism: For and Against* (with J. J. C. Smart), (1973).

意地度过余生。

这里的“必定”不是行为指南，而是概念的推演：“一个真正富有同情心的公正之人，对于她没能挽救那20个人的生命（或是杀害了那一个人），是绝不可能感到满意的；而一个真正勇敢的人，也不可能用自杀来摆脱这种状况。由此得出的推论是，一个富有同情心的、公正的、勇敢的行为者，当她做了她所做出的行为之后，便再也不会感到满意：因为她的生活将永远染上污名。”

即便美德行为者也无法毫发无损地摆脱的情境，在我看来，足以称作“悲剧性”。若是如此，则意味着把“悲剧性困境”视为**本身**就不可解决乃是错误的看法。我先前提到过，在讨论不可解决困境的文献中，有些作者希望坚持指出，即便是某些可以解决的困境也不可能毫无“剩余物”或“道德残留物”地加以解决，而对于这些剩余物或残留物所可能表现的形式，我们现在可以说得更多。

有的情况直接明了，对它们几乎没什么争论，在这些情况中，行为者正确地选择做x而不是做y，从而给自己带来一项很明显的新义务。比如说，对于她曾许下承诺但没践行承诺的对象，她就必须给出解释。
75 争论在于剩余物或残留物到底是内疚、懊恼还是遗憾？

假设某人面临一个困境，而她自己根本没过错。**根据假设**，该困境不仅可以解决，而且她可以很清楚地知道这点，知道在此情况下虽然x非常糟糕，但除了做x别无他法。于是，她采取了x行为。她应该为此而内疚或懊恼吗？有些人说“当然”，而另一些人则说“不必”。因为，如果严格根据词典的定义，**内疚**和**懊恼**都跟犯下的某种**错误**或**罪行**相关，而她又犯了什么错误或罪行呢？就因为她采取了x行为？可是，她有牢固的正当理由去做x：**根据假设**，她之所以不得不做x，是因为做y更糟糕。她完全是无可指责的（既然她面对这个困境而根本没有自己的过错），而她如果是无可指责的，那么内疚或懊恼怎么还可能是恰当的呢？

遗憾又是怎样的？她应该感到遗憾吗？这里的困难在于，要找到一种适当的、足以充分有力地构成做 x（这件糟糕事情）的适当反应的"遗憾感"。内疚和懊恼是充分有力的——它们可以萦绕心头，使人充满绝望，玷污甚至摧毁人的生活。但是，遗憾可以吗？我们也许会说，行为者应该感到遗憾，因为她应该热切地希望自己没有做她已经做出的那个行为。可是，这样一来，我们似乎还得建议说，她应该希望自己反而做了 y，她应该为自己没做 y 感到遗憾，然而如果情境就是目前这样，那我们怎么可能这么说呢？因为，**根据假设**，她本**不**应该做 y，做 y 将是个可怕的错误。

因此我们似乎得说，当困境可以解决（并且身处其中的行为者自身无过错）时，唯一可能的情感剩余物就是，行为者对于让自己不得不采取 x 行为的这种环境深深地感到遗憾。这当然导致剩余物中不再包含内疚和懊恼，付出的代价却是使之与行为者脱离了联系。毕竟，一个有美德的旁观者，当她同样认为行为者不得不采取 x 行为时，她无疑会对这种使之不得不采取 x 行为的环境深深地表示遗憾。为了再度恢复这种联系，我们只能说，行为者对于让**她**必须采取 x 行为的这种环境深深地感到遗憾。

可是，即便如此，这听起来可能也不那么充分有力。对于让**我**不得不采取 x 行为的这种环境所抱有的遗憾之情，无论多么深切，无论多么强调是"**我的**"，它能够使我充满绝望，玷污甚至摧毁我的生活吗？如果
不能，那么坚持认为遗憾是目前讨论的情形中唯一可能的情感剩余物 76
的人，似乎就为生活施加了某种过分浪漫的想象。因为，那些坚持认为内疚和懊恼在此情形中是恰当的人必定会正当地坚持认为，即便一个人无可指责，只要 x 是一件非常可怕的事情，那么"他有意识地采取 x 行为"这个简单的事实就**应当**萦绕于此人的余生。

这里不再试图用内疚、懊恼（虽然比较有力，但当行为者无可指责时它们并不恰当）或者遗憾（既不恰当，也不充分有力）等术语来描述

"剩余物"理应表现的形式了，而是直接揭示如下观点，即，美德行为者的生活会被玷污甚或摧毁，会因为她采取x行为所带来的悲伤而无法释怀。我们这里再次遭遇一种堪称"悲剧性的"情境，不是因为困境不可解决，而是因为，美德行为者在正确解决它的过程中无法出淤泥而不染。

现在，我们可以回头看看美德行为者可能发现自己所处的另一种可以解决的困境，在那里，正确的解决方案是允许她自己被杀甚或自杀。它同样堪称悲剧性，而且理由相同，只不过表现形式不同。一个美德行为者不可能出淤泥而不染地摆脱这种困境，因为她不可能活着摆脱它；她不得不放弃自己的生命。

再论正确的行动

我们离开行为指南和行为评价的问题太远了。让我们重新讨论它们。我们最开始讨论的是这样一种困境：尽管它被认为不可解决而且无疑让人沮丧，它并不能被称为"悲剧性的"。之所以不能这样描述它，是因为人们可以说那两位行为者做得**好**，而我们所说的悲剧性困境却是这样的情况：行为者无论怎样都不可能做得好而只会遭到某种谴责。对于这种困境，我们已有论述，它既没有对生活予以浪漫化的描述（即，生活中不存在悲剧性困境，无论是不可解决的还是可以解决的），也没有因为承认这些困境的存在便对我们说"不存在美德行为者"。是的，世界上存在悲剧性困境，亦即，美德行为者无法凭借做得好而得以摆脱的情境。
77 它们也不是美德行为者凭借做得**不好**而得以摆脱的情境，而是她根本无法摆脱的情境，或者说，是她无法全身而退的情境——她被诅咒、注定，陷入死亡或悲伤。而且，似乎没有理由假设它们总是不可解决的困境。

现在，如果一个困境是悲剧性的，那么我此前关于正确行为的具体规定就不起作用了。[①] 我曾说："一个行为是正确的，当且仅当，它是一个美德行为者在这种环境中将会采取的典型行为。"当困境是可以解决的时候，这种规定提供了恰当的行为指南（道德正确的决定就是采取美德行为者在此环境中将会采取的典型行为）；但是，如果我们以为该规定还提供了行为的评价，那就会是个错误的说法（除非是在自我牺牲的情况下），对可怕的行为予以某种认可，把它说成是"好的行为"。当困境是不可解决的时候，这种规定虽然没有提供恰当的行为指南，但仍会是个错误的说法，如果我们认为它给出了行为评价的话。

人们或许试图通过对"典型"一词予以某种附加性解释，而回避这个问题。假设正确的行为**是**杀死某人，或任由他们死去，或背叛信任，或违背极为严肃的诺言。这是美德行为者（在这种环境下）将会采取的行为。可是，既然他们是仁慈、诚信、公正的，那么当他们做出这些可怕的行为时，他们岂不是在"非典型地"、违背品质地行动吗？

但这种情况太**特殊**了。对于上述具体规定中的"典型"这个词来说，直接的解释无非是，它就是为了排除美德行为者平日里各种"违背品质"的行为方式——当他们精疲力竭、悲伤晕眩、患病染疾、酩酊大醉（我们必须假设他们自己完全没有重大过错）、吓昏了头时所采取的行为方式。在这些条件下，如果说人们"有悖他们自己"，我们并不会感到惊讶。但是，把一个恰当解决悲剧性困境的美德行为者说成是她在那时"有悖她自己"，这却不对。如果一定要说的话，她或许还得特别专门地成为自己，调动自己的全部美德和道德智慧，以便从一开始就能正确地解决困境。对于识别不可解决的悲剧性困境，很可能也有同样的要求。 78

我宁愿十分明确地对于原先的具体规定给出限定，表述如下：

① 在与迈克尔·斯洛特、克里斯汀·斯沃顿的交谈中，我明白了这一点，从而明白了悲剧性困境的重要性。

> 一个行为是正确的，当且仅当，它是一位美德行为者在这种环境中将会采取的典型行为，而这种环境不包括悲剧性的困境，在那里，一个决定是正确的，当且仅当，它是上述行为者会做出的决定，但是，该决定所给出的行为却可能是非常可怕的，难以称之为“正确”或“好”。（一个悲剧性困境，乃是一位美德行为者无法全身而退的困境。）

对原先有关悲剧性困境的论述需要给予限定，这不大会让人惊讶。功利主义或义务论对它们究竟有怎样的看法，对此，我留给它们的支持者去决定，但每个人肯定都想承认，除了自我牺牲的情形，可以解决的困境至少为我们提供了行为指南与行为评价之间彼此分离的某些情况。因此，对于既提供行为指南又提供行为评价的标准看法，我们需要有所修正。而任何坚持认为在不可解决的困境中两种行为全是错误的、被禁止的和不被允许的看法，则必须放弃它们的公理：“美德行为者（在典型情况下）从不做错误的事（而只会做正确的事）。”所以我并不认为，需要给予限定就是在质疑原先看法背后的基本理念。

我们现在也许可以对美德伦理学的“基本理念”应该是什么提出疑问。它是品质“优先于”行为的理念吗（一个通常被认为“居于一切美德伦理学核心”的主张）？[①] 之所以无法直接回答该问题，是因为“品质优先于行为”的主张可以表示太多不同含义。我所探究的美德伦理学究竟在哪些方面能被描述为支持“品质的优先性”，这只有到了本书的最后才能完全揭晓。在此，我希望否认如下几种可能会归于其名下的观点。

首先，让我们考虑一下斯蒂芬·哈德逊的一段话。在引述了亚里士多德的“如果这些行为是公正或节制之人将会采取的行为，那么，它

① Oakley, “Varieties of Virtue Ethics”, p.129.

们就被称作公正和节制的行为”之后，他接着说道： 79

> “勇敢的行为”这个概念（姑且将“勇敢”视作我们美德的范例）从属于并且依赖于“勇敢的行为者”概念。前者从后者那里获得自己的意义。何以至此？一个行为可以被恰当地称作勇敢的，当且仅当，它是勇敢之人在那些环境中将会采取的行为。勇敢之人被认为是理想的类型，是勇敢的范本；正是通过参考该类型，我们才挑选出哪些行为属于典型的勇敢行为。对行为的勇敢性质进行评价，这项任务本质上取决于我们对勇敢的特征，对某种人的特征的理解。①

这里的看法——即，只有当我们（可以说）理解了范例，亦即，理解了具有美德品质的行为者之后，我们才能理解什么是“勇敢的行为”（“诚实的行为”“忠诚的行为”“节制的行为”“仁慈的行为”等等）——是关于“品质优先性”的一种极端表述。我当然愿意否认，只有当我们理解了什么是勇敢、诚实、忠诚的人，我们才能理解“做勇敢的事、做诚实的事、做忠诚的事”等美德规则。很小的孩子至少在某种程度上也可以理解这些规则，而当你在一本不错的词典中查找这些形容词时，里面也没有仅仅说它们“是具备什么什么美德的人所特有的行为特征”，进而把你指向相应的名词。（请对比一下像“匹克威克式的”这样的形容词。比起那些为了避免冒犯而被误用和误解的词汇，目前这已经得到更广泛的运用，词典里只有“属于匹克威克的，或像匹克威克一样的”。）②

先前，我把美德规则说成是根据美德或恶德术语而“产生”的规则，

---

① Hudson, *Human Character and Morality*, pp. 42—43.

② “这不公正吗？这不真诚吗？”等问题的答案“有时当下就很清楚”，这同样是安斯考姆的观点（“Modern Moral Philosophy”, p.33）。

因此我愿意认为，“美德行为”在某种程度上要“从属于并依赖于”美德之人的概念。但我所说的“从属于并依赖于……”却比“仅仅由……定义，或完全根据……来理解”更复杂。运用于行为的美德形容词具有一定的独立性（在我看来，恶德形容词尤其如此），而词典的条目与我们在
80 母亲膝下所学到的规则就体现了这种独立性。美德之人（勇敢、诚实或忠诚之人）的概念，在需要它来超越那些定义并且提供微调的意义上，是有“优先性”的。（“请直面危险或忍受痛苦，当且仅当勇敢之人会这么做时。”“绝不隐瞒真相，当且仅当诚实之人会这么做时。”）

似乎，我们通过理解美德行为者将会做的行为而得到的微调方案，不仅适用于美德，也适用于恶德。我们无需胆怯或不诚实的“范本”；相反，当我们理解到谨慎有时就是勇敢的一部分，甚至连勇敢者也会逃命（在这种情况下，逃跑并非胆怯）时，当我们理解到小心谨慎的诚实有时也会隐瞒事实、欺骗他人（在这种情况下，他们的欺骗并非不诚实）时，我们就会对用于修饰行为的“胆怯”和“不诚实”进行微调。

但是，悲剧性困境的可能性则向我们表明，这种微调并非在所有情况下都有效。在悲剧性的困境中，美德行为者做出可怕或恐怖的事情；尽管“是她做出这种事”的事实也许足以证明“残忍”“令人悚然地冷漠 / 不负责任”“可怕地不公正”“完全不忠诚”是正确的描述（人们对此的直觉却不同），却必定无法证明“可怕”或“恐怖”。事实上，这恰恰是因为她正确认识到，自己做了某种可怕或恐怖的事情（某种不可能堪称“做得好”的事），即她的生活被染上污名。如果人们认为“品质优先于行为”的主张就是打算让人接受一种根据美德（或者，也许是恶德？）行为者而得出的有关“可怕”或“恐怖”的还原性定义，那么，我同样希望予以否认。

当然，我没有否定一种概念上的联系。如我前面所言，可怕的行为事实上通常是最冷漠、最不诚实、最不公正……亦即，最邪恶的人将会典型地去做的事情，而这种事情，“在大多数情况下”，从来都不会作为

一种可能的行为选项出现在美德行为者的心中。然而,之所以它通常从未出现在她心里,是因为它将导致非常巨大的恶(或者说,将丧失非常巨大的善?)。任何受亚里士多德启发的美德伦理学,都不会接受一种依据**美德行为者**而言的关于**善恶**概念的还原式定义,它们所坚持的仅仅是两者之间的密切联系。为了非常简要地展望一下后续章节的讨论,请允许我指出,正如富特所言,仁慈美德是"与他人的善相关联的 81
美德,而因为生命通常是一种善,所以仁慈通常要求应当挽救或延长生命"[①]。他人(真正)的善是什么,以及,在什么情况下生命(不)是一种善,这些都属于美德行为者知道并且能够承认的内容,但之所以如此,并不是因为她承认了它们,而是因为关于人性的事实使然。

我们再次看到口号的危险性。一个常见得令人惊讶的情形是,既然美德伦理学对"品质的优先性"有所承诺,人们便这样来对待它,仿佛它坚持认为"美德行为者"概念与"恶德行为者"概念是道德哲学的唯一概念工具,仿佛它承诺能给我们所有的其他道德概念提供一种基于上述概念的还原式分析。(正如我在别的地方所指出的那样,[②]富特之所以受批评,是因为她在刚才提到的那篇讨论安乐死的文章里"让自己求助于"**善**的概念和**利益**的概念,这意味着,如果她打算用美德伦理学的思路来研究安乐死,基于正义和仁慈来讨论它,那么她的这种方式就是不成立的;只有等到这些概念能够依据美德行为者而获得某种还原式的分析,她才可以使用它们。)

但是,考虑到美德伦理学对于正确行为的具体规定,那么,尽管它可能承诺要对"正确"概念进行某种还原,它远远没有承诺要对其他的道德概念也进行全方位的还原。相反,它还依赖于许多这样的概念,它不仅依赖于人类的**善**的概念,依赖于那些(真正)**有利于**他们的事物的概念(我们凭借这些事物而定义"慈善"),而且依赖于那些(比如说)值

① Foot, "Euthanasia", p.54.

② 'Applying Virtue Ethics' (1995).

得的、有益的或快乐的事物的概念，我们与这些事物是密不可分地联系在一起的。如果我不能正确地理解什么是值得的、有益的或快乐的，那么，我就不能理解什么是对自己及他人有益和有害的东西。虽然抱有最好的意愿，但我会缺少需要对所有这一切抱以正确理解的仁慈美德。对人类生活中巨大邪恶的理解，就是一个深层次的例证。

那么，我是在什么意义上承认“品质的优先性”呢？首先，我需要
82 一种明确否定它的任何基础性或还原性作用的表述，[①] 所以我会说，我支持的命题是：美德行为者概念属于伦理学的焦点概念。[②] 于是，总结前面的讨论，我会说，通过上述讨论，我的意思至少是这样的：我们需要它来理解行为指南和行为评价，理解为什么发现应当做的事情以及我们接受建议的理由有时会如此困难，理解不可解决的悲剧性困境，还有美德的统一性，并且，我们需要它来微调从而充分理解我们的美德概念和恶德概念。（在后续章节，我将论证，我们还需要它来理解所谓的“道德动机”。）

再论绝对主义

前面关于悲剧性困境的讨论，尤其是它承认“正确的困境解决方案可以是让行为者死掉”，理应是在矫正针对美德伦理学的另一种误解：即，认为美德伦理学不承认有绝对禁令，不承认有某些绝对禁止采取的行为。虽然美德伦理学有时因此遭到批评，但令人感到不安（和危险）

① 参见朱莉娅·安纳斯对古代美德理论的论述。“在它们那里，行为者的最终目的概念、幸福概念以及美德概念可以说是**首要的**，是基本的。它们是我们由之出发的概念；它们搭建起了理论的框架，而我们是根据它们来引入和理解其他概念的。因此，首先需要理解它们……然而，它们在现代意义上不是基本的：其他概念都不由它们推衍而来，也较少被归到它们那里去。” Julia Annas, *The Morality of Happiness* (1993), p.9.

② 以行为者为基础的美德伦理学和以行为者为焦点的美德伦理学之间的差别，参见 Michael Slote, “Virtue Ethics” (1997)。

的是，它有时也会受到赞扬，因为对问题采取了“富有弹性”或“从情境出发”的思路，按照各种情况的自身特点来考虑，并因此规避了义务论或事实上功利主义的那种缺乏弹性的表述。当人们认为，美德伦理学令人称道地避免了教科书中常常对另外二者提出的那种问题时，赞扬就会出现。这种想法是这样说的：

> 功利主义说，撒谎并非本来就错；因此，如果对一个信任你的病人说出无耻的谎言会带来好的结果，让每个人都开心的话，那么功利主义就会提议撒这个谎。这样的例子促使我们走向义务论，承认“无论结果怎样，都要坚持绝不撒谎的规则或原则”的重要性。 83
> 可是，我们会遇到大家都知道的案例，比如，保护藏在自己地下室里的犹太人免遭上门搜查的纳粹的杀害，在这种情况下，说实话的结果就太可怕了，以至于迫使我们又回到功利主义。而美德伦理学，拒绝诉诸任何一般的规则或原则，它既反对一元论的“幸福最大化”，又反对毫无例外可言的“不许撒谎”，它要求我们根据各个情况的自身特点来考虑它们。美德行为者的慧眼能够看出，在第一种情况下，具有道德相关性的或“重点所在”的，是“你要向信任你的某个朋友撒谎”这一事实，而非结果；在第二种情况下，具有道德相关性的则是结果，而非谎言。正是这样的道德洞察力而不是对规则的遵循，使她能够做得好——多么令人振奋的敏锐性啊！

现在，虽然我认为这段话并非完全不对，但它体现了许多错误。一方面，它使得我们直接退回“美德不提供任何规则或原则”这个陈旧的理念，忘记了还有美德规则的存在。另一方面，就其(尽管是含蓄地)愿意向纳粹撒谎而言，这段话意味着美德伦理学必定拒绝“绝对主义”——亦即，美德伦理学总是愿意根据环境来调整它的“规则”。这两方面的结合足以导致具有危险诱惑性的第三个错误——即，认为美德伦理学比较温柔调和，它会让我们摆脱（尤其是）义务论让我们所感到的诸多不舒服的尖锐之处。因此，当据说可能存在某些情境，其中美德行为者会遭到谴责而陷入死亡或悲伤，或是被要求选择自杀时，就会引起惊讶。

假设有两条美德伦理学规则，“做诚实的事”与“不要做不诚实的事”。人们凭什么认为，这些规则就能以某种方式根据环境而进行调整，从而让我们摆脱那些令人不爽的义务论要求？

倾向于觉得美德伦理学温柔调和的人可能一开始就认为，“诚实”的美德与善意的谎言之间是彼此相容的：

> 当我听说我一直认为非常诚实的人撒了个小谎时，我不会
> 84 推论说，我先前对他们品质的评价就是错的；我承认他们的良好习惯。我可能会说，强调自己从不撒这种谎的人，并不因此就要比那些在重要事情上总是一丝不苟地陈述事实，但也允许自己在可能的情况下偶尔说点善意谎言的人更加诚实。相反，她误以为“不要撒谎”这条规则具有某种神圣性，或者，也许她误以为“一条谎言引发另一条谎言”是人类心理或人类境况的必然规律。

这种调和性的思路会由此继续说道：

> 如果人们因为身藏地下室的犹太人而对纳粹撒谎，我不会谴责他们不诚实。**如果**我认为摆脱该情境的唯一办法就是撒谎，而且我所假定的诚实行为者也撒谎了，那么，尽管我不会说这是在践行其诚实，我也不会说这是在反思其诚实（即，她的所作所为是不诚实的）。我会说：“是的，你看到了，针对诚实的思考在此并未出现，原因在于……”因此，具有诚实和公然说谎是彼此相容的。我

> 们似乎是在裁剪自己的美德（与恶德）概念，以适应我们所发现的这个世界；而我们发现的是这样一个世界，在那里，真正有美德的人们有时是会违背义务论规则的。

而这里提出的一个问题恰恰在于，我们将会发现一个怎样的世界，比如，我们是否发现它是一个由上帝创造的世界。人们常常以为，义务论是唯一可能适合有神论者的规范伦理学，但这并不合乎如下事实：即，阿奎那、安斯考姆和吉奇都是美德伦理学者而非义务论者。他们都把“不要撒谎”看作一条绝对禁令，并且相应地，他们都会否定上述大部分看法。我认为，他们从一开始就没有承认说，诚实的美德与善意的谎言是彼此相容的；那种在其他语境下一丝不苟地讲实话的人，虽然不像在任何语境下都撒谎的人那样不诚实，但他仍然没有做到诚实。“不要撒谎”这条规则**是**神圣的，而且，认为一条谎言会引发另一条谎言，也**没**错；养成撒点小谎的习惯，将会“败坏我们的实践智慧”。[①] 85

吉奇说：“如果你除了谎言之外**发现**不了任何出路，那么，这条谎言也许就是你所能看到的最不坏的选择；（但）它依然很坏，而且，你应当责备自己缺乏圣女贞德或圣亚他那修那样的智慧，可以无需谎言便将自己解脱出来。”[②] 他恰恰是在上帝不要求祂忠实的仆人在罪与罪之间进行选择这一观念背景下，讨论“不要撒谎”这条绝对禁令的；因此，如果你身处一个完全没有自身过错的情境，并且，如果撒谎是一种罪，也是**你所能看到的**唯一选择，那么你就是缺乏美德的，也许是缺乏实践智慧的，而后者则是所有道德美德的本质。是的，虽然我们裁剪自己的美德（与恶德）概念以适应我们所发现的这个世界，但我们却没有发现，它是一个**真正**有美德的人会在其中违背“不许撒谎”这条规则的世界；我们知道，它并非如此。

---

① Geach, *The Virtues*, p.113.

② 出处同上，p.121。

许多人也许不同意吉奇有关"不许撒谎"这一绝对禁令的看法,不认为上帝能够保证真正有美德的人可以既不撒谎而又无需干出更糟糕的事情,比如,将犹太人出卖给纳粹。但是,不同意吉奇的看法,远远不等于普遍地认为,我们所发现的这个世界,就是一个真正有美德的人颇为经常地违背义务论规则的世界;更不等于认为,由于美德伦理学先前对于正确的行为有所规定,当美德行为者采取行动时,他们就是在"采取正确的行动"。

我们觉得难以做出行为决定的情境不能轻易就被贴上"令人沮丧的或悲剧性困境"标签,以及,人们太过轻易就把某个情境视作他们不得不在两种大恶之间进行选择的情境,而不是存在第三条出路,这是他们缺乏美德的表现 —— 就这些内容而言,吉奇无疑是正确的。所以,容许自己持有如下看法是不对的,即,"一个真正诚实的人也有可能公然说谎,只要她认为该情境存在一些其他的'相关'因素或'突出'因素","一个真正仁慈而公正的人也有可能杀害某人,只要如此行为能够阻止更大的伤害"。因为,这样的想法(即,我们发现这个世界是一个人们经常不得不撒谎或杀人的世界)是某些并非有美德,而是严重缺乏美德的人的想法。(请对照一下安斯考姆的话:"如果有人**事先**真的以为,
86 '将无辜者判处死刑的做法是否应当完全不予考虑'这个问题都是可以追问的……那么他心灵败坏便可见一斑。")[①]

① Anscombe, "Modern Moral Philosophy", p.40. 我惊恐地注意到我在开放大学的部分学生提到了这样一个例子:一位妇女为了阻止其丈夫对他们的孩子实施性虐待而杀死了他;他们说,"这是有美德的行为者将会采取的行为"。他们这么说的意思是:"我不会谴责她,不会说她缺乏美德,我认为她可以被证明是正当的,因为她在用她所能采取的**唯一方式**保护她的孩子。"然而,这却是思想的堕落。谁说这就是"唯一方式"?思考这个例子的人还设想这名妇女会说:"没有其他方式保护他们了;我没法采取别的行为",而且他们自己就迅速**接受**了这种说法。可是,他们不应接受它。太过**轻易**地认为"我只能做出这种可怕的事,我没有其他的选择"乃是恶德的标志,是品质存在缺陷的标志。我在《出于品质的行动和感觉:〈尼各马可伦理学〉第三卷第一部分》("Acting and Feeling in Character: *Nicomachean Ethics* 3.1")一文中指出,"迫使"某人采取行动的那种东西("我无法采取其他的行为")正是此人品质是好是坏的一种标志。

世界上存在着某些绝对的禁令，在这一点上，吉奇很可能也是正确的。我非常愿意当个出头鸟并且指出，我们所发现的这个世界，是真正的美德之人绝不会为了取乐而对儿童实施性虐待的世界——用亚里士多德的话来说，对这种行为的描述就"意味着堕落"。 87

第二部分

情感与动机

第四章

亚里士多德与康德

在上一章，我们谈到美德行为者在某些情境里会体验到的几种情感，尤其是，作为对已发生行为之反应的遗憾和极度悲哀。人们常常赞扬美德伦理学，特别是当他们意识到康德义务论的问题的时候，因为美德伦理学针对情感的道德意义的论述要比其他伦理学思路的论述更好，尤其是在“道德动机”的问题上，它的论述比康德的更具吸引力。然而，这种论述是什么？（尤其是）康德以及一般的义务论者、功利论者是否与这种论述格格不入？如果“是”，那他们如何与之格格不入？这些问题迄今尚不清楚。如前所述（参见前文第二章，边码第 48 页），在我看来，上述两者似乎并没有仅仅因为自己是“以行为为中心”而不是以行为者为中心就完全不承认“遗憾”的重要性，它们也可能并不是天生就无法容纳某种关于情感之道德意义的相当一般而正确的论述。虽然我一直觉得，美德伦理学确实给出了比其他两种思路更好的论述（事实上，这是美德伦理学首先吸引我的一个方面），但是，我不再像以前那样肯定，认为这远远不是历史的偶然。

当人们认为美德伦理学对于情感的道德意义给出了更好的论述时，他们心里所想的主要内容，我觉得，是那些做出仁慈行为的行为者的感受。这里的争论涉及康德在《道德形而上学原理》第一章中的一段名言，以及，这段名言的含义与亚里士多德伦理学核心命题之间的明显冲突。如果我的判断（即，这就是人们心里所想的主要内容）是正确的，那么我们就该暂停下来，指出其中让人感到奇怪的一些地方。第一，它几乎无法表明美德伦理学在情感问题上优越于义务论**和**功利主义，因
91 为后者，就其最简单形式来说，并没有限定行为者在行动时应该有怎样的感受。第二，它无法面对非康德式的义务论——这种义务论尽管批评康德，却必定是一种依然呈现出康德色彩的义务论。第三，它似乎不足以支持关于**这些**情感的道德意义的一般主张。就算它表明同情、怜悯和爱在道德上具有重要意义，那恐惧、愤怒、欢乐、希望、自豪、羞愧、绝望、羡慕、感激、尴尬等又怎样呢？不过，尽管如此，这方面内容仍然需要仔细思考，以深化我们对于新亚里士多德主义美德伦理学的理解，并拓展它与康德《道德形而上学原理》的观点之间的交锋范围和程度。

在《尼各马可伦理学》第一卷的结尾处，亚里士多德介绍了"自制之人"与具有充分美德之人的区别。简单说来，具有自制品质的人通常知道自己该做什么，她这么做了，但与自己的欲望**相反**[①]，而完全具有美德品质的人则通常知道自己该做什么，她这么做了，内心也想要这

① 在提出这种关于自制的一般描述时，我遵循的是现代人的看法，尽管亚里士多德在《尼各马可伦理学》第七卷讨论自制和"不自制"时曾明确说过："我们必须只把那些涉及节制与放纵相关类型快乐的状态看作是自制与不自制。"虽然他确实允许"不自制"一词可以通过类比而适用于别的事情，比如，怒气、荣誉、财富和家庭（有趣的是，他没把恐惧包括在内），但他对这些"仅仅通过类比而被列为不自制"的情形明显不太感兴趣。非常奇怪，他好像没有注意到，对这些事情"过于关心"的人也有可能以一种明知错误的方式去**行动**；这段话（1148a20—b15）表明，虽然他们感受过多（而且心里明白），但他们并不值得谴责，因为，与严格意义的不自制不一样，"这里不涉及实际的恶"。可是，我们会想到许多例子，在那里，行为者做出坏事是因为背离理性而受到激情的驱使，他们正是为了荣誉、财富或他们的家庭，而要求采取某些毫无必要的报复行动或不公正、不诚实的行动。如果亚里士多德真的没有注意到这些可能性，而仅仅考虑那些虽然觉得不应该，但常常如同应该一般采取行动的人，那么，他所说的那些"仅仅通过类比而被列为不自制"的情形，就可以被囊括进我们现代人关于自制问题的看法中，而对于这种看法，我们还能补充一些更深入的情形，比如，帮助他人却丝毫不为他们的幸福而感到喜悦。

么做。她的欲望同她的理性是“完全协调”的；因此，当她做她应该做的事情时，她也就是在做她想要做的事，并且收到了欲望获得满足的回报。所以，“有美德的行为给热爱美德的人带来快乐”（1099a12）；完全有美德的人高兴地做着他们所做的（典型）事情。 92

于是，亚里士多德区分了两种人（自制之人，以及完全有美德之人），并且，正如这些词组展示的那样，他对此给予了特定的权衡；完全有美德的行为者在道德上要优越于仅仅自制的行为者。

而在《道德形而上学原理》的那段话中，康德说道：

> 在力所能及的情况下帮助他人，乃是一项责任。除此之外，还有许多极富同情心的人，他们没有任何虚荣或自利的动机，他们对于将幸福播撒在自己身边感到由衷快乐，对于别人因他们的工作所获得的满足感到欣慰。然而，我坚持认为，在这样的情况下，无论行为多么正确，多么值得称道，也仍不具备真正的道德价值。它与其他的偏好具有同样的特点——比如，对于荣誉的偏好；如果这种偏好足够幸运地合乎某些有益的与正确的方面，那么它值得表扬和鼓励，但不值得尊敬；因为，其准则缺乏道德的内容，亦即，采取那些并非出于偏好而是**出于责任**的行为。假设这位人类之友的心中满是自怜自艾的忧伤而无暇同情他人的命运，但他仍有能力帮助那些身处痛苦中的人们，尽管他完全被自己的悲伤占据，不再因他人的需要而触动；并且假设，当他不再为任何偏好所推动时，他将自己从这死一般的无动于衷之中挣脱出来，不是出于任何偏好，而仅仅出于责任地行动；这时，他的行为才第一次具有真正的道德价值。进一步说，如果自然并未将同情赋予这个人或那个人的心灵；如果他性情冷淡，对他人的痛苦漠不关心（但在其他方面，他又是个诚实之人）——这或许因为他对自己的痛苦具有特殊的忍耐与坚持的天赋，所以他以为甚或要求别人也如此；如果

> 这个人(他肯定不是自然最糟糕的产物)没有被自然完全塑造成一个博爱之人,那么,他难道就不会在自己身上发现某种源泉,由此获得一种远远高于天生性情好的人所能拥有的价值吗?他当然会。恰恰是由于这一点,品质的价值才得以展现(一种道德的价值,至高无上的价值),亦即他做好事不是出于偏好,而是出于责任。[1]

按照针对这段话的标准解读,康德提出了与亚里士多德同样的区分,但他的权衡方式却相反——自制的行为者在道德上被认为要优越
93 于(亚里士多德所说的)完全有美德的行为者,因为后者是渴望做她所做的事情。而在康德笔下,那些“极富同情心……对于将幸福播撒在自己身边感到由衷快乐,对于别人因他们的工作所获得的满足感到欣慰”之人的慈善行为并“不具备真正的道德价值”,而且,他不客气地将这些行为同另外两种人(他们不受任何同情感推动,“不出于任何偏好,仅仅出于责任”而行动;他们的行为具备“真正的道德价值”)的慈善行为进行了对比。这看起来好像对康德不利,因为它看上去相当于(而且已经被人说成是)如下这种极不合理的说法,即,“因为某人是自己朋友”而去医院探望她的人,在道德上不如那些“出于责任”而去探望她的人。[2]我曾经就这样解读《道德形而上学原理》的这段话,但我现在逐渐相信,亚里士多德与康德其实要比人们通常所想象的接近得多。[3]

---

① I. Kant, *Groundwork of the Metaphysics of Morals*, trans H. J. Paton (1964), p.66.(译文参考苗力田先生的译著,但同时,根据赫斯特豪斯在这里所引用的帕通的英译本进行了适当修改。参见康德:《道德形而上学原理》,苗力田译,上海人民出版社 2002 年版,第15—16 页。——译注)

② 这个例子现在常常像这样被简化使用。而在最初版本中,它的细节要丰富得多,使得行为者的品质十分清晰(这一点很重要)。参见 Michael Stocker, “The Schizophrenia of Modern Ethical Theories” (1976)。

③ 罗伯特·劳登在《康德的美德伦理学》一文以及克里斯蒂娜·科斯嘉在《出于责任与为了高贵》一文中同样发现,康德与亚里士多德之间的共同点要比人们通常所解读的更多。

菲莉帕·富特的《美德与恶德》

在《美德与恶德》一文中,富特对于康德这段话的透彻讨论使我开始改变自己的想法。[①]通过指出我们日常道德观念中的一个明显矛盾,富特开启了她的讨论。

> 我们既倾向于认为,又不倾向于认为:一个人越是难以做出美德行为,那么当他做得好时,他就越是有美德。因为,一方面,在特别难以做出美德行为的情况下,我们需要大量美德;但另一方面,我们可以说,难以做出美德行为,这表明该行为者缺少美德:按照亚里士多德的看法,在美德行为中获得快乐乃是真正美德的标志,而那种觉得美德很困难的自制之人只不过是个次优对象。那么,应该怎样处理这个冲突呢? 94

面对该难题,有一种相当乏力但不在她考虑范围之内的回应方式会说,日常道德**就是**自相矛盾的,不同的思路(康德的、亚里士多德的)选取了不同的方面,道德哲学家唯一该做的就是支持其中一种而反对另一种,并放弃或重塑日常道德。因此,可以说,康德的思路抓住了人们平时关于勇敢行为的看法,根据这种看法,最勇敢的人是"想逃跑但没逃跑"的人,而亚里士多德的思路抓住的则是人们平时关于慈善或仁慈行为的观点,根据这种观点,最慈善或最仁慈的人是"容易将他人利益当作自己目标"的人。[②]通过正确的道德理论的启发,我们必定会修正我们的这些不够理论化的勇敢或仁慈观念,当想到自己至少成功地消解了矛盾时,我们会觉得心里宽慰。

① Foot, "Virtues and Vice" (1978), p.10.

② 出处同上。

可是，富特发现了一种更好的回应方式；她在康德那里发现了亚里士多德主义者有可能而且事实上也应当同意的一些观点。她的讨论迫使我们注意，自制之人与完全有美德之人的这种区分需要谨慎地使用，而“有美德的行为给热爱美德的人带来快乐”这句断言也需要认真地限定。不仅如此，正如我将论证的那样，两者还有一些比她所提到的更多的共识之处。

那么，我们怎样解决“一个人越是难以做出美德行为，那么当他做得好时，他就越是有美德”与“一个人越是难以做出美德行为，那么他就越是缺少美德”这些看法之间的冲突呢？富特的回答是，每种看法相对于不同的情况可能都是真的，它取决于是什么因素使人“难以”把事做好。对有些人来说，使其“难以”把事做好的因素“表明（他的）美德不完整”[1]，够不上充分的美德，因为使其“难以”把事做好的因素与他的品质有关。在这样的情形中，“他越是难以做出美德行为，他就越是缺少美德”的看法是对的，自制之人与完全有美德之人的区分（它是不同**品质**之间的区分）也适用于这种情形。但是，使人“难以”把事做好的另一些因素则与他们的品质无关；毋宁说，那是一些具有美德品质的人“受到严峻的考验”并成功通过考验的情形。在这样的情形中，“他
95 越是难以做出美德行为，他就越是有美德”的看法才是对的，而且，自制之人与完全有美德之人的区分也不适用于此。

请考虑一下“勇敢”。对于自制之人与完全有美德之人的区分来说，勇敢一直似乎是个有些棘手的美德，而且，重要的在于，亚里士多德本人也认为必须对他的这一主张有所限定：即，与勇敢有关的所有美德活动都是令人愉悦的（1117b10）。对他的这段论述尽管可以有不同解释[2]，似

---

① Foot, “Virtues and Vice” (1978), p.11.

② 比如，麦克道威尔坚持认为，美德之人就是这样理解“利益、优势、伤害、损失等”概念的，以至于任何因美德而必然导致的牺牲都算不上损失。参见 McDowell, “The Role of *Eudaimonia* in Aristotle’s Ethics” (1980)。我将在第八章讨论该观点。

乎没有争议的是，那种想要冒险、想要经历可怕的痛苦或死亡而且乐此不疲的人，并不因此就是勇敢者，而是受虐狂或蛮干的疯子。即便勇敢之人反乎偏好地没有采取逃跑或自保的行为，在通常意义上，他们也不是在“做他们想做的事”，因而并没有获得欲望满足的快乐。

尽管如此，似乎仍有一些可以运用上述区分的新亚里士多德主义的情况（不是战争情况）。那些必须克服自身对于危险的恐惧心理，因而觉得前去解救自己孩子是一件困难事情的父母，就比不上那些毫不顾忌自身安危而飞身前去解救孩子的父母。休谟的朋友惊讶于休谟引导自己走向生命终点的方式，以这种方式，正如博斯维尔报告的那样，“此时死亡仿佛并不凄凉”，更谈不上恐惧了；而那些比较难以做到为了朋友们着想而把自己行将到来的死亡置之度外的人，则没这么令人钦佩。在这种情形中，毫不恐惧，而不是克服恐惧，才配得上最高的尊敬，因为它反映出行为者的价值观，从而反映出他的品质。但是，如果必须被克服的恐惧不是与人的价值观相关，而是（就像我们所说）病理上的，那就得做出另一种判断。正如富特指出，“如果某人患有幽闭恐惧症或恐高症，那么，他可能需要运用勇敢去做一些在别人那里可能并不属于
勇敢行为的事情”①。如果一个人受制于恐惧症，那他就**亟须**勇敢；如果 96
他经受住了考验，他才值得尊敬。②

请考虑一下“诚实”。如果“我难以”归还我看到某人掉出来的鼓鼓的钱包，因为我很想将它据为己有并且不得不克服诱惑，那么，与那种立刻归还钱包，从来就没想过要将不属于自己的东西据为己有的人

① Foot, “Virtues and Vices”, p.12. 劳登的论文《康德的美德伦理学》歪曲了富特的这种区分，认为她必定会同意如下这条未作任何限定的主张，即，“压根就不想逃跑的行为者，要比那个虽想逃跑但没有逃跑的人更勇敢”。

② 这是“新亚里士多德主义的”观点。如果亚里士多德承认幽闭恐惧症，那么他可能会把它看作一种使人无法获得勇敢美德的缺陷，因为，病理学意义的恐惧概念完全是现代概念。同样的，他也不可能像我们一样，承认那些同毒瘾作斗争并战胜了毒瘾的人们身上所具有的令人钦佩的勇气、坚韧和希望。

相比，我就不是完全诚实的，在道德上也次于后者。但是，对于立刻归还钱包的人，还有两种不同情况。有的人自己就钱包鼓鼓，而别的人则很穷。前者**可能**同后者一样完全诚实，但即便如此，她的诚实在这里也没有经历严格的检验，因为对她来说，归还钱包乃是举手之劳，毕竟一个鼓鼓的钱包对她来说又算得了什么呢？而对于那个贫穷的行为者来说，归还钱包"就难了"，之所以难，是因为她的处境严峻，而她越是贫穷（即，她归还钱包越是难），那么，当她毫不犹豫、积极主动地归还钱包时，她所表现的美德就越多。这里，我们应当再次注意那些必定附加在"有美德的行为给热爱美德的人带来快乐"之上的限定条件。如果穷人所归还的钱包是属于一个十足"浪荡的公子哥"的，那么，当休谟说这里除了"物归原主"的动机外不可能包含任何"自然动机"时，他就谈到了点子上。正如我后面将强调的那样，亚里士多德主义者在这里不该采用休谟的表达方式，但是，我认为我们没有理由应当觉得，完全诚实之人就不会感到"必须这么做是令人非常遗憾的"。完全诚实之人从这个具体行为中所获得的"快乐"是稀薄的，而不是典型的。

现在，请考虑一下富特讨论的（非亚里士多德主义的）仁慈或慈善美德。对于这种美德的成功践行，似乎不可能不给真正拥有它的人带来直接的快乐，因为，对他人利益的真正顾及难道不应当保证这些人能从他人的喜悦中获得喜悦，从他人的快乐中获得快乐吗？任何"觉得难以"帮助他人的人只具有该美德次要的、"自制的"形式，这难道通常不
97 是事实吗？不是的，因为，我们这里还有一位康德所说的博爱之人，他的心中"满是自怜自艾的忧伤"。当他颇为费劲而又并不快乐地做着仁慈之事时，认为他因此就做得不够好，或表现得不够有仁慈美德，比不上那些高高兴兴地做出同样行为的其他人，这可能是错误的，因为，他在这里"难以"做好的原因并未表明他的美德不完整。

亚里士多德主义者有理由应当同意康德的观点，即，满怀忧伤的博爱之人的行为具有特别值得尊敬的地方。因为在这里，"妨碍"其美德

行为的那种“困难”为更大的美德“提供了展示的机会”。[①] 正是他的忧伤，使得他特别难以注意和顾及他人的需要；而且，就像富特正确论述的那样，如果他依然成功地做出了仁慈的行为，那便是“在最大的程度上展现了美德”，因为“这是一种如果一个人想做得好则需要更多美德的情况”[②]。当一个人的心中充满忧伤，他确实不仅很难去做任何事情，而且不可能从中获得快乐；这个人的行动困难以及快乐的缺失都源于忧伤的本质，而不是源于他的品质，[③] 只有那些由于一个人自身的品质所引起的困难才能表明美德的不完整。因此，如果“为什么这个人觉得难以将他人利益当作自己目标”的答案在于“她的心中满是忧伤”，那么，该事实（“她觉得难以这么做”）可能就没有反映她的美德状况；她可能仍是完全有美德的，而不仅仅是“自制的”。

因此，沿着富特的思路，我们可以得出结论说，康德关于满怀忧伤的博爱之人的评价，不应该被理解为对亚里士多德在自制之人与完全有美德之人之间所作权衡的直接否定。相反，两者之间的这种区分以及相关的亚里士多德主义断言（即，“有美德的行为给热爱美德的人带来快乐”），应当通过公正地对待康德所举出的例子而被赋予有所限定的具体解释。 98

但是，康德举出的其他例子又如何呢？在他谈论那位“将幸福播撒在自己身边而感到由衷的快乐”，行动出于偏好而非出于责任的快乐的博爱之人的言辞中，我们当然可以看得出否定的态度。富特确实想说，由于不承认他们的仁慈行为具有“真正的道德价值”，所以康德简单地误解了仁慈美德。“因为仁慈，”她说，“既是行动，又是一种顾及他人的

① Foot, “Virtues and Vices”, p.11.

② 出处同上，p.14。

③ 读到康德的那段话时，我们至少可以善意地做出这样的假设。如果我们觉得他之所以“不再因为他人的需要而触动”是由于他有严重的臆想，沉溺于因无法获得任何公众承认而导致的绝望中，那情况就完全不同。内心忧伤的自我将表现为一种品质缺陷，并因而难以注意到他人的需要。

美德，而那种使人更容易做出仁慈行为的同情心则属于该美德的一部分。”[①] 尽管富特正确地意识到康德对仁慈美德有误解，我也不能确信，康德心里对于快乐的博爱之人的形象可能有某种看法足以证明，他是可以把这些人的行为斥为“缺乏道德价值”的。在这一点上，我要跳出富特的讨论并试图表明，康德与亚里士多德之间的共同点比她所确认的还要更多。

“出于偏好”而行动

在康德眼里，那段话开头提到的快乐的博爱之人是什么样子？“出于偏好而非出于责任”地行动的行为者又**是**什么样子？待会我将表明，两个问题的答案并不一样。不过，现在先让我们建构一幅这样的画面。

假设我们一开始把某些情感（比如同情、怜悯和爱）看作是善的或美好的情感。只要我们不纠缠于有关情感或情感体验本质的细枝末节，我们就可以放心地说，每一种情感通常都包含着“希望帮助别人”“宽慰他们的痛苦”“为他们提供所需之物”这样的欲望；换言之，我们可以说，它们促使一个人去做这些事，而且我们还可以说，它们常常涉及情感的**反应**——从他人的痛苦或不幸中体会到痛苦或悲伤，从他人的快乐或欢乐中体会到快乐或欢乐。

现在，我们注意到人们之间有一种重要的差别：有些人很容易就体会到这些情感，而另一些人则基本上体会不到或完全体会不到。（虽然有的人介于两者之间，但请允许我们暂不考虑他们。）这看起来好像是
99 他们品质上的差异；前者仁慈（或者像今天人们愿意说的那样，慈善），而后者麻木、自私。于是，我们会把拥有仁慈（或慈善）的美德理解为在恰当的情境中很容易体会到这些情感的倾向性。我们能否在人们之间

① Foot, “Virtues and Vices”, p.14.

发现一种更进一步的差别呢——即,有的人虽然很容易就体会到这些情感,但不会因此而行动,而另一些人则会因此而行动?既然我们说过这些情感通常都涉及想要行动的欲望,这种差别似乎不大可能存在,但为了以防万一,我们可以明确这一点并且指出:拥有仁慈美德,意味着不仅很容易体会到同情、怜悯和爱的情感,而且很容易受到与之相关的各种欲望的促动而出于这些情感去行动。

这就是关于仁慈或慈善美德的充分看法吗?是的,它通过了两种检测。这种看法当然支持自制之人与完全有美德之人的那种区分;倾向于帮助他人并将幸福播撒身旁,但并未从他人的欢乐中体会到欢乐的人,或是当她无法提供帮助却并未感到悲伤的人,就缺乏我们所讨论的这种美德,尽管他们显然要比不倾向于这么做的人更接近它。这种看法还将仁慈美德证明为(如富特所要求的)"一种顾及他人的美德",它矫正了人性中普遍存在的"动机缺陷"。我认为,这种看法不同寻常。[1]即便它不是休谟的,[2]也起码看得出来是休谟式的,而且我们可以合理地设想,康德的那段话的靶子就是休谟。

休谟说:"如果有人脾气冷漠、狭隘自私,对人类的幸福或悲伤无动于衷,那他必定也对美德与恶德漠不关心。"[3]这就是说,他将永远不会做出慈善之举或是克制自己不去做麻木或残忍之事,因为偏好,或者说 100

---

① 我认为,这是劳伦斯·布鲁姆的看法。他在 *Friendship, Altruism and Morality* 一书的临近结尾处说:"本书的许多论证都有可能通过那些关于品质和美德的语言来表述。因为我已经把怜悯、同情和关心视作具有美德的品质特征,与同样由这些术语所表达的情感相联系。"他假定,如果我具有怜悯的品质,那我就具有怜悯的美德。在某些需要适当行动的情形中,我往往会感受得到怜悯的情感并出于这种情感而行动。我怀疑,正是这种看法使得弗兰克纳在他的《伦理学》一书中写出这样的句子:"没有品质的原则是软弱的,没有原则的品质是盲目的。"(Frankena, *Ethics*, p.65)

② 我没有说这就是休谟的看法。非常奇怪,休谟从未明确说过在他眼里拥有美德包含哪些内容,以及,在受到恰当描述的"冷静"非常重要的情况下,休谟式的激情何以构成了美德的组成部分。

③ D. Hume, *Enquiry Concerning the Principles of Morals* (1902), §183.

"激情",是从来不会让他这么干的。对于这点,我们可以设想,康德会一以贯之地回答道:假如一个人"脾气冷漠,对他人的遭遇漠不关心",但他依然能在自己身上发现某种使其做出慈善行为的源泉,那么他这么做,就不是出于偏好,而是出于责任。因此,康德所说的快乐的博爱之人,也许就具备这种休谟式的慈善美德。

事实上,就像康德所描述的那样,他们确实是"极富同情心的人,他们没有任何虚荣或自利的动机,他们对于将幸福播撒在自己身边感到由衷的快乐,对于别人因他们的工作所获得的满足感到欣慰"。正是这一点使得他们初看起来非常有吸引力——人们可能认为,正是这样的品质使得一个人想去看望住院的朋友。而且,如果他们的行动合乎"某些有益的与正确的方面",那么,如他所说,他们的行为就值得赞扬和鼓励。然而,这里却存在一些问题,因为,就像前面描述的那样,他们很可能犯错误。何以至此呢?

用康德的话来说,他们之所以很可能犯错,就是因为情感作为正确行动的源泉并不可靠。然而,亚里士多德主义者不一定会反对这种观点。在亚里士多德那里,我们能够在更大层面上,由不同的根据得出同样的结论。

我们可以说,同情、怜悯和爱使得一个人关心他人的"利益",其中涉及某些对他们有利而不是有害的欲望。但如果更谨慎一点,我们则应该说,它们使得一个人关心他人的"表面利益"(从而,相应地涉及某些"表面上对他们有利"和"表面上对他们有害"的欲望)——亦即,被体会到这些情感的人所构想出来的他人"利益"。而对于什么是他人的"利益",什么是对他们有利和有害的东西的错误认识,则可能让一个人在这些情感的驱使下做出错误的行为。(比如说,被一种错误的"利益"观念所误导的怜悯之心,可能会让人撒谎,而不是说出他人需要知道的残酷真相。)而且,即便有了正确认识的指引,情感也可能会让人做出其他的考虑将会表示反对的行为;也许,这个人不值得享有同情和仁慈,但是其他人，没有被注意到的其他人，却值得享有；也许，由于没有停下来思考，一个人干的更多的是坏事而不是好事；也许，其他人可以在这方面做得更好（在希望成为一个帮助他人的人的过程中，人们有时会有 101
些贪心和虚荣）；也许，一个人**不可以**帮助他人，不是因为体力上不可能，而是因为道德上不可能，因为这种帮助会违背诺言或是侵害对方或其他人的权利。最后，当其他情感（憎恨、尴尬、自怜，甚或个人的忧伤）占据心灵时，一个人就可能无法体会到这些情感（并因此无法在其驱使下行动），从而无法采取他应当采取的行为。

简言之，仅仅被视作心理现象的同情、怜悯和爱等情感，不足以确保正确的行为，不足以确保做得好。**作为**自然偏好，它们没有任何方面能够保证它们的出现是“完全与理性相协调”，亦即，就像亚里士多德主义的美德所要求的那样，它们始终是在合理的基础上，在合适的程度上，面向那些其处境应当引发它们的人而出现。况且，即便它们“足够幸运地合乎某些有益的与正确的方面”，也仍需要得到**实践智慧**的调控。虽然它们可能使人趋向一个善的目的，但是行为者仍必须善于慎思，以便（合理地）确信是否实现该目的；他人的利益尽管是善的目的，却不是人们在恰当行动时所追求的唯一的善。

因此，如果康德所说的快乐的博爱之人（他们出于偏好而非出于责任行动）就像上面描述的那样，那么，我们就不能认为他们拥有一种非亚里士多德主义的仁慈或慈善美德的亚里士多德式版本。康德主义者和亚里士多德主义者都认为，不能指望这样的行为者能够做得好。而现在，还有更进一步的问题：亚里士多德主义者能否同意康德的如下看法呢？就算他们的行为恰好合乎“某些有益的与正确的方面”，但**由于**这些行为出于偏好而不是出于责任，它们依然缺乏真正的道德价值。是的，在某种意义上，亚里士多德主义者当然无法同意该看法，因为“责任”和“道德价值”都是康德的专有名词，而在亚里士多德那里不可能找到直接对应的术语，甚至也不可能在新亚里士多德主义那里得以重建。但是，在别的意义上，我们可以发现达成共识的一种重要途径。

我们不应忘记，在活动（广义的“行为”）的原则或源泉上，康德与亚里士多德明显持有一种强烈反对休谟的前提。在休谟看来，只有一种行为原则，一种我们与动物共享的原则，即，激情或欲望；而在亚里士多德和康德看来却有两种原则，一种是我们与其他动物共享的原则，另
102 一种则是理性原则。当然，我们都知道，理想的康德主义行为者是出于责任而非出于偏好行动，但是，如果“偏好”就是我们与其他动物所共享的那种活动原则，那么，有美德的亚里士多德主义行为者同样也不是出于偏好行动，而是通过“选择”（prohairesis），出于理性（logos）行动。

在《优台谟伦理学》中，亚里士多德说：“对于其他动物来说，出于冲动的行为是单纯的（就像无生命物一样），因为它们身上不存在相互冲突的偏好和理性，它们根据偏好而生存；但是，当人到了一定年龄，他就具备了两者，我们也把行为的动力归因于它们；因为我们不说一个儿童在行动，也不说一个蛮夷在行动，而仅仅说一个根据理性做事情的人在行动。”① 因此，用亚里士多德的话来讲，我们可以说，那些快乐的博爱之人（假设他们就像上面描述的那样具有“休谟式的”慈善之心）所做的根本就不是严格意义的“慈善”行为。他们就跟动物或儿童一样，基于偏好、基于感受地活着；他们的“所作所为”是出于激情或情感，而不是“选择”。在此意义上，亚里士多德主义者可能会同意康德的主张，即，这些人（广义上）的“行为”缺乏真正的道德价值，因为他们是出于偏好而不是出于责任行动的。只有出于理性的行为才能被给予美德的（或恶德的）评价，可是他们的“所作所为”算不上行为，所以也就不能被称呼为以及被称赞为“有美德的行为”。

所以，与对那段话的标准解读不同，我坚持认为，康德对于忧伤的博爱之人所给予的尊敬，以及他对于快乐的博爱之人所给予的（相对）

---

① Aristotle, *Eudemian Ethics*, 1224a25—30.

贬斥，既不应当被看作是描述了亚里士多德有关自制之人与完全有美德之人的区分，也不应当被看作是不合理地颠倒了亚里士多德对两者所做的权衡。受到尊敬的忧伤的博爱之人不一定仅仅是自制的（根据富特的观点），而那些遭到贬斥的快乐的博爱之人也不应当被理解为完全有美德的（因为他们并非“出于理性”行动）。

然而，那些察觉到康德这段话的某些深层次错误，希望将之概括为“康德没有对情感的道德意义给出一种恰当的论述”，并且认为美德伦理学的论述在某种程度上要更好的人并没有太离谱。在这段话里，关键的例子是第三种博爱之人，即，“对于他人的痛苦态度冷漠、无动于衷 103
（！）”却能做出善举的人，他们的品质被康德描述为具有“**至高无上的**道德价值”（黑体是我加的）。但是，根据亚里士多德的区分，这第三种博爱之人显然顶多是自制之人，而不是完全有美德之人；康德在这段话里所展示的为此人品质赋予最高的道德价值，并不是在颠倒亚里士多德针对自制之人与完全有美德之人的区分所给出的权衡，而是根本就不承认这种区分。进一步讲，康德之所以不承认，原因在于他对情感的理解；他对情感的理解不足以产生这种区分。这里的问题与“道德动机”没太大关系，也不是康德主义关于无偏倚性与友谊或爱之间如何比较的问题，而是关系到完整美德的本质以及情感在其中所扮演的角色。

其实，（新亚里士多德主义所说的）完全具有仁慈美德的行为者并没有出现在这段话里。当我在梳理富特对于忧伤的博爱之人的论述时，我曾经假装这种人出现过，以便清楚地表明亚里士多德主义者是可以接受“完全有美德的行为者有时也很难做得好”这一观点的，但是，如果严格按文本来讲，那么，这位忧伤的博爱之人其实是一位具有休谟式慈善之心的人，他很容易犯各种错误，他一向都出于偏好而行动，只是现在才“第一次仅仅出于责任”而行动；他不是与快乐的博爱之人相对的一种全新的博爱之人。在亚里士多德主义看来，这几乎不可能是一种融贯的理解。

让我们再问一遍：成为**这种**“仅仅出于偏好”而不是出于“责任感”、理性或什么东西而行动的行为者，亦即，不但偶尔而且一直“仅仅出于偏好”而行动的人，意味着什么？（我前面说过，该问题的答案与“在康德眼里，快乐的博爱之人是什么样子”的答案不一样。）用亚里士多德的话说，正如我们刚讲过的，他就像动物或儿童一样，是基于感受（亦即，儿童和动物的存在方式）而生活的行为者。但是，怎样的普通成年人是像动物和儿童那样生活的呢？

人们也许认为，对亚里士多德主义者而言，这个问题的答案是“具有自然美德的成年人”，可是，亚里士多德在《尼各马可伦理学》第六卷接近结尾处对于自然美德的极其简单的评论，却不足以清楚地支持这一点。
104 他说，自然秉性（比如说倾向于节制或勇敢）是可以在（某些）动物和儿童身上发现的；他指出，如果缺少“智慧”[1]，那么它们很容易就会变得有害；他还说，如果具备自然秉性的主体获得了“智慧”，那么尽管他的秉性仍然像是自然的，现在将会**成为**完整意义上的美德。然而，他并没有明确说可以在成年人的身上发现自然美德，[2]而且，如果我们看一看他在第四卷中关于挥霍的讨论，我们也许就会理解这里的省略乃是有意的安排。据说，挥霍之人出手大方，热心付出，远比那些小气之人或吝啬之人更接近慷慨美德；如果他能接受训练或通过其他方式有所改变（从而“以正确的程度或方式”给予和接纳），那么他将具备这种美德。但是，这不意味着他就已经具备慷慨美德；相反，挥霍据说是一种恶德。

一个“出手大方，热心付出”的儿童肯定具有慷慨的自然美德；由于她还没到“理性的年龄”，因此，她在给予和接纳时所犯的错误就体现

① 我们不清楚，亚里士多德这里是在某种随意的、颇为大众化的意义上使用“智慧”（nous）这个词（我们就是这么使用它的），还是像他先前的讨论那样，是在某种专门意义上使用这个词。不过，无论哪种方式，它都不为儿童和动物所拥有。

② 我不否认，人们在这里可以解释说，亚里士多德“在暗示成年人也能有自然美德”。但我并不认为这就是最合理的解释。

不出应受谴责的无知。然而，一旦是成年人，那么，这种错误就会**确实**体现出应受谴责的无知，此人就值得受到谴责。一个成年人不可能仅仅对自己说："当我完全出于偏好地行动而根本不考虑我这样是否因此做得好时，我是在保存我的童真。"事情不可能因为她这么说，就变成这个样子。相反，这种情况会被当作是某种应受谴责的考虑不周、不负责任和自欺欺人，当作是**并非**"出于偏好"而是出于选择的行为，因为行为者在这里已经（基于某些理由）断定，根据偏好来行动一般都是恰当的行动。[①] 虽然那些已经达到"理性年龄"的人偶尔"出于偏好"行动，105
但他们的行为与儿童的行为不是出于同等的状态，因为他们的状态里包含着他们的知识，以此为根据，他们的行为才能在这些环境中被评价为是无辜的还是可悲的，是可以证明正当的还是不可证明的。一旦人具备理性，那么，唯一可以明确算作"仅仅出于偏好"而不是出于理性行动的行为者，就是那种在品质方面"意志软弱"的行为者。

我认为，马西亚·巴伦在其论文《美德伦理学的多样性》[②]（暂且这

① 加里·彭德勒伯里已向我指出，这就是黑格尔在他那句名言（"当人意欲自然时，自然就不再是自然"）里提出的观点。克里斯蒂娜·科斯嘉，在《出于责任和为了高贵》一文中虽然承认这个涉及康德的观点的合理性，但她非常决绝地将"出于偏好"而行动的博爱之人等同于（亚里士多德所说的）具有自然美德的成年人，以至于她不承认亚里士多德也有同样的看法。在科斯嘉看来，"康德的观点似乎是，人们进行反思选择的能力无论是否得到运用，都会使每个行为变得不同：可以说，成年人的行为是在反思观念的指引下出现的，不可能仍与儿童和动物的行为一样"（p.234. n. 21）。而与之相反，"亚里士多德的观点则说，因为'一时冲动'而产生的某个自愿的（但不是经过选择的）行为并非道德判断的恰当对象；能够反映品质的，是选择，而不是仅仅自愿的行为"（出处同上）。我想说，恰恰相反，亚里士多德从来没有说过成年人自愿的而非经过选择的行为就不是道德判断的恰当对象；在他眼里必定值得谴责的意志软弱情况，就是这类行为的主要例证。

② Marcia Baron, 'Variety of Ethics of Virtue'（1985）. 巴伦认为，劳伦斯·布鲁姆会这样看待美德行为者。虽然我不敢肯定，她以为布鲁姆笔下的具备怜悯心的行为者缺乏善概念，这种看法是否正确，但她肯定正确的看法是，这种行为者似乎完全不知道世界上存在着对错的概念，从而完全不知道在作为美德的怜悯与作为因怜悯情感而行动的倾向性的怜悯之间其实是有差别的。

么称呼）的初稿中对于某种特定类型的行为者的描述没有证明“仅仅出于偏好”而行动的普通行为者的存在意义，这样的失败是有启发价值的。她说，这种行为者“渴望帮助他人”，但他们“缺乏抽象的道德概念：**缺乏**善……的**概念**”（黑体为我所加）。可是，怎样的普通成年人（他们已经学会使用语言，并且从事着解释和论证自身行为以回应质疑的实践活动）才能够让人想象得出来，他们是渴望帮助他人但在心里又缺乏“善的概念”呢？当儿童出于其偏好行动或渴望帮助他人但又做得不对时，比如，“她想把绷带拆掉”，我们不认为他们具有错误的善观念。他们太小了，还不具备善的概念；当我们对他们说（比如），“是的，我知道你想为她做好事，但是，不给小宝宝的伤口打上绷带的话，对她没好处；她需要一直缠着绷带，不要动它”，这时，我们才开始把这种概念传授给他们。然而，做出类似行为的成年人不可能通过这么说来为自己开脱——“我一直努力想提供帮助，可我不知道我的行为是有利于她还是有害于她，我不知道对人类而言什么是好，什么是坏”。

106 因此，只为成年人所拥有的完整美德，不可能是儿童的自然美德再加上理性，亦即，仅仅加上某种形式的实践智慧。只有涉及儿童、蛮夷和意志软弱者时，我们才可以说他们（广义上）“出于偏好”行动。

现在，关于那两位前去医院探望朋友的行为者（其中一个人是“因为她是她的朋友”，而另一个人则是“出于责任感”）的简单对比，我们又该作何评论呢？回头来看，认为它反映出人们对于康德“道德动机”观念的批评，这太过简单了。假如我们把这个对比理解为发生在一个受到偏好和爱的情感所推动的儿童与一个受到理性推动的成年人之间的对比，那么，认为前者在道德上次于后者，就远远不是不合理的。但是，假如我们试图把它理解为体现了亚里士多德主义关于自制与完整美德之间的对比，那便会陷入歧途。就它涉及亚里士多德“动机”观点的讨论而言，自制之人与完全有美德之人具有同样的“动机”——他们都以“选择”的方式、出于理性行动。两者的区别不在于他们的行为“动机”

或理由，而在于他们的状态；完全有美德之人要比自制之人更好地处理与情感的关系。

我们将在第六章和第七章直接考察“道德动机”问题。在此之前，我希望描绘一下情感在完整的美德中所扮演的角色，以帮助证明如下主张，即，美德伦理学论述了情感**本身**的道德意义，而不仅仅是少数情感，如一方面是遗憾与悲伤，另一方面是怜悯与爱。107

第五章
美德与情感

现在让我们来考察一下情感在完整美德中所扮演的角色。我首先给出在我看来,当亚里士多德主义者说"情感在道德上具有重要意义"时,他所应该表达的含义,而不做任何论证。这基本上是由三条主张构成的。

(1)美德(与恶德)在道德上具有重要意义。

(2)美德(与恶德)不仅全都是行为的秉性,而且全都是体验情感的秉性,它们既是对行为的推动,也是对行为的反馈。(亚里士多德一再表示,美德与行为**和**感觉有关。)

(3)在美德之人那里,这些情感会在**正确的**情境中、出于**正确的**理由、面向**正确的**人或事物而被体验到,在这里,"正确的"意味着"对的",就像"新西兰的首都在哪里"这个问题的"正确答案"是"惠灵顿"一样。

我们立刻就应该指出,第二条主张确实为人们**一般**所说的"**这些**情感在道德上具有重要意义"提供了某种逻辑正确的基础。于是,这就跟一些相当贫乏的看法(这些看法试图通过顶多只能证明"有些情感在道德上具有重要意义”的零碎思路来支持上述一般观点）形成了鲜明的对比。

我们还应该指出，综合起来，这些主张为如下观点提供了一些切实的依据，即，在特定的情境中体验特定的情感具有内在的**道德**价值，而不仅是工具价值或其他类型的内在价值。我们可以说，体验该情感之所以有“内在的道德价值”，就是因为情感体现了美德。我认为，正是如此，遗憾的问题（最开始，它显然是个相当次要的问题）才应该被视为重 108
要的问题。在“情感具有重要道德意义”的语境中，人们将认为，那些带着遗憾摆脱令人沮丧的或悲剧性困境的情形，乃是我们想要说出“这里感到 / 人们对此应当感到 / 任何正派之人对此都会感到……”这种话的诸多情境中的一些而已。还有另一种方式来表达同样的事实：由于情感反应包含着正确的理性内容，因此，情感具有内在的道德价值。

最后也是最重要的是，我们应当指出，第三条主张引入了至关重要的关于正确体验情感的概念，这是一种认知的概念。回想一下具有休谟慈善之心的行为者与具有自然美德的儿童显然无法在所有情况下都能正确地体验情感时，我们就会发现，美德并非仅仅是一种恰当行动的内在倾向性，再加上一些能够体验到“不错的”同情（或者，也许是移情）反应的秉性就构成了全部。就像奥古斯丁的那句有名教诲（“去爱，并做你所愿之事”），不代表让人随心所欲，而是体现了最严格的“什么才是真正之爱”的指令一样，“完整的美德包含着正确地体验情感”这条主张也清楚地表明，如果缺少理性的影响，体验情感（一般来说）将是不可能的。

怎样的情感观念可以支持上述主张？有一种**不**支持该主张的观念是，不要把情感当作我们理性本质的一部分。在康德那里，其实有很多地方都意味着，虽然他和亚里士多德一样认为我们的活动原则不止一条而是有两条，但在其他方面，他的哲学心理学又是休谟主义的。他似乎承诺说，我们的情感或偏好并不属于我们的理性。它们源自我们本质中非理性的、动物性的一面；如果它们碰巧使我们在应当做什么的问题上合乎理性判断地行动，那说明我们很幸运；如果它们常常让我们反对理性的判断，那我们会觉得生活很艰难；然而，能够使我们做出正确的行动却并非它们合乎理性的标志或标记。这些情感绝不可能是理性的。

有一种不同的观念（其传统可以追溯至斯多葛派）则认为，情感其实属于我们理性本质的一部分，因为它们是或部分地是由判断构成的，其中至少有的判断就是评价性判断。表面上看，这种观念与“人们可以
109 正确地拥有情感”的主张非常匹配；大致说来，如果（部分）构成一种情感的那个判断（或那组判断）是真的（或许是合情合理的，只要有据可依的话），那么人们就是正确地拥有该情感。正如关于这个问题的大量文献所揭示的那样，这种“认知性观念”面临很多困难；就我目前的论旨而言，只需提及两种困难就够了。第一种困难是，我们很难将一种（或一组）恰当的判断归结到那些虽然充分意识自身情感在一定程度上并不理性，却仍然受制于它的人们身上。虽然我非常清楚这只昆虫没有害，我仍然怕它；虽然我非常清楚这把开罐器没有反抗我，也不是有意割破我的拇指，我仍然对它表示愤怒；虽然我非常清楚我的伴侣是个一无是处的小人物，但是，老天保佑，我依然爱他。第二种困难是，即便我们同意说蹒跚学步的儿童和高等的动物能形成一些信念，但坚持认为他们做出了判断尤其是做出了评价性判断，这真的非常荒唐；然而，如果他们没有做出判断，那么根据这种认知性观念，他们也就没有情感。两条反对意见也许可归结为一条更一般的意见；即，在认知性观念这里，情感**太**理性了，太像理论理性的判断。

看起来，我们需要一种可以避免这两个极端（一端偏向动物性/非理性，另一端偏向彻底的理性）的看法。而根据休谟和康德的人性观，两者之间是没有逻辑空间的。但是，亚里士多德对于灵魂所作的理性与非理性的划分，却没那么强硬、匆忙。他说，我们可以把灵魂的意愿

部分同营养部分归在一起，当作非理性的部分——但这样一来，我们就必须将灵魂的非理性部分划为两种，并通过表明意愿部分兼有理性而营养部分不兼有理性，从而将意愿部分辨别出来。同样地，我们也可以将意愿部分同灵魂的推理部分归在一起，当作理性的部分——但这样一来，我们就必须将灵魂的理性部分划为两种，并表示意愿部分听从于或服从于推理部分。[①]

因此，亚里士多德的人性观就为情感（它们处于所谓“灵魂的意愿部分”中）创造了一个允许它们（我们是否应该说）具备双重面孔的空间；一边是动物性的和/或非理性的，另一边则是理性的。这让我们不仅能够（当然我们也应当）承认人类会有非理性动物也会有的某些情 110
感，而且承认人类还会有非理性动物明显缺乏的某些情感（比如自豪、羞耻和遗憾），不过，更为重要的是，他们是以一种理性能够对人与动物肯定共有的那些情感（比如，恐惧）加以根本改造的方式受制于这些情感的。当人类忍受痛苦，冒着生命危险去追求正义和真理时，当他们因为大学考试的前景而担心时，当他们为了荣耀而慷慨赴死，但因为担心羞辱又感到战栗时，他们与其他动物是多么不一样啊！在其他动物那里本质上是与肉体自保或物种保存有关的情感，在人类这里，则可以被转化成一种保卫我们以及我们物种中间那些**最好的**、最值得保卫的事物的情感。我们对此观点的正确性（或不正确性）乃是我们理性的一个方面。

那么，一种恰当的情感观念是怎样的呢？我们这里不一定要关注细节；我相信，下面这种宽泛的说法就够了，即，在“善”与“恶”最一般、最基本的意义上，情感包含着关于它们的观念或想象（或想法或理解），把它们当作追求和回避的正式对象。（觉得“善”与“恶”在这里有点别扭的读者，可以将其替换为“有价值”和“无价值”。）

---

① Aristotle, *Nichomachean Ethics*, 1102b10—1103a1.

许多哲学家注意到，我们的情感包含着关于善恶的观念或想法。有些人认为“快乐与痛苦”可以跟“善与恶”互换；而另一些人则对这些短语有所区分。有的哲学家强调，(大部分)情感在一定程度上都是由想做某事的欲望构成的，或至少可以产生该欲望；在情感中，这些欲望本身就包含着善与恶(快乐与痛苦)的观念或想法。因此，人们可以说，恐惧在一定程度上就是想要逃离某物的欲望，或者会产生这种欲望，而该欲望本身则包含着如下观念，即，继续待下去是恶的或痛苦的；爱在一定程度上是想要同爱人生活在一起的欲望，或者会产生这种欲望，而该欲望本身则包含着如下观念，即，同爱人生活在一起是善的或快乐的。有的哲学家强调人们针对情感的原因或对象所(必定)采取的思考、设想或构建方式：我们所害怕或憎恨的东西，必定以某种方式被看作是或设想为恶的(痛苦的)；我们所希望或热爱的东西，必定以某种方式被看作是或设想为善的(快乐的)。有的哲学家则通过指出(某些)情感
111 的特有欲望所实际包含的对象(或原因)，从而引入更深层的复杂性：人们可以说，“憎恨”包含着如下看法：即，恶降到恶棍的头上，这本身就是(或将会是)善的；而“愤怒”包含着如下看法：即，恶降到带来恶的人头上，这本身就是(或将会是)善的等等。

概言之，虽然这里存在诸多变化和分歧，但仍有某种看得见的共同基础，亦即，含糊说来，在“善”“恶”最一般、最基本的意义上，“我们的情感包含着关于善恶的观念、想法或理解”。[①]

在他的另一篇令人称道的文章《道德与情感》中，伯纳德·威廉姆斯似乎忽略了这一点。[②]1965 年，当威廉姆斯试图解释“近年来”英国

---

① 使得这种含糊说法成为一种正确而富有启发的命题的杰出精致描述，最好的来源仍然是阿奎那的著作，这不仅体现在《神学大全》Ia2ae 中的“论情感”(“The Emotions”)一节(QQ. 22—30)，而且体现在整个 Ia2ae(QQ. 1—189)中论述希望、恐惧、绝望、仁慈、欢乐、憎恨、冷漠、嫉妒、愤怒、好奇等情感的各处。

② 该文重印于他的 *Problems of the Self*(1973)一书。

道德哲学为何忽视情感时，他发现，部分答案在于此前和当时流行的对于“道德语言或评价性语言的最一般特征”的预设，以及由此带来的对“‘善’‘正确’和‘应该’这些一般性术语”的关注。他说，这种关注“进一步导致情感被排除在外”，因为“如果你打算表述道德语言的最一般特征和联系，你会发现对情感没什么好说的；因为在情感与道德语言之间，就算存在**高度一般的**联系，也非常少”。

不过，威廉姆斯对他的前人和同辈还是太好了；情感与“善”、“坏/恶”等一般性术语之间的高度一般的联系就在那里，就在他们鼻子底下，至少就体现在柏拉图、亚里士多德、斯多葛派、阿奎那、笛卡儿、洛克和休谟的论述中。他的前人和同辈们之所以将情感排除在外，不是因为他们所痴迷的那些术语与情感之间缺乏一般联系，而是因为他们被灌输了非常片面的例证。

现在请注意，表达出一般性联系的含糊说法，远远不如“情感包含着（或者，它们就是）评价性**判断**”这条清晰得多的断言。一名被火灼伤的儿童，在他长大到我们认为他可以做出判断（无论是评价性判断还 112
是其他类型的判断）的年龄之前，还是会对火感到害怕，还是会因为妈妈的恼怒而感到沮丧。事实上，即便是“情感包含着关于善恶的想法”这条断言，当它用在小孩子身上时，也必须小心谨慎地使用。它更多意味着，当我们对他们所表现的情感进行回应时，我们要根据最基本的善与恶来跟他们交流，而不是说，我们就可以将这些善与恶的观点归到他们身上。

然而，那种含糊的说法显然与这种更为清晰的主张有关，而且，尽管有些含糊，它足以支持如下主张，即，**我们的**情感同其他动物的情感完全不是一回事。因为，我们不像其他动物，我们可以凭借理性来区分事物在我们面前表现的样子，以及它在语言中真实呈现的样子。与其他的动物不同，我们能够通过语句来表达我们的基本善恶观念、想法或理解；在我们的语言中，它们是对事物在我们面前何以会如此呈现的表

述 —— 是用来评价对或错、正确或不正确、合理或不合理的信念。

情感教育

威廉姆斯的前人及其同辈（1965 年那个时候）的另一个失败之处在于，虽然他们关注“评价性语言的最一般特征”，但他们没有考虑到这种语言是必须被传授的，因此他们没有考虑到道德的教育和培养问题。从很小时候开始，当大人告诉我们如何行动时，我们就被传授应该如何使用那些包含“善”“恶”及其同源词、同类词的语句。这种教育的一个核心方面，就是情感训练。

想想一种**糟糕的**情感训练范式，即，种族主义灌输，我们就会意识
113 到情感训练及其相应的价值灌输方式的高度复杂性。①

首先，请回忆一下，极端的种族主义是怎样通过情感而呈现自身的，亦即，它不仅带来憎恨和轻蔑，还带来恐惧、愤怒、有所保留与怀疑：当某人的子女打算同某个遭到排斥种族的成员结婚时，它会表现出伤心；当坏事降临到他们头上时，它会表现出高兴；对于自己种族里被他们胜过的成员，它会感到悲哀；当一个人成功打压他们，以他们的羞辱为乐时，它会表现出骄傲；对于他们中有人展现高尚的人格，它会感到惊讶；当它发现他们能够彼此体验同胞感情时，它会表现出恐惧或自卑 —— 我们很难想象，还有哪种情感能够免遭种族主义的侵蚀。② 它

① “种族主义”是否意味着拒斥其他种族，或更具体地说，是否意味着通过压迫来拒斥他们，这是一个不容易回答的问题。关于种族主义教育如何影响我们的前两种说法，在我看来，是肯定没有承诺这层含义的；黑人与白人、异教徒与犹太人所受的是同样的影响。但是，第三种说法则可能成为那种必定涉及压迫的种族主义概念。施加压迫的种族，亦即，那个将各种神话或隐喻强加于人的种族，他们的仁慈和公正常常会因这样的错位而偏离正轨。

② 在讨论中，有人乐观地提到了“爱”。但是，尽管有些令人怦然心动的例子表明爱战胜了种族偏见，同样有些例子表明，如果发现被爱之人血液是“污染的”，爱也无法幸存。

甚至可以将其影响延伸到食欲上，那个遭到排斥的种族的饮食都会被认为是恶心的，与其成员发生性关系都会被认为是堕落的诱惑。

其次，请回忆一下，没有哪个相对远离种族主义影响的人会认为，**任何**这样的情感反应是完全自然的；它们全都必须采取灌输的方式，而且是从人们很小的时候就开始灌输了。必须教育儿童要害怕（尤其是）异族的成年人；要憎恨、怀疑、蔑视异族的年轻人；当异族人受到伤害时，要感到开心或高兴；当异族人表现友好时，要感到愤怒或质疑；听说异族遭到打压时，要兴高采烈；对于打压异族的人，要表达钦佩之情；对于异族的正确行为或幸福生活，要表示厌恶或不屑。

再次，请回忆一下，我们最初是如何理解种族主义的灌输方式以及消除它的困难程度的。过去三十年间，人们逐渐意识到那些种族偏见的表述、那些隐含在诸多神话和比喻、想象和原型中的表述怎样影响着我们；相应地，人们还意识到，在我们不仅承认而且根除那一类的种族主义——它把自己表现在某些我们仍当作清白无辜的、正当的或合理的东西（或超出我们控制范围之外的东西）来加以辩护的**情感反应**中——之前，对仁慈乃至正义的最专注、最真诚的关切也很容易被颠覆和误导。

当我们记住关于种族主义灌输的上述真实情况时，事情就会很清楚："这种"通过情感训练来塑造人的基本善恶观念的方式，不可能被
清晰地划分为是理性的还是非理性的。一方面，它是理性的，因为接 114
受灌输的儿童是在被传授该如何使用"善""恶"等基本术语（这些人**危险、无知、堕落**；他想让你去他家！/吃他的东西？真**不要脸**，太恶心了；她不会跟他发生任何关系/她推开了他？非常正确，多么勇敢，多么敏锐啊——对于这些语词的使用，我们全都可以从抚育我们成长的人那里轻松学到）。不仅如此，它之所以是理性的，是**因为**同这种训练交织在一起的，还有一些解释性或论证性的假定事实——这些人很危险，**因为**他们不能控制他们的激情，**因为**他们憎恨我们，**因为**他们

既狡猾又猥琐；这些人不勇敢，**因为**他们不像我们这样体验痛苦；他们不值得同情，**因为**他们总是小题大做 —— 以及用于证明这些断言的假定证据。从这两个意义来讲，对情感的训练是一种特别适合于理性动物的训练方式。

另一方面，它又是非理性的，因为人们可以说，它的发展依赖于无意识的模仿、休谟式的同情以及周遭条件；孩子们只会通过某种至少同其他生物幼体获得其情感反应的过程相类似的方式，做出与那些抚育他们成长的人相同的情感反应。

最后，既然这些语词的使用及其假设的解释和论证全是谎言和矛盾，那么，这种训练当然就是非理性的或**反**理性的。然而，正如我们吃了苦头才明白的，承认该事实不足以取消这种训练。逐渐意识到一个人的情感反应不仅十足愚蠢而且非常邪恶，也不保证他就不会再继续持有它们。

既然人们目前对仁慈与正义表示出极大的关切，那么，我们是否有可能彻底根除种族主义，不让儿童接受种族主义训练，并在这个方面重新训练情感反应，使之与理性“完全协调”呢？对于这个问题的答案，我认为必须说，我们仍不知道。

我们确实知道，理性可以直接获得一些东西；一个人能够把握自己的情感反应，将那些涉及善恶的愚蠢念头摆到良知面前，让它们接受理性信念的敲打 —— 我**一点也不**害怕这种人；她没有羞辱或瞧不起我，而是在问合理的问题；我有许多可能的理由信任这个人，没有理由不这
115 么做；如果她是位数学家，也毫不奇怪。而且我们知道，在“习惯养成的熟悉性和亲昵性”（再说一次，既然有那种极大的关切）这个意义上，亲密关系也绝不会滋生轻蔑，而是会培育同胞感，并通过消除恐惧、憎恨、怀疑和错误的惊讶而收获许多。

但是，彻底的重新训练也许不可能。承认自己受柏拉图影响的亚里士多德就强调过“**从幼儿时期**开始训练对正确的事情感到快乐或悲

伤，这一点的重要性"[①]；既然情感存在非理性的一面，那么，理性或许无法完全根除童年时期的糟糕训练，而成年时期形成的爱与信任关系或许也无法完全消除一种依然体现在种族主义的情感反应之中的，对于恶的无意识期待。

悲观地说，如果情况就是这样，那接下来会发生什么呢？肯定不应该发生的是，受这些反应影响的人耸耸肩说道："哦，是啊；它们超出了我的控制；我只是忍不住做出这些反应。"因为，既然我们知道有的重新训练是可能的，而且并不确定它何时失效（如果有这种失效期限的话），那么，任何正派之人都必定会焦急地想方法来控制这些反应，而不是放弃希望。不过，看起来不得不接受的情况是，我们这些先前被灌输了种族主义的人是不幸的；虽然我们自己完全没过错，也无论我们付出多大的努力，但是，同那些凭借童年时期接受的良好训练和理性原则而达到情感与理性之间充分协调，从而获得完整美德的人相比，我们在道德上也许仍然比较差劲（尽管不一定因此而值得谴责）。

要想否定上述情况，又该说些什么呢？我们不得不坚持说，尽管我们受到种族主义的情感反应的影响，只要我们不在行动或疏忽中将它们表现出来，那么，我们在仁慈和正义方面就可以和其他人一样优秀。是的，有人可能坚持这样说，但听起来太狂妄了，而且人们怀疑那个遭到排斥的种族的成员是否同意这种说法。[②] 也许，正需要像种族主义这样的案例来消除许多人对于威廉姆斯所说的"构成性的道德运气"的 116

① Aristotle, *Nichomachean Ethics*, 1104b11—12；黑体为我所加。

② 在这里，我非常不同意布鲁姆的糟糕主张，即，一个"以前是种族主义者而现在信仰平等"，努力摆脱自己种族主义情感反应并取得了一些成功，但仍然会"偶尔觉得不喜欢和不相信黑人的人……不能再以种族主义情感反应来认定。他不会因为具有这些情感反应而受到批评。对于他的道德自我来说，它们是外在的东西"（Bloom, *Friendship Altruism and Morality*, p.181）。也许值得指出的是，当我 1996 年在斯坦福的一个研究生班上念出这段话时，学生们不寒而栗地倒吸了一口冷气。

反感情绪。[①]

如果我们试图认为，康德笔下的那第三种博爱之人是因为接受了种族主义的成长教育而对被压迫种族的“苦难漠不关心”的话（这比试图想象出一个对他人的苦难确实漠不关心的人要容易得多），那么，尽管他的确无法控制自己的成长教育过程，我们却肯定不会仅仅因为他“出于责任”的行为能够有利于某个被压迫种族的成员，便将他认定为道德楷模。如果他并未做出任何尝试以尽力消除他的成长教育所带来的影响，而是满足于认为“这不是他的过错，他的情感超出他的控制范围之外”，那他就是堕落的。如果他已经有所尝试但无一成功，那他就还没有竭尽全力（因为我们知道，有的重新训练是可能的），而且至少值得怀疑。如果他还很年轻，只是最近才开始尝试，因而尚未取得很大的成功，那又意味着什么呢？这样的话，很自然地，他会发现自己采取仁慈和正义的行为就要比那些接受了同样糟糕的成长教育，但已努力花费较长时间来消除这种教育影响的人更加困难一些，不过，他觉得这么做比较困难，并不会因此使他比那种觉得现在这么做要比以前更容易的人在道德上更高尚——情况恰恰相反。[②]

为什么我们这些被灌输过种族主义的人会认为，我们必须努力，而且要不断努力，以消除成长教育的影响？这不是因为觉得这么做会使我们更容易采取仁慈和正义行为，而是因为我们觉得，这么做会使我们成为比现在更好、更仁慈、更公正的人。为什么我们试图通过不一样的方式来培养我们的孩子？这不是为了让他们的道德生活比我们的更轻松（尽管就种族主义问题来说，应该如此），而是为了让他们变得比我们

---

① Williams, “Moral Luck” (1976).

② 人们常说，甚至美德伦理学者也经常认为，正义不涉及情感，但在我看来，种族主义的例子似乎表明这是不对的。一个对马丁·路德·金的遇刺不觉得可怕和悲痛，对纳尔逊·曼德拉的最终释放和胜利不觉得格外高兴的白人，无论他的行为多么完美，他在正义方面仍是极不完美的。

更好、更仁慈、更公正。假如我们觉得良好的成长教育对于我们的孩子 117
变得更好还是更坏没有什么影响，那我们怎么会认为，应该为他们提供这样一种理应赋予的成长教育呢？不过，我们自己是否接受过良好的成长教育，就是个运气问题了。

在这样的语境中，亦即，在（我假设）我们所有人都生动地意识到上述事实的情况下，我们应当指出，认为某位人类行为者即便其情感偏离了轨道也**能够**在任何时候都做出她所应该做的事情，这整个的想法完全是一种幻觉。对于那些伤害、冒犯、损害、破坏我们同胞的东西，以及那些宽慰、帮助、救援、支持或取悦我们同胞的东西，我们的理解中所包含的情感因素，至少同其理论因素一样多。虽然坚持仁慈与正义的规则或原则十分重要，但是，考虑到历史上充满种族主义色彩的成长教育的存在，只有傲慢自负的人才会以为，他们能够凭借**正确的**想象力和敏锐性而将这些规则和原则运用于其他群体。

即便他们可以（**实际上不可能**）对这些规则采取正确的富有想象力和敏锐性的运用，理解和坚持这些规则也**仍然**无法始终告诉我们，什么是“我们应当做的事情”。因为有时候，就像我们所说的，“我们应当做的事情”只不过是和他人“站在一起”。他们告诉我们他们所经历的痛苦，眼泪浸透了我们的眼眶；他们告诉我们他们所忍受的一切，我们因愤慨或愤怒而感到脸红。所有这些都是过去的事情，我们没办法让它们不发生，我们也不能用行动来提供任何安慰或缓解。我们所能提供的、我们所应提供的这种安慰和缓解，完全来自我们的情感反应。如果我们不能表现出正确的情感反应，我们就是失败的，而这是一种道德上的失败。

同样的看法（经过必要的细节修改）也适用于如下问题，即，一个人能否由于“自然气质”而缺少完整的美德。[1] 没有哪个十足冷血的成年人完全没有自身的过错，除非他是个精神病人。作为成年人，一个人

---

① 对于这一观点的细致辩护，参见 Gregory Trianosky, “Natural Affections and Responsibility for Character: A Critique of Kantian View of the Virtues” (1990)，该文让我受益良多。

通过刻意逃避责任，孩子气地将其归咎为人性或自己的成长教育，从而在自己身上保留了这种对于他人的苦难冷血无情的态度。或者，更糟
118 糕，一个人通过让自己以为本人“天生就对（自己的）苦难具有非同寻常的耐性和充分忍受的天赋”并且设想“甚或要求”别人也如此——康德就（颇具启发性地）容许这种看法——从而保留并积极培育了上述态度。[①] 对于无辜者、无助者和被压迫者的苦难，虽然我们很难想象出有比这更不仁慈、更不公正的想法，但是还有一种方式，可以让我们在十分诚恳地赞同仁慈和正义美德时却依然表现得不仁慈和不公正，这种方式就是——**不**考虑与这些情况有关的这类想法。我们可以考虑无能之辈、不实之人以及自我放纵者的苦难，把他们列入“下等人”，并轻而易举地忘掉那些有能力、讲诚信、努力工作但运气不佳的人的苦难，那些可能需要非同寻常的美德（我们应当承认我们缺乏这种美德）来摆脱自身社会环境的人的苦难，以及**孩子们**所遭受的苦难，我们心肠变硬。如果我们这么做，那便全是我们自己的错了。

结　论

我认为，亚里士多德以及相应的亚里士多德主义者在情感的道德意义问题上具有超过康德（事实上，还有休谟）的某种优势之处，确实就体现在亚里士多德为我们提供的关于人类理性的论述中，该论述使得情感能够成为理性的一部分，从而在定义完整的美德时发挥了恰当的功能。许多现代道德哲学，无论是义务论的还是功利主义的，在人类理性的问题上追随的都是康德或休谟，而不是亚里士多德，因此，它们依然犯有安斯考姆在 1958 年就再度提请人们注意的那个错误——即，缺乏“一种充分的心理哲学”。[②] 尽管这可能赋予亚里士多德主义者一

① 参见前文边码第 93 页所引用的段落。

② Anscombe, “Modern Moral Philosophy”, p.26.

种超过康德的优势，但是，我没有立刻发现任何深层次的原因，可以解
释为何这必定会赋予他们一种超越康德义务论的内在优势。康德主义
者可以批判康德的那些不招人待见的有关冷酷无情之人的主张，就像
亚里士多德主义者可以拒斥亚里士多德的那些不招人待见的有关女性
和天生奴隶的主张，但又并未肢解其哲学一样。正如近年来人们对《德 119
性论》重新燃起的兴趣所揭示的那样，事实上，在康德的晚期作品中有
一些线索，[1] 可以表明他确实承认过某些合乎理性的情感；但是，就算没
有这样的线索，在我看来，义务论的道德哲学家也依然在表现出明显的
康德主义特征（因为他们从绝对律令出发）的同时，又补充了一种亚里
士多德主义的情感论述，就像美德伦理学者在补充“仁慈”这类非亚里
士多德主义美德并对亚里士多德的性别歧视观点展开批判的同时，又
依然表现出明显的亚里士多德主义特征（因为他们从亚里士多德的美
德论述出发）一样。同样地，我也没有立刻发现，在添加了亚里士多德
主义情感论述的功利主义那里有什么抵牾之处。一旦它们注意到“如
果每个人都通过接受教育或自我训练而在正确的情境中，在正确的程
度上，对正确的人或物具备正确的情感，那么事情将再好不过”时，它们
不就该欢迎这种看法了吗？

竭尽全力添加亚里士多德主义情感论述的尝试，可能会把义务论
和功利主义除了名号之外完全改造成为美德伦理学；因此，我们可以声
称，美德伦理学在这方面具有内在优越性。但是，在我们完全搞清楚这
种尝试之前，“美德伦理学的内在优越性”都应当一直是个开放的问题；
或许，它目前在这方面的优势地位，将被证明只是历史的偶然罢了。 120

---

① 参见 Louden, “Kant’s Virtue Ethics”。请进一步注意 *The Doctrine of Virtue* 的第 34 节 “Sympathetic Feeling is Generally a Duty”，在那里，康德将“分享他人感受的能力和意愿”看作一种恰当的感受，因为“一个人（在这里）不仅被视为一位理性存在者，而且是一种天生具备推理能力的动物”（p. 204）。

第六章

美德行为者的行动理由

人们通常以为,美德伦理学无法提供一种关于“道德动机”的论述——即,你的行动是出于责任(感),是基于或出于(道德)原则,是因为你觉得你(在道德上)应该或(在道德上)被要求这么做,或是因为你认为这么做(在道德上)是正确的——对这里的讨论目的来说,所有这些不同短语都是一样的。甚至美德伦理学的支持者也倾向于该看法,而且,为了表明美德的必要性,他们还论证说,在许多方面,“道德动机”都是一个极为糟糕的概念。

然而,我却认为它是一个挺不错的概念,是我们伦理思想的重要特征,而且,在本章以及下一章,我旨在给出美德伦理学关于道德动机的论述。

为什么人们通常以为美德伦理学无法提供这种论述呢?我觉得,大部分是因为本该在前两章就被剔除的原因。正如我们发现的那样,与通常观点不同,美德伦理学在“道德动机”问题上与康德及其追随者并非截然对立的。依赖于亚里士多德的而不是休谟的行动哲学的美德伦理学者无需也不应当说,美德行为者是“出于欲望”而不是出于理性行动,因为,正如我们所见,亚里士多德与康德共享着一种非休谟主义的前提,亦即,我们拥有两种活动原则,而不是仅仅一种。亚里士多德主义的美德行为者,通常不会像孩子那样基于我们身上的动物性的活动原则行动,而是以“选择”的形式,出于理性行动。

一旦我们承认这一点,那么,“在美德伦理学这里,当美德行为者做出美德行为时,她的行为是不是‘出于责任(感)’,是不是‘基于或出于原则’,是不是‘因为她认为这么做正确’(对当前的讨论目的来说,可以把所有这些短语都看成一样的)”,就是一个有待讨论的问题,而不是 121
说答案已经确定为“她不是出于理性而行动”。

为什么那些不愿追随康德的道德哲学家会认为“道德动机”是个极其糟糕的概念呢?这部分也是因为本该在前几章就被剔除的原因。当他们意识到前面第 93 页(边码)所引用的那段《道德形而上学原理》的文字有问题时,他们错误地将其归结为关于动机的问题,而不是关于完整美德的本质以及情感在其中扮演某种近似理性的角色的问题。

不过,拒斥“道德动机”概念还有比这更多的原因。该短语及其所有的引申说法(除了其中一种)全都明确地依赖于“道德的”这个词,而且,即便那个例外的说法[“出于责任(感)”]也是含蓄地奠基于此。由于特定的工作具有特定的责任,因此,只要我们不把收破烂的人(以及集中营的军官)在履行其工作要求时的所做所为当作“出自道德动机”的行为,那么,在这个语境里,“出于责任(感)”就必须被理解为“出于道德的责任(感)”。然而,自安斯考姆发表论文《现代道德哲学》以来,认同其主张的哲学家就已经注意到她所提出的那个要求:“义务和责任(亦即,**道德的**义务和**道德的**责任)的概念,**道德**正确和错误的概念以及‘应该’的**道德**意义,都应该被抛弃。”

他们的理由中肯定包含有安斯考姆的观点,即,“‘道德的’这个词……在其现代意义上,似乎与亚里士多德主义的伦理学表述并不匹配”。伯纳德·威廉姆斯声称,“就其意味着一种与其他理由或要求断然不同的理由或要求而言”,古希腊思想“基本上没有**道德**这个概念”[1]。更何况,即便不提希腊人,菲莉帕·富特也已经发现了一种长期存在的反对意见,它反对给“道德的”这个形容词赋予某种与众不同的、富有魔力的和带来理性的力量。种种原因加起来,使得美德伦理学似乎本不应该同“道德动机”概念产生任何瓜葛。难道它不是建立在某种特殊的、可疑的义务概念的基础上吗?难道它不是康德偷偷塞给我们的吗?如果它在亚里士多德那里没有,难道不就足以表明我们不需要它吗?

不过,虽然“道德动机”术语及其各种引申说法与康德及其追随者
122 有特殊的联系,但是,还远远谈不上在亚里士多德那里找不到这个概念,以及更一般地说,在古希腊哲学中实际上也找不到这个概念。[2] 诚然,“这个”概念迄今已获得了太多含义,以至于我们不能精确地说它就是同一个概念,但我认为,它肯定很像是同一个短语和同一种引申说法。

在我看来,这个短语及其引申说法之所以不幸而且有危险,主要不是因为里面出现了“道德的”一词,而是因为在某种意义上,它们的确意味着问题的关键在于,要出于某种特殊的理由而行动。根据我即将给出的看法,“出自道德动机”不仅仅是在特定的情境中出于某种特殊的理由——更不用说(如威廉姆斯所言)它是一种“与其他理由截然不同的”理由——而行动,它主要是**出于美德**(出于某种稳定的优良品质状态)而行动。本章和下一章的核心观点是,“她觉得这么做正确”[“出于责任(感)”等]乃是一种远远超出了行动时刻的归因表述。它不仅仅断言行为者及其理由在那个时刻是怎样的,尽管从语法上它也许表现为这个样子。它还是一种关于未来的实质性断言(就其可靠性

---

① B. Williams, ‘Philosophy’(1981), p.251.

② 参见 Julia Annas, *The Morality of Happiness*, pp.121—124 对这里所引用的威廉姆斯说法的回应。

而言),而且,最重要地,它是一种关于行为者是怎样的人的断言——它是一种“全方位”的断言。这个观点使人意识到,那些与“这是正确的、有美德的、高尚的、我的责任”基本类似的即时看法,不但不是“道德动机”的必要条件,也不是其充分条件。在我看来,这个观点与康德关于“出自道德动机”、出于善良意志而行动的行为者的看法之间并无明显的矛盾之处;事实上,我认为他说的很多方面都可以印证这个观点。不过,康德主义者是否愿意或应该同意这一点,他们是否同意我由此引出的主张,对此,我留待他们自己去决定。

有美德地行动

在一个具体情境中,什么是有美德地行动?

> (1)首先,它是去做某种特定类型的行为。哪种类型的行为
> 呢?我们可以说,“一种有美德的、好的行为”——诚然,我们很难
> 找到清晰的方法来阐明什么才是有美德的行为。因此,我们会给 123
> 出一些例子——要做这样的事情,如,帮助他人、直面危险、说出
> 真相、偿还债务、拒绝接受肉体方面的某些享乐,等等。

这样的说法明显不够,因为,人们有可能偶然地、不自觉地做出了这类行为——本打算伤害某人却帮助了他,身处巨大危险却毫不知情,自认为说的是谎言却道出了真相,等等。或者我们可以假设,这个行为者就像小孩子一样,是因为盲从某人的指令才这么做的。所以,我们要补充说:

> (2)这个行为者必须知道她正在做什么——知道她正在帮助别人、直面危险、说出真相,等等。

通常，人们还会补充一个更进一步的条件，即，这个行为者是出于某种理由而行动的。由于我并不想陷入“出于某种理由”而行动具体包含哪些内容的诸多争论，因此，就像威廉姆斯那样，[①] 我希望能足够中立地通过说出下面这番话来越过这个问题——即，“如果我们问他们为什么要帮助他人、说出真相或采取类似的行为，他们可以（如果表达清晰的话）为我们提供一种诚实的答案，使我们能够理解当时的情形和行为究竟是何状况，以至于这个行为在该情形中成为了他们眼里亟须去做的恰当事情”。

这个条件起到什么作用呢？事实上，它起到很多作用。部分作用就在于，它排除了某人有意采取某行为却“没有任何具体理由”（出于冲动，心血来潮，或仅仅因为她当时有种感觉，或是因为她难以自制）的情况；“出于某种理由”而行动，是同“出于偏好而行动”彼此对立的。该条件还排除了有人因为全然但盲目地服从某个命令而采取行动的情况。正如安斯考姆正确论述的那样，只有当行为者认为，“服从他”对于自己的行为来说是件好事的时候，“因为是他告诉我这么做的”才能成为这个行为者做出此事的理由。不过，它也可能仅仅给出“精神方面的原因”[②]。

这个条件还需要进一步的细化。完整说来，它是这样的：

> （3）行为者出于某种理由而行动，进一步说，是“出于正确的
> 124 理由”而行动。

这排除了行为者出于不可告人的理由，或是在胁迫之下帮助他人、直面危险、说出真相或采取类似行为的那些情况。人们常常将这些情况说成是“出于错误的理由而做了正确的事”，但这种说法极具误导性。

---

① B. Williams, “Acting as the Virtuous Person Acts” (1995).

② G. E. M. Anscombe, *Intention* (1963), p.23.

误导之处在于它模糊了如下事实，即，在某种意义上，该行为者并未“做出正确的事”。她所做的，比如说，是努力让旁观者留有印象，伤害某人感情或是逃避惩罚。①

还需要其他进一步的条件吗？人们可能貌似合理地坚持说，我们大致上已经获得足够的条件，可以“有道德地行动”了。但是，我们这里应当注意“有道德地行动”同“做得好”之间的有趣差别。前者不适合加上“十分”“相当”“非常”或“极其”这样的限定词，而后者却可以。因此，我们能够顺理成章地问：“我们是否具备了全部条件，可以让我们做得非常好、极其好，或仅仅是让我们做得相当好呢？”由此，我们得考虑第四个条件。

假设有一位行为者符合前述三个条件，但在帮助别人或偿还债务时困难重重、极不情愿，而另一位行为者做出同样的事情时却轻松快乐；假设有一位行为者符合前述三个条件，但在说出令人痛苦的真相时兴致盎然、乐享其中，而另一位行为者做出同样的事情时却对这注定发生的情况表示遗憾，等等。诚然，有些情况下，每一组当中前面那位行为者的不恰当情绪是会使人怀疑，他是否真的出于正确理由而行动。可是，请允许我们选择并非如此的情况。这样，我们也许不得不承认那位带有不恰当情绪的行为者是“有道德地行动”而且做得（相当）好，但是，我们依然可以坚持认为，带有恰当情绪的行为者才做得更好。而且，在美德伦理学看来，那位带着不恰当情绪的行为者并非有美德地行动，他并未像美德行为者那样行动。为了理解什么是（真正）做得好、做得优秀，或做得有美德，我们需要如下这个更进一步的条件：

（4）行为者在行动时要有恰当的情绪或态度。

① 对于“正确行动”的这种复杂情况，我在第一至三章并未讨论。

前三个条件尽管并不等同于亚里士多德在《尼各马可伦理学》第
125 二卷第四章中针对“像”美德行为者那样做出美德行为所给出的头两个条件，却是相关的。假设某人做出公正或节制的行为（参见上述条件1），那么，亚里士多德会说，该行为者“像”具有正义或节制美德的人那样行动，当且仅当，（i）他知道他正在做什么（参见条件2），并且（ii）他选择这么做（参见“出于某种理由而行动”），而且是“因其本身”而选择这么做的（参见条件3）。

亚里士多德的第三个条件则表明，行为者的行动是出于一种稳定的、不易改变的状态，即（在这里就是）出于（一种）美德。而考虑到美德的情感方面，它当然就跟上面列出的这第四个条件有关；“该条件是否更重要”以及“如果更重要，那么怎样更重要”，对于这些问题，将留待后面考察。

“因其本身的缘故”而选择该行为

条件3（即，行为者“出于正确的理由”而行动）包含着哪些内容呢？在康德伦理学的语境中，我们说，这意味着行为者基于或出于（道德）责任或原则而行动，因为她认为她所做的（在道德上）是正确的，或者（在道德上）是她应该做的——对这些短语我们不作区分。那么，在美德伦理学的语境中，我们又可以说些什么呢？

亚里士多德围绕相关条件的讨论有助于我们寻找答案——他说，美德之人“因为美德行为本身的缘故”而选择美德行为，他还说，有美德地行动就要求这样。对于该主张，令人困惑的是，虽然我们在某种意义上全都明白它这里的含义，但是，当我们试图用其他乍看起来似乎明显相同的术语来表述时，说出来的却是一些很可能在哲学上过于精明，因此似是而非的内容。美德之人“因其本身的缘故”而选择美德行为，对于亚里士多德这种说法的含义（或本应该具有的含义）存在着一些很标准的规定。美德行为者选择美德行为，是因为它本身是公正的或勇敢的，或更一般地说它本身是有美德的，或者，是因为它是做得好的表现，或因为它是以高贵为目标。然而，除非给予进一步的阐发，否则这些解释全部面临同样的困难。如果行为者是出于这种理由（无论它被说成什么）而选择她的行为，那么，我们是在坚持怎样的看法呢？

我们当然不是坚持认为行为者必定自觉依据上述说法而行动——这些英语（或希腊语）词汇恰好必定在她身上发生；这显然不对。那么，我们是在坚持认为，包含有关概念——“这是公正的（或‘有美德的’ 126
或‘做得好的’或‘高贵的’等等）”——的想法必定在她的头脑中出现吗？或许如此，但是，如果奎因的作品不是无用的东西，那我们就知道，要把一种特定语言的特定语句转化为弗雷格式的思想、概念和命题，将是非常困难的。一位没读过古希腊作品的现代英美人会有“高贵的”概念吗？那些认为说真话是上帝或诸神的指令或是一种责任，从而选择说出真相的人，是因为这么做是诚实的（或有美德的，做得好的或高贵的）才选择它的吗？他们一向如此？还是从未如此？如果他们有时如此但并非总是如此，那他们何时如此呢？如果我们试图认为所有的美德之人都把握了古希腊人的或美德伦理学的概念，那么，就必须为此提供更多的理由。

让我们考虑一下，在我们的期待当中，美德之人会为他们的具体美德行为提供的理由，同时牢记一个明显的事实，即，我们不想把有美德地行动局限在学习道德哲学（更不要说亚里士多德主义道德哲学）的人的范围内。美德必然体现出一个人行动理由的大量不精确性，我们也不可能期待每位美德之人都提供上面所给出的那些理由。我们期待各种各样的理由，而不是每次都是同样的理由（“这做得好，或，这有美德”）。我们也没有自动就希望这种多样性能够被表述为完整的美德、恶德清单（“这是诚实、勇敢”）；如今，许多人只是用到其中很少一部分词汇；事实上，有的人还会因为我们说他们的行为勇敢或慷慨而感到不自在，并对这种说法明确予以拒绝。[①]

因此，我们可能不会接受上面这种关于“因其本身的缘故”而选择行为的颇具一般性的描述，而会试图按照下面的思路来提供一种更加详细的规定：

> “美德行为者‘因其本身的缘故’而选择美德行为”，意味着“美德行为者至少出于某种特定的理由类型或范围X中的一个理由而选择它们”，在这里，“类型或范围X”是你所讨论的美德所特有的，它会根据你所讨论的美德不同而不同。

127

什么是美德“所特有的”理由？它们是这样一些理由，即，具备特定美德V的人会因为拥有它们而采取美德V的行为。因此，想想勇敢的行为者为了采取勇敢行为而可能持有的理由种类，我们可以想到如下情形，比如，“如果我爬上去，也许就可以救他”，“必须有人自愿站出来”，“人不能向暴君低头”，“这件事值得冒险”。想想节制的行为者为了采取节制行为而可能持有的理由范围，我们可以想到如下说法，比如，“这已经够多了”，“我在开车”，“我希望你也能有一些”，“你比我更需要它”，“她说‘不’”。至于慷慨，我们可以想到的理由是“他需要帮助”，“他向我借这个东西”，“这是他21岁的生日”，“她会非常高兴的”。至于那些具有友爱美德的行为者，我们可以想到的理由是“他是我的朋友”，“他期待我这么做”，“我不能让他失望”。对于诚实，我们会有这样的理由，比如“这是真相”，“他问我了”，“最好立刻把这些事公开”。而对于正义，我们则会有这样的理由，比如“这是他的”，“我欠她这个”，“她有权决定”，“我保证过”，等等等等。

① 那些在大屠杀期间冒着生命危险帮助犹太人的令人钦佩的非犹人士的言辞，为此提供了令人印象深刻的例子。一位德国妇女说：“我不觉得这是做一件多么勇敢的事。对有的人来说，这样做是不言而喻的。”

有些与我们所讨论的美德或相应的恶德更明确有关的理由，比如“这是要做的诚实行为”，或“不这么做是懦弱的”，或“那么做是吝啬的、贪婪的”等等，肯定属于上述理由范围。而有些一般性理由，比如“不这么做是不光彩的（或‘有点卑劣的’）”，“美德之人（或‘任何体面之人’）会这么做”或“我还有别的选择吗？”则可以属于任何范围。不过，这两种理由都不具备什么特权地位。[1] 128

我认为，美德行为者的理由能够让我们理解，为什么正在讨论的行为对于美德行为者来说似乎就是眼下亟须去做的恰当之事。当我们置身被讨论的情境，以恰当的语调，对那些更深层的问题（为何要排除其他行动方案的选项，等等）予以恰当的回答（当然，我们必须这么做），从而认真地考虑上面所给出的理由时，它们就会告诉我们原因何在。它们表明或揭示出，行为者把什么看作是与该行为或该情境（或与两者）相关的或突出的东西，把什么看作是对该行为或该情境（或与两者）有利的或不利的、好的或坏的、决定性的或强迫性的东西。

根据假设，美德行为者正确地处理这些事情，并使得“像美德行为者那样有美德地行动”与“虽然有美德地行动，但是出于错误的理由”这两种情况形成了对比。通过表明或揭示出美德行为者把什么当作相关的（突出的、好的或坏的、显著的，等等）东西，这些给出的理由将美德行为者的行动方式，同那种懦弱的、放荡的、贪婪的、追求私利的或缺乏

---

① 在 *Ethics with Aristotle*, 1991, p.87 中，莎拉·布劳迪（在我看来）为这些详细的界定提供了一种抽象论述。她说：“将某事描述为公正之人或节制之人必定会做的事的那种描述方式‘A’，是该行为者所采用的基本描述方式。换言之，只有当这个被旁观者描述为‘A’的行动是被他当作 A 来做的，或者，他做它是因为它是 A，该行为者才堪称有美德。这就是‘因其本身而采取该行为’的含义。如果某人为了准备享受第二天的狂欢，现在不再多吃东西对他有好处，那么，他现在的行为乃是明天狂欢的准备活动，而这并不是对于节制行为的描述。”威廉姆斯的论文“Acting as the Virtuous Person Acts”给出了我对这些详细界定的看法，它们只是与某种具体美德 V 有关的一些理由。在为开放大学撰写伦理学著作 *Aristotle: Ethics*（1979），在试图搞清楚受到良好美德训练的儿童会为其美德行为提供何种理由时，我也偶然发现同样的观点。

主见的行为者碰巧做出同样行为区分了开来。后者以不同的方式看待世界，追求不同的目的，因此，他们会把完全不同的事情当作相关的（突出的，等等）因素——他们想的是：如果我在战场上畏缩不前，指挥官会毙了我；如果现在晚一点享受，我的快乐会更多；我的错误肯定会被人发现——并（在具体情况中）出于错误的理由而做出勇敢、节制、慷慨、诚实或公正的行为。

威廉姆斯指出（在我看来，他正确地指出），我们可以把“具有美德V的行为者出于理由X而采取美德V的行为”（这里，X是我们所讨论的这个美德的适用范围之中的某个理由），看作是对“具有美德V的行为者因行为含有美德V(勇敢、慷慨)而选择美德V的行为”的正确理解。

> 我们说，行为者之所以采取（比如）慷慨行为，就是因为这是我们需要做的慷慨之事，而我们之所以理解这件事的含义，则是因为我们知道这个情境以及这个行为的哪些因素使得这个情境的这个行为成为了慷慨之人眼里需要去做的恰当之事。①

“美德行为者因行为是勇敢的、慷慨的（而不说‘有美德的’或‘高贵的’）等而选择她的美德行为”，作为“因其本身的缘故而选择她的美德行为”的一种衍生说法，其正确之处似乎在于，它恰当地意味着美德
129 行为者并非每次都出于同样的理由而行动。它的错误之处似乎在于，我们自然而然认为，它不恰当地意味着行为者精通了美德术语的含义，而且认为他们的行为能够正确地得到某个美德术语的描述。遵照威廉姆斯的看法，我们现在可以坚持前面那层正确的意思，但又可以通过某种方式来理解“因行为含有美德V而选择美德V的行为”这句话，以便使我们自己避免上述不合理的内涵。

① B. Williams, “Acting as the Virtuous Person Acts”, p.17.

威廉姆斯接着给出了一个重要的观点。他接着说道：

> 由此推出来的是，对于各种美德的哲学理解，至少需要拥有这些美德的人所提供的部分理解：这正是亚里士多德的观点。[①]

美德行为者所给出的理由，自然使她的行为不会被那些懦弱之人、无信之人和不实之人完全理解。她认为从火中挽救莫扎特的手稿是一件值得冒险的事——她怎么会这么想？她希望别人能得到一些东西——为什么会这样，什么时候她会这样对待自己？为什么在信守承诺或说出真相只能给她带来麻烦的情况下，她还会非常强调这些行为？——这毫无意义。在恶德之人看来，美德之人对于诺言和真相的坚守似乎不顾一切，傻到忘我，患有不切实际的强迫症。

但这恰恰是我们应当期待的。一个人对于"有美德地行动"和"出于**正确**理由地行动"的含义的细致了解，同他对于每种美德的含义的了解密不可分，而他对于后者的了解，至少在某种程度上，又同具备这些美德本身密不可分。就像亚里士多德正确论述的那样，"懦弱的人称勇敢者莽撞，而莽撞的人又称他懦夫，所有其他的情况也差不多这样"[②]。

这种看法的进一步优势在于，通过展示美德行为者可能持有的各种行为理由，但又同时将它们汇聚到这个而不是那个美德所特有的理由范围之中，我们就能明白，为什么一个不那么理想的行为者能够在某些美德方面堪称典范，但无法在所有美德方面都是如此。人们做出各种各样的行为，就是因为他们对于某种美德所给出的 X 理由中体现的想法更加敏感，而对于另一种美德所给出的 X 理由中体现的想法不 130
那么敏感。[③]但是，美德并未因此变成完全分离、彼此孤立的品质特征，

① B. Williams, "Acting as the Virtuous Person Acts", p.17.

② *Nichomachean Ethics*, 1108b25—26.

③ 我在一些讲座上听到威廉姆斯提出过这点，但我不知道他在什么地方已经将自己的说法付诸文字。

这不仅是因为它们的理由范围存在着重叠之处，而且，同一类型的善恶判断、利害判断以及关于什么重要、什么不重要的判断也是随处可见的。

尽管这是对美德行为者“因其本身的缘故”而选择美德行为的一种有吸引力的看法，但是，它没有告诉我们，关于“因其本身的缘故而选择美德行为”的其他看法有多大的真理性（如果它们有的话）。当美德之人出于X理由而选择美德V的行为时，如果她是因为该行为含有美德V（勇敢、慷慨等等）而选择了它，那么，她是否**同样**因为该行为是有美德的，（或者？）是做得好的表现，（或者？）是高贵的，才选择了它呢？我将在后面（边码第136页）讨论这个问题。

“因为觉得此事正确”而行动

现在让我们回到“出于正确的理由”而行动包含着哪些内容这个问题。因其本身缘故而选择具有美德V的行为（如上所述），并将涉及X理由的所有例子都铭记于心，这是否就提供了一种令人满意的、与“基于原则而行动”或“因为觉得该行为是正确的而行动”或“因为觉得该行为是某人的责任而行动”或“因为觉得这是某人‘在道德上’应该做的事而行动”等说法相等同的美德伦理学表述呢？康德的某些思想有没有被遗漏了？如果有，那会是我们眼里重要的伦理因素吗？

诚然，“原则”“正确”“责任”“道德应当”等特定词汇没有出现在已经给出的X理由之中，而且有人会认为，这样一来就遗漏了某些重要的东西。但是，我们并不想把“出于正确的理由而行动”同这些特定词汇或有关概念过于密切地绑在一起，就像我们不愿意把“因其本身的缘故而选择某个行为，从而有美德地行动”同它们过于密切地绑在一起那样。众所周知，古希腊人虽然没有这种可以轻易地翻译作（这里所说的）“原则”“正确”“责任”或“道德应当”的词汇，但是，我们不会说他们从不曾出于正确的理由而行动。

况且，正如那些对于过分简单阐释康德的做法表达不满的批评者指出的那样，“某件事是原则所要求的”或“它是正确的”或“它是你的 131
责任”，似乎在某种意义上根本谈不上是采取具有美德 V 的行为的“正确理由”。相反，出于某些自觉构造的理由（“这是原则 A 所要求的事情”或“这是需要去做的正确事情”或“这是我的责任”）而拜访朋友、下河救子、反驳谎言的人乃是自负的或矫情的，让人敬而远之。正确的理由无非就是，比如，“她很孤单”“她是我的孩子”“这是谎言”；在这种环境下，它们应当足以促成上述行为。

针对这类情况，标准的康德主义回应是，在特定情境中，人们能够“基于原则”或“因为觉得此事正确”或“出于责任（感）”而行动，但其实又并没有考虑原则，没有考虑“什么才是正确的”或“什么才是一个人的责任”。至少就前两条短语常常被用在道德哲学的学术语境之外而言，确实如此。事实上，它们就是这样的短语，我们很自然地会用它们来描述出于 X 理由而行动的行为者的行为方式。当我们回应“某人采取美德 V 的行为是否出于某种不可告人的理由或是出于被迫”的质疑时，我们会说，“不，她这么做是因为……”并援引某个 X 理由；或者，我们会说，“不，她这么做是基于原则”或“她这么做是因为觉得此事正确”。[也许，更早些时候，我们会很自然地说“她这么做是出于责任（感）”；到了 19 世纪，这种说法的缺乏吸引力的内涵似乎有所改变了。]

因此，我们是否可以说，如果一个行为者是出于某个 X 理由而采取美德 V 的行为，那么，她其实就是“因为觉得此事正确”或“基于原则”甚或“出于责任（感）”而这么做的呢？她不是仅仅出于欲望或偏好而行动，她也不是受到逼迫而行动，她的行为出于一种美德的理由，而不是一种不恰当的或不可告人的理由——对于“道德动机”，人们还能追问什么吗？

当我们考虑行为者出于 X 理由而采取美德 V 的行为的那些明显

情况时，似乎无需追问什么。但是，一些不那么明显的情况会让我们停下来，再作思考。

首先，想想小孩子的情况。有的时候，他们是出于 X 理由而做出具有美德 V 的行为吗？他们做出具有美德 V 的行为，有时只是因为别人告诉他们要这么做，有时只是因为他们想这么做。然而，他们有时这么做，却是因为他们答应过要帮助他人或取悦他人（因为这个人是他们的朋友），他们给出了他们行动的 X 理由。那么，他们是“因为觉得此事正
132 确”而行动的吗？

很自然地推演开来，请想一想智障者的情况。他们有时这么做，也是因为他们答应过要帮助他人或取悦他人（因为这个人是他们的朋友），他们给出了他们行动的 X 理由。那么，他们是“因为觉得此事正确”而行动的吗？

现在，请想想另一种不同的情况：一名成年行为者虽然出于某种恰当的 X 理由而做出了具有美德 V 的行为，但她的行动并不是她的典型做派。如果她的其他的有意行为、反应和言谈都堪称“自私”“不公正”“胆怯”（或者，稍弱一点说，“几乎不大方”“不是特别关心正义”“不勇敢”），那么，她就会让我们突然大吃一惊。她出手大方，她对别人给予的不公平的优势不屑一顾，她为了保护不受欢迎的同事而慷慨陈辞——并且，她还给出了一些恰当的 X 理由。原来，这是因为她陷入爱河，或是因为最近的成功而欣喜若狂；爱情或成功暂时改变了她。然而，不久以后，她很快回到了以前的行为方式。那么，当她出于 X 理由而采取具有美德 V 的行为时，她是“因为觉得此事正确”而行动的吗？

再想一想下面这些人，他们说出真相或帮助他人，不仅是出于 X 理由，而且是因为（他们认认真真地指出）他们觉得说真话或帮助他人是上帝的指令，如果他们这么做，便会上天堂（如果不这么做，便会下地狱）。或者，假设他们盲目地遵循某种传授给他们的法令，而该法令（我

们假设）与他们深受压抑的欲望是对立的，与他们有关“什么才是生活的重要方面”，“什么才值得追求和拥有”的看法是对立的。那么，他们是“因为觉得此事正确”才这么做的吗？如果你倾向于说“是”，那么，如果我对这种情况再补充一个更进一步的限定——即，假如他们不信仰上帝或不相信这种法令的必然性，那么（考虑到他们一直受到压抑的欲望和看法）他们便不会再出于某个 X 理由而采取具有美德 V 的行为——你还会给出同样的回答吗？

有人可能仍然想说“是”，而且至少对某些其他的情况也说“是”。我却想全部说“不”（我们后面会给那些认为自己在遵守上帝指令的人加上一种限定），因为我相信，当我们说行为者“是因为觉得此事正确”或“出于责任”而这么做时，我们是在把上述情况显然没有的某种东西归属给了这位行为者。这种东西不是“道德行为者”，也不是“道德责 133
任”，因为尽管在小孩子和智障者的情况中缺少该因素，在其他情况下却并不缺少。这种东西也不是“有道德地行动”，因为至少在我看来，如此说法的含义太模糊了，很难讲它在上述各类情况中全都不存在。那么，这种东西是什么呢？

直觉地讲，我们可能认为，这种东西在广义上同可靠性或可预测性有关。一位确实可以被说成是在某个特定情境中“因为觉得此事正确”而采取美德 V 行为的行为者，很大程度上，乃是一位在类似情境中将会采取类似行为的行为者，一位别人可以通过给出特定理由而让其做出特定行为的行为者，一位将会对他人的行为做出特定的判断，也会同意这类判断的行为者。

我这里虽然是以一种不熟悉的方式，提出的却是人们所熟悉的看法，即“道德理由”或“道德原则”具有“可普遍性”与“至高无上性”。在人们对这些熟悉的看法所给出的论述中，存在着很多混淆之处与明显错误，特别是它们依赖于“道德”一词假定拥有的某种魔力，而使得这类论述成立的案例总是看上去都非常可信。如果我们认为某人做某事“是因为他觉得此事正确”，但第二天又发现他仅仅因为（他说）不喜欢便没有做同样的事，那么我们就不得不指出，他其实并不是“因为觉得此事正确”而做先前那件事的。如果我们认为某人做某事“是因为他觉得此事正确”，但又发现他谴责别人的相同行为——仅仅因为他自己不舒服地成了别人所针对的目标，那么我们也不得不指出，他其实并不是出于这样的理由而做先前那件事的。

因此，我们或许可以讲，在“道德动机”的问题上，我们所追问的那种超出了“出于X理由而采取美德V行为”之外的“多出来的东西”，就是与可靠性或可预测性有关的某种东西。不过，这似乎还没有把握到某些行为者身上的问题，他们出于恰当的X理由而采取具有美德V的行为，并真诚地表明自己之所以这么做乃是因为这是上帝的指令，而如果他们不做便会下地狱。他们是不可靠的或是不可预测的吗？“好吧，”有人会说，“也许，他们其实可靠。但当事实不一样时，他们就不这样了，因为（正如你所说），如果他们有一天不再信仰上帝，他们就不会再出于X理由而采取具有美德V的行为。”但为了确保准确，像这样的预判需要某种类似于我在盲目遵守法令之人的那种情形中所补充的限定条件。**如果**他们先前的行为“与他们深受压抑的欲望是对立的，与他们对于什么值得追求、什么值得拥有的看法是对立的”，
134 那么，我们才可以假设，假如失去了信仰，他们便不再会做得好。然而，还有一些人，虽然以前常常说“我这么做是因为这是上帝的指令”并且现在已经丧失信仰，但他们仍然会像以前那样出于X理由而采取具有美德V的行为。

所以，在上述两种情形中，强调“与他们深受压抑的欲望是对立的，与他们对于什么值得追求、什么值得拥有的看法是对立的”这一点，就变得非常重要。强调它有什么作用呢？我们可以说，在那些并非“出自道德动机”的情况中，这样的强调就把某种一般亟须之物（即，行为者对于她的美德V行为的价值的“真正认同”）的缺失状态给揭示出来了。

因此，我们必须全力把握这样一个事实，即，在上面讨论的所有情形中（无论行为者是否出于 X 理由而采取具有美德 V 的行为，反正至少我是不打算承认“行为者是‘因为觉得此事正确’而采取行动”的），行为者针对美德 V 行为所作的价值判断似乎存在着不少问题。小孩子以及严重的智障者在很大程度上都无法持有他们自己的价值判断；就他们承认美德 V 行为的价值而言，他们所认识到的，是别人教授给他们的行动内容，而不是他们自己高度评价的东西。他们的价值是别人提供的，不是他们自己的。那种因爱情或成功暂时有所改变并凭借其美德行为而让我们感到惊讶的行为者，似乎也只有当美德 V 行为的价值通过她的爱情或成功而让她兴奋的时候，才会认识到这种行为的价值。那些做出美德 V 行为不仅仅是出于 X 理由，而且是因为他们觉得该行为是上帝的指令，是某种法令的要求的人，似乎能够被分为两类。一类人认识到美德 V 行为的价值，并认为上帝或法令是因为这些行为本身的价值而要求它们的。不过（我们怀疑）还有另一类人，他们如果不再信仰上帝或相信法令的话，就不会再出于 X 理由而采取美德 V 行为了；他们只有在面对“这是上帝或法令要求我去做的事”而不是“这是该行为本身要求我去做的事”的进一步规定时，才会认识到美德 V 的行为的价值。

但是，对行为者来说，“真正认同她的美德 V 行为的价值”意味着什么呢？这几乎是一种晦涩不明的说法。我们会说，对行为者而言，这意味着她在“内心深处”对其行为有所评价；意味着这种评价驾驭和指导着她的整个生活与举止。这样的解释虽然好一点，但仍然不大清晰易懂。在康德那里，我认为，这意味着行为者拥有一种善良意志，一种始终基于对道德律的尊重而行动的意志。而在亚里士多德的伦理学中，则意味着她拥有某种美德。这位无论在具体什么情况下都会出于 X 理由而采取美德 V 行为的行为者（如果她是这样的话）之所以成为可靠之人和可预测之人，原因就在于（“真正认同她的美德 V 行为的价值”

135 对她来说意味着)她的行动是“出于某种稳定持久的状态”,亦即,出于美德。①

因此,这就是美德伦理学对于康德主义主张——即,理想的行为者是“基于(或出于)原则”“出于责任(感)”“因为觉得此事正确”而行动——的重新表述。新亚里士多德主义的理想行为者基于某种稳定持久的状态(即,美德),出于X理由而选择美德V行为。就像理想的康德主义行为者一样,后者也可以被描述为,她采取美德V行为是“因为她觉得此事正确/是她的责任/基于原则”,但同时她又没有明确地形成这样的想法;她出于X理由而采取美德V行为并且是出于美德而行动,这就足以构成“道德动机”了。

我认为,这再次涉及我们如何回答前面提到的那个问题[“当美德之人出于X理由而选择美德V的行为时,如果她是因为该行为含有美德V(勇敢、慷慨等等)而选择了它,那么她是否**同样**因为该行为是有美德的,(或者?)是做得好的表现,(或者?)是高贵的,才选择了它呢?”]在亚里士多德主义的语境中,答案是肯定的:当**美德**之人出于X理由而选择美德V的行为时,就是因为该行为是有美德的,是做得好的一种表现并且是高贵的才选择它的,要知道,**她**在出于美德而行动。当我们认为她拥有完整的美德以及实践智慧时,用亚里士多德的话来讲,我们就是在认为,她热爱高贵的东西,能够正确地理解幸福,从而在合乎美德而行动的过程中能够正确地理解什么才是恰当的行动。

---

① 通常说来,既然我们身处的只是“事情基本为真”的领域,那么,“美德是一种**永恒状态**”的主张就得容许有些例外的情况存在。正如我在“导论”(边码第12页)指出的那样,美德(以及恶德)属于非常稳定牢固的品质特征,它们的任何突变都需要专门的解释。不过,这种解释有时是现成的,在某些情形中,宗教信仰的丧失也许就是这样的解释。反事实的可靠性并不是关于美德的严格的必要条件;既然虔诚之人的信仰和价值观彼此交织在一起,因此,当他丧失信仰从而陷入分裂与堕落之后,他此前所做出的美德行为不一定就得重新评价,不一定就得马后炮似的被说成是根本没有出于美德。

避免柏拉图式的幻想

那么,我们是不是认为,这位行为者身上具备着莎拉·布劳迪所说的"一种明确的、全面的和实质性的善观念"?[①] 布劳迪将其称作"宏大 136
目的论",认为它太过理智化,从而完全正确地予以拒斥。当哲学家开始以为"美德之人对于'**幸福**'的内涵进行了长期而艰苦的反思,对于'做得好'的内涵得出了一种非常全面而实质性的看法,以至于该看法不仅可以得到运用,而且可以在所有合适的情形中得到正当的运用"乃是美德的一项必要条件时,我们可以肯定地说,他们就是所谓"柏拉图式的幻想"的受害者。这种幻想认为,只有通过哲学学习,一个人才能成为有美德的(或真正有美德的),而一旦它被这样明确地表述出来,人们便会发现,其实它是一种必须全力加以反对的幻想。人们无需花好长时间去思考什么是幸福,无需得出"幸福就是过上一种合乎美德的生活"的结论,也无需设计一种有关恰当行动的看法,便**完全**可以成为有美德的或真正有美德的,就像他们无需花好长时间去搞清楚各种准则能否被当作普遍的法则,便可以具备真正的善良意志一样。

然而,尽管事实很清楚,幻想也很荒谬,对于我们追随亚里士多德或事实上追随康德的有些人来说,当我们讨论"道德动机"问题时,却很难避免陷入这样的幻想。而正如布劳迪所指出的,该幻想还有另外一种版本,认为在那些从未通过"含蓄深厚的"哲学知识来学习美德的人身上,存在着某种可笑的哲学狡黠。无论我们多么努力地想摆脱这种幻想(不得不说,许多道德哲学家还没注意到我们需要做出这方面的努力),我们也始终会(最好的情况也不过是)流连于如下看法,即,我们的理想行为者具有极**不平凡的**(虽然可能是"无意识的")信念、能力或

① Broadie, *Ethics with Aristotle*, p.198.

观念。[①]

要想避免这种错误，至少对美德伦理学者来说，关键在于始终意识到“把什么归属给美德”（至少在这个语境中）乃是根本的问题。热爱高贵的事物、正确地理解**幸福**，以及掌握普遍的**恰当行动方式**，并不是
137 针对美德的检测尺度或是我们归属美德的依据和基础，也不是关于所有人都应该追求的理想美德的详细规定。它们只是被哲学家归属到普通的美德之人身上的东西，哲学家相信他们会因此而说出有启发、有分量的话，相信如果我们哲学家把普通的美德之人看作是具有这些“不平凡”方面的人，**我们**就会对各种让我们感兴趣的话题（道德动机、道德推理、实践智慧、正确的**幸福**概念以及美德本身）获得更好的哲学理解。而这样一来，由于我们对于（比如说）“道德推理是不是最好被理解为一般原则在特殊情况中的运用”，或者，“把‘掌握普遍的恰当行为方式’归属到美德之人身上是否可以被分析为就是在做出这种主张”有不同的回答，因此，我们当然会就把什么东西归属于美德，以及实际上如何分析这些被归属的东西存在分歧。

人们对于布劳迪否定“宏大目的论”的两种不同反应，可以很好地反映出，要搞清楚这里所讨论的问题有多么的困难。特伦斯·欧文担心，布劳迪没把足够的东西归属到美德行为者身上。他觉得困惑的是，既然布劳迪笔下的这位并不使用任何一般原则的美德行为者在某一个情境中“更偏向朋友的利益而不是陌生人的利益……（而）在另一个情境中……却更偏向陌生人的利益而不是朋友的理由”，那么他将如何“回应这种‘前后不一致’的指控”呢？

---

① 真正努力试图避免这种幻想的克里斯蒂娜·科斯嘉，从康德本人那里援引了一个关于这个问题的有趣例子：“事实上，每个人都根据‘行为在道德上是好是坏’这条规则做决定。因此**人们**会问：如果一个人隶属于某种事物秩序，其中每个人在认为欺骗对他有利时，便允许自己去欺骗……那么，他会自愿想要成为该事物秩序一员吗？”（黑体为我所加）。参见 *The Critique of Practical Reason*, Chapter 2, p.69，转引自 Korsgaard, “From Duty and for the Sake of the Noble”。

> 难道不应该问问他（这两种情境之间的）差别何在吗？如果这样的追问是合理的，那么，对他来说，似乎同样合理的就是采取这样的回答（比如）：“在第一种情形中，我之所以站在我的朋友一边而非陌生人一边，**是因为世界上并不存在要求我全力以赴去帮助他人的一般要求**。而在第二种情形中，我之所以拒绝为我朋友在保险诈骗中的勾结行为撒谎，是因为友谊没有要求我成为诈骗的同谋。”而这样的回答便引出了某些一般的原则。①

考虑到被我标成黑体的这行字，那么，指望任何哲学家以外的普通人（无论他多么有美德）能够给出这样的回答，显然是不靠谱的；其实，任何哲学家以外的普通人几乎都看不出来，“站在自己朋友一边”与“拒绝为他们在诈骗中的勾结行为撒谎”之间有什么“前后不一致”的地方。我们必须把欧文的论述理解为如下主张（或类似的东西），即，如果我们哲学家认为，美德行为者是从“世界上并不存在要求我全力以赴去帮助 138
他人的一般要求”这条一般原则中推演出“我们可以站在自己朋友一边而不是陌生人一边”的，那么我们将会最好地理解道德或实践推理。不过，布劳迪不会同意该主张。她不但认为这是对亚里士多德的误解，而且认为这是一种误导性的或明显错误的思考道德推理的方式。

麦克道威尔虽然同意这两点，但他认为，我们可以在把“选择某种行为”归结为“做得好的一种表现”的同时，而又不必承认任何演绎主义的道德推理模式，不必暗示说人们（更不用提哲学家以外的美德之人）能够提供某些一般原则，可以让人从“一幅用普遍术语表达出来的关于恰当行为的蓝图”出发，一步步地直至推演到目前的情况。②正如他自从发表论文《美德与理性》以来所清晰展示的那样，他认为，我们最好是把道德推理或实践推理当作对具体情境的“解读”，并且认为，对于

① T. Irwin, “Review of S. Broadie, *Ethics with Aristotle*” (1993), p.329.（黑体为我所加）

② McDowell, “Deliberation and Moral Development”, p.25.

将多个正确的解读结合在一起的状况，有一种富有启发的哲学看法是，“源自它们的行为其实全都是某种普遍的恰当行为方式的具体表现”。“我们可以把‘正确地解读情境’引申为，”他说，“根据正确的恰当行为概念来看待它们”[①]；而我将他这里的“我们”视为“我们哲学家”。如果像这样来理解美德行为者，那么，对于涉及正确行为的那种推理所包含的内容，我们就会有更好的理解——而且，不再会去试图建构演绎主义的模式了。

有的哲学家认为，美德之人拥有正确的幸福观念，因而在合乎美德地行动时掌握了恰当行为的方式，这时，他们很可能陷入了柏拉图式的幻想，并且荒唐地认为这些美德之人身上有“一种明确的、全面的和实质性的善观念”。然而，如果足够谨慎的话，人们在归属这些东西的时候可能就会追随亚里士多德的立场而不会犯这样的错误。我们这么做是否正确，取决于这样的归属是否能够使我们更好地理解正在讨论的问题，而且，在目前的情形中，我认为，这些亚里士多德主义的理念并没
139 有对“道德动机”给予更深入的说明，因此，我不会再提及它们。

结　　论

人们越来越意识到，理想的康德主义行为者，即，那种具有善良意志、“出于责任感”而行动的人，与理想的新亚里士多德主义行为者，即，出于美德（出于某种稳定的品质状态）而行动的人，并没有曾经以为的那么不同。[②] 正如我强调过的那样，该观点与下列看法是一致的，即，无

① McDowell, “Deliberation and Moral Development”, p.26。

② 在 Stephen Hudson 的 “What is Morality all About?” 中，在 Barbara Herman 与 Christine Korsgaard 那里（参见最后的参考文献），尤其是在 Marcia Baron 以 *Kantian Ethics Almost Without Apology*, 1995）为顶点的系列文章中，这种观点已经得到了发展。亦参见 Robert Audi, “Acting from Virtue” (1995)。

论我们对于"当我们说行为者出自'道德动机'时，我们需要将哪些不平凡因素归属到我们的理想行为者身上"这个问题存在怎样的分歧，我们的意思都不是说，她对于正确的行动、责任或原则有什么明确的想法（事实上，对于美德、好的行为或高贵，也是这样）。这些明确的想法，并不是出自道德动机的必要条件。

然而，上面给出的那些案例（边码第 132—133 页，行为者采取美德 V 行为是出于 X 理由，而不是"因为觉得此事正确"，不是"出于责任"或"基于原则"）还意味着一种更深层的、更出人意料的命题：即，宽泛地讲，这些明确的想法也谈不上是充分条件。更准确地说，该命题的含义是：无论是行为者对于"这是正确的 / 我的责任 / 原则所要求的事情"所做出的诚恳声明，还是当时出现在他们心中并以断定符号结尾的那些语句（或其转述），都不足以证明他们身上具备这样的**信念**，即，他们的行为是正确的，是他们的责任，是原则所要求的事情。既然他们必须具备这种信念，才能是出自道德动机，其行为才是因为觉得（即，相信）它是正确的，它是自己的责任等而发生的，那么，对于道德动机来说，这些声明和当下出现的语句就都不能成为它的充分条件。

我们将在下一章探讨这个命题。 140

第七章

道德动机

在前面几章,我们考察了这样一个问题,即,在美德伦理学看来,当美德行为者有美德地行动时,她是不是“出于责任(感)”“基于或出于原则”或“因为觉得此事正确”(概言之,“出自道德动机”)而行动的;我的结论是,在某种意义上,她确实如此。换言之,有美德地行动,像美德行为者那样行动,亦即,出于美德行动,乃是“出自道德动机”或“出于责任(感)”而行动的充分条件。在本章,我希望捍卫一种更大胆的命题,即,前者同时还是后者的必要条件。我说这话的意思是:当完全有美德的行为者合乎美德、出于美德行动时,她就是在设立“道德动机”的标准,设立“因为觉得此事正确”或“出于责任”而行动的标准;根据这样的标准,我们对那些不完全有美德的行为者进行评价,看看他们在多大程度上做出了同样的行为。一个行为者的品质越是接近那些完全有美德的行为者的品质,那么,当他出于X理由而采取美德V的行为时,他就越有可能具备“道德动机”。

作为程度问题的道德动机:信念的归属

这个被表述为“看看那些不完全有美德的行为者在多大程度上做

出了同样的行为”的命题立刻带来这样的后果，即，“源自道德动机”成了一个程度问题；而我知道，许多人都认为这违背直觉。在他们看来，“道德动机”，亦即“基于原则”或“因为觉得此事正确”而行动，必定是一件要么全有、要么全无的事情。这种观念无疑常常植根于一种（我认为是）错误的心灵哲学，[①] 一种“把有美德的行为解释成原子式的，独立 141
于其他任何信念与行为而发生的事情”的信念图像。不过，我怀疑，即便是通常赞成不同图像，以这样或那样的形式承认信念之归属可以为事实的或反事实的言行提供支持的人们，当他们思考诸如“这是正确的 / 我的责任 / 原则所要求的事情”这些信念时，也往往会忽视这一点。人们（我必须立刻加一句，绝不特别是康德主义者，甚至并非典型地是康德主义者）非常容易把行为者的心灵想象成一种充满了有关行为的正确性、责任的神圣性、高贵事物的光荣性、“这是我干过的最好，最好的事”等等高雅的即时观念的东西；人们非常容易认为，通过这种想象，行为者的即时信念（即，相信自己的行为是正确的，相信自己是“出于责任”而行动）就已经作为一种要么全有、要么全无的东西，而被领会了。

有种纠正该观点的办法是，请再次想一想孩子的情况。我在上一章声称，即便年纪很小的孩子有时也会采取美德 V 的行为并给出这么做的 X 理由，而且我进一步声称，尽管如此，他们也并非“基于原则”“出于责任”或“因为他们觉得此事正确”而行动。将这种体现价值观的深刻理由归到儿童（或者，其实还有一些智障者）身上，有点荒谬；就算我们可以说他们拥有价值观，他们所拥有的也不是自己的价值观。

然而，当我们不是假定儿童会给出 X 理由（或者，我们除了采取这样的假定之外），而是假定他们会说出“这是需要去做的正确事情”，“这是我的责任”，“这是原则问题”或类似的说法时，荒谬性却并没有得到丝毫的减少。确实，如果他们身边的成年人总是以特定的方式讲话，或

① 参见本书“导论”，边码第 15—16 页。

者，他们听说过某些类型的故事，那么，他们是会说出一些涉及高贵、荣
142 誉或道德律等内容的宏大言辞。[①] 由于他们不仅被教授如何运用 X 理由，而且被教授如何使用这些言辞，所以，当他们采取行动时，他们的头脑中可能就会有许多关于这些言辞的现成观念。不过，我们依然没有假定说，他们采取行动，就是因为他们觉得（即，相信）他们的行为是正确的，就是因为他们的行为是他们的责任，或者，就是因为他们的行为是原则所要求的事情……他们真的太小了，还不具备这样的信念。他们没有也不会违反事实地说出和做出由于具备这样的信念而需要去说和做的任何其他事情。

我将进一步声称，即便是对（大部分）青少年而言，我们也不想说，他们的行为同成年人的一样是"基于原则"，"因为觉得此事正确" 或"出于责任（感）" 而发生的。很大程度上，他们的道德信念或他们的价值观仍然不完全属于他们自己，而是属于他们的教导者或同龄人。但是，我们不认为存在着某个决定性的时间点，从那一刻开始，小孩子就像青少年一样 "因为觉得此事正确" 或 "出于责任" 而行动；此后也不会存在另一个决定性的时间点，从那一刻开始，青少年的价值观就将完全变成他们自己的价值观，从而他们就像成年人一样地行动。我们知道，人类的发展和道德的发展是循序渐进的，构成了一个连续不断的过程。因此，"道德动机"（即，你是因为相信该行为正确而行动的）可以是一个程度

① 在现代英语国家，我们容易忘记有很多小孩子就是听这样的故事长大的，在其中，英雄（有时还是女英雄）常常谈论高贵、义务或荣誉的要求，所以他们很小就懂得如何使用这些词汇。同样容易忽视的是，在某种程度上，其他语言可能与当代英语并不一样。有人言之凿凿地告诉我，在冰岛，那些在家喻户晓的冰岛传奇中通篇可见的有关荣誉与耻辱的词语，至今仍然非常口语化 —— 事实上，它们如此口语化，以至于许多包含它们的惯用语因为听上去十分奇特而没法被译作书面英语。不过，尽管冰岛民族令人钦佩，我不认为他们的孩子会因为随口能够说出一些（书面上）可被译成 "我的荣誉要求我采取……行为" 的话，就比我们孩子的道德更高尚。（在这一点上，我受惠于索尔斯泰恩·盖尔法森。参见他为《纳吉奥传奇》（*Njal's Saga*，1998）撰写的精彩导读，该文旨在为 "我们都具有《纳吉奥传奇》中的基本道德概念" 这种观点提供一种充满灵性的学术辩护。）

问题。

诚然，重要的是，要再次意识到我们所身处的只是一个事情“基本”为真的领域。有的儿童确实发展出（就像我们所说的）一种“超出其年龄的智慧”，成为了成熟的道德行为者，他们年纪很小就能“因为觉得此事正确”而行动。如果说年轻的活佛曾经这样（考虑到他们所接受的独特教育），我不会惊讶。而且，出现这种情况也许根本没有什么明显的理由。我最近在报纸上读到一则讣告，讲的是一名令人惊讶的、名叫伊克巴勒·马西的巴基斯坦男孩，他 4 岁时被卖给一名地毯制造商，而到他 12 岁时，也就是当他被枪杀时，他已经凭借非凡的果敢和勇气，为争取巴基斯坦儿童的权利而开展运动（他召集了多次会议）达两年之久了。（他成功地摆脱了奴役的束缚，逃往巴基斯坦一所看护这些孩子的学校。）虽然讣告的内容只有这么一些，但是即便这些内容也足以表明， 143
他拥有远远超出大多数青少年的心智能力。认为他对“他的生活以及事实上人类的生活应该怎样”“他应该成为怎样的人”等问题具有一些十分深刻的信念，并不荒谬；假定这些信念是他自己的，并且在某种意义上是通过反思而获得的，也不荒谬。他几乎不可能从他父母、其他的不幸儿童或掌控地毯厂的成年人那里获得上述信念；讣告也没有说，他逃往的那所学校曾经激励过那些被看护的孩子们，要他们冒着生命危险而成为活动家。看起来，他是自己想到这一点的。

好吧，也许他没有做过这些事，也许这个故事实际上并不真实。然而，它肯定可以是真实的。有点吃惊吗？是的。难以置信吗？不。它不会因为人们断言十一二岁的儿童“基本上”不是“因为觉得此事正确”或“基于原则”而行动的，便会消失。其实，只有当人们对伊克巴勒的故事感到非常震惊时，才能支撑这种断言。一般情况下，没有什么比十一二岁儿童的言谈举止更足以证明，我们可以将那些看起来合理归属于伊克巴勒的深刻信念归属到他们身上。

因此，如果你倾向于认为“道德动机”（即，因为觉得此事正确而行动)必须是一件要么全有、要么全无的事情,其存在取决于行为者采取行动时的心中念头,那么,请想一想小孩子的情况吧。因为,许多作为道德动机的充分条件而被归属到“出自道德动机”的行为者身上的观念或想法,也可以为儿童(普通儿童,而不是像伊克巴勒那样的儿童)所拥有,只要他们通过日常的道德教育学会了一些颇不寻常的说法的话。(请再次记住,被那些在哲学方面很精明的父母所抚养长大的儿童也许就懂得,对于“帮助他人或说出真相为何是正确的”这种问题,需要给出精明得让人不安的答案。毫无疑问,很少有小孩能够对这个问题给出不错的回答。但是,就像我听说有个小孩在回答“为什么四月是最残酷的月份”时学会说“因为它滋养着那些来自欲望的记忆”一样,[①]人们也可以教孩子们学会说:“因为这是道德律的要求”或“这是我们在一起生活所需要的东西”。对于“这么做为什么是正确的”问题,教会孩子们给出不错的一般性答案也许能加快他们的道德发展,但这并不是说,教会他们给出不错的答案,就能让他们获得关于这个问题的道德理解。)

将“道德动机”归属到儿童身上(基本上)是荒谬的,我把这看成
144 是一个前提,而且,通过承认有的读者不同意这点,我意识到有些人可能依然坚信“道德动机”是一件要么全有、要么全无的事。我希望那些确实接受上述前提的人们如今赞同道德动机可以是一个程度问题的看法,从而超越“道德发展连续体”的事实,可以逐渐承认事情可能如此存在的其他方式。

品质的归属

我在本章试图辩护的命题是:当完全具备美德的行为者有美德地

① 这里的问答借用的是艾略特《荒原》的诗句:“四月最残忍/从死了的土地滋生丁香/混杂着记忆和欲望/让春雨挑动着愚钝的根。”——译注

行动时，她就是在为“道德动机”设立标准，为“因为觉得此事正确”而行动设立标准——这是一种我们用于评价那些不完全具备美德的行为者在多大程度上做出了同样行为的标准。它当然能够用来涵盖前面的论述。当美德行为者有美德地行动时，她就是在出于美德、出于某些包含实践智慧的相关品质特征而行动。儿童，甚至年纪相对轻的青少年，无论他们接受多么好的教育，“在大多数情况下”他们也不是受道德动机支配的，因为除了伊克巴勒那样的情况，他们都不是拥有美德的候选人。他们可能具有人格，具有自然的美德，但他们还没有具备品质特征；他们的品质正在形成过程中，但尚未形成并固定下来。

然而，有人会说，我们对于是否将“我的行为是正确的，或者，我的行为是我的责任”这种信念归属给儿童并没有真的感到困惑；我所追求的更丰满、更具囊括性的命题是：我们在把上述信念（或者说“道德动机”）归属于成年人时所面临的各种难题（亦即，我们感觉不得不说出“是呀，他在这个意义上具有这种信念，但在那个意义上没有这种信念”的情形），只有通过思考我们将会怎样描绘他们的品质，才能获得最好的理解。这就为“道德动机是个程度问题”而不仅是个“能力问题，因为它会随着儿童的成长而逐渐发展”的看法引出了另一个维度。

正如我在“导论”中提到的，成年人是否真的持有某种具体美德，常常是个程度问题。首先，美德语词可以被很多明确反映其程度的限定语修饰——“极其具有美德V，格外具有美德V，完全具有美德V，就像你可以合理期待的任何普通人一样具有美德V，相当具有美德V，十分具有美德V……”这些说法，也许仅仅反映出行为者基于X理由 145
而采取美德V行为的可靠程度（尽管它们还可能反映出恰当感受的程度）。但是，正如加里·沃森正确指出的那样，这里的可靠性并不是统计学的概念。[1]我们马上就会发现，有些不可靠要比另一些不可靠的

① G. Watson, “Virtue in Excess” (1984), p.72, note 18.

影响更小，因为，美德词汇还可以接受如下限定："基本具有美德V，但是……"以及"考虑到他的成长过程或社会条件，他会像你能够期待的那样具备美德V"。不仅如此，它们还能连起来讲；人们可以"相当具有美德V，但是……"，并且"考虑到他们的成长过程或社会条件，他们具备美德V也是例外的情况"。

关于"道德动机"，有一个难题。请想想那些具有邪恶道德信念的人，比如纳粹分子，其他的极端种族主义者，或沉溺于邪恶宗教或仪式的教导（比如，号召人们折磨和杀掉那些自己并不情愿的牺牲者）的人。他们中间可能有许多人不但粗鲁、不公正，而且虚伪、人格分裂、懦弱、不诚实、不检点、自我放纵、极其自私。但是，他们中间也有一些人，尽管追求的是坏目的而且常常毫无愧疚甚至乐此不疲地干出可怕的事，他们仍然能够做些（至少表面看起来）十分光彩的行为，做些（我们很可能会说）确实需要勇敢、诚实或慷慨的行为。

因此，请设想一下，他们中间有人做了一件极有自我牺牲性或者要求颇高的事情。他真诚地给出了恰当的X理由——比如，"人们无须屈服于试图强迫人去做不道德勾当的暴君"，"这种问题需要整个真相（即便某人的性命会因为揭露真相而面临危险）"，"这是一项值得建立的制度，它需要尽可能多的资金支持（而我并不需要我的遗产）"。某种意义上，他的行为并不是非典型的——认识他的人没觉得特别惊讶。让我们把情况再润色一番，假设他还真诚地说道：他所做的一切都是正确的，都是责任的要求，讲究原则的人在这样的环境中将会不折不扣地行动。他是在"出自道德动机"吗？他做出他所做的这些行为，是"因为他觉得此事正确""出于责任"或者"基于原则"吗？

那种让人很想给出肯定回答的念头，同"我们承认这个人是坏人"的事实存在矛盾——我们怎能把与"道德动机"或责任感同样高贵或高尚的某种东西归属到如此卑劣的一个人身上呢？我认为，解决这个

难题的方法不是要尽力揭穿他的那些 X 理由，而是要坚持我们对其品 146
质所做出的"坏透了"的评价。

所以，他的品质与美德之人的品质相去甚远，处于谱系的对立一端。对于这种情况，我打算冒一次险，直接宣称这些人根本没有美德；我要直接宣称，纳粹主义、种族主义或者宗教（假设它们是非常糟糕的宗教）已经严重毒害了他们的品质，以至于他们所拥有的任何品质特征都不能被视为美德。这意味着，我将重新考虑那些表面看起来十分光彩的行为，并且，通过彻底否认它们是出于美德而发生（因为行为者没有美德），从而否认该行为者是"因为觉得此事正确"（或"基于原则"等等）而采取行动的。我由此可以说，这样的人根本不具备关于行为正确或善的真正观念，根本不具备道德原则，根本不具备真正的道德义务观念。他们说自己有，他们以为自己有，但他们只是搞错了，他们无可救药地被沉浸其中的邪恶学说所腐蚀。

同样的道理，当他们中间有人干了坏事，还十分真诚地声称自己之所以这么干，是因为这事是正确的，是他的义务或是原则的要求等等的时候，我们无需费劲地琢磨，他是否因为具有高尚的道德动机或道德感从而配得上哪怕最少的赞美或尊敬。他配不上，因为他根本就不是出于"道德动机"或义务感而行动的。

请将这些情形同另一种情况比较一下。在各国历史上，有些人曾经身处社会的特权阶层，在那里，由于各种不公、无情、贪婪、傲慢、残忍与轻率行为的受害者都是弱势群体，因此，这类行为就没有被当作不公、无情、贪婪、傲慢、残忍和轻率的表现，对此，我们又该如何看待呢？我们从日记和书信中得知，他们中间有些人对于穷人、奴隶或妇女的悲惨境地会感到痛苦甚至愤慨；有些人或多或少采取了行动试图改变一些事情——因为，他们说，必须缓解这种苦难或不公，继续听之任之是错误的，一个人有义务去做点什么，等等。但我们也知道，他
们每个人采取的依然是被我们现在谴责为不公、傲慢、贪婪……的行为 147

方式。[①]

或许是因为我们特别急于让自己和先辈们的可耻行径撇清关系，所以我们很容易把他们所有明显具备美德的努力都简单地斥为彻底的虚伪，我们要么直接否认他们的行动是“因为觉得此事正确”或是“基于原则”而发生的，要么坚持认为，他们的原则或他们（真正）觉得正确的事情都不足以普遍地或不偏不倚地构成“**道德的**动机”。

不过，就品质而言，他们肯定要比那些对弱势群体的悲惨处境不闻不问的同时代人（更不要说那些以剥削后者为乐的人了）更加接近于理想的美德行为者。如果我们的后代以同样严肃的标准来评价我们，而没有因为“考虑到构成20世纪西方社会特征的可悲的物质主义、贪婪与冷漠”便认为我们有些人“颇有美德”，那我们还算得上是“出自道德动机”吗？还算得上是“因为觉得此事正确”而行动的吗？

要想判断一个人何时积极接纳了一个社会、宗教或教派的邪恶信念，何时仅仅是（可以这么说）被动地背上了它们，这非常困难。但是，尽管很难，而且我们也承认有许多情况无法判断，我们有时仍可以区分两种观点和态度：一种广为流行的观点和态度认为，我们可以合理地期待，社会上的任何普通的正派之人都能看透这一点；而另一种观点和态度则认为，只有超常的非凡之人才能看透这一点。我认为，我们之所以非常严厉地审判纳粹分子，其中一个原因就在于，虽然我们可能需要超常之人来看透当时极其坚固的反犹主义（不仅在德国和奥地利如此，在英国和美国同样如此），但是，那种认为“开始根据种族来划分本国公民

---

① 在讨论“革命的某种令人沮丧的一般特征”时，玛丽·米德雷引用了下面这些例子——即，斯托克利·卡迈克尔认为“学生非暴力协调委员会的女人必定都带有倾向性”这种饱含性别歧视的说法；为女性权利而斗争，但又“把那些没受过教育的女仆从事低贱的劳动视为理所当然”的19世纪妇女；宣称“所有人生而自由平等，但又明确地将妇女排除在外，偷偷地将非欧奴隶排除在外（有些签署者便是如此）”的美国《独立宣言》——从而指出，“人们总是容易看见高于自己的不平等，却看不见低于自己的不平等”。参见Mary Midgley, *Animals and Why they Matter*, (1984), p.72。

的法定权利仅仅是一项政策而已”的观念（更不要说那种认为“把他们投入集中营并屠杀他们是怜悯与正义之举”的观念了）并没有什么坚固可言。当时，任何合理正派的欧洲人，无论他们经历的成长教育是不 148
是反犹主义的，都能够看出来这不对。

我们把有些盲点当作是用以彻底否认美德的充分依据，尽管具备这种盲点的一些人可能做出凭借其他原因而应该被我们称为美德的事情。而另外一些可以被我们当作人的社会化后果而归属到人们身上，并认为只有非凡之人才能发现的盲点，则可以与那些经过恰当限定的美德品质相兼容；考虑到他们所处的社会条件，具备这类盲点的某些人可以是非常甚或格外有美德的。不过，在这种情况下，他们并不是完全有美德的；所以，即便不说他们虚伪，我们也依然可以说他们不具备道德动机，他们并不像那些十足的或彻底的美德之人那样是因为觉得此事正确或出于责任而行动的。

盲点绝不完全就表现为这些样子。谁不会算上他们亲戚朋友中那些他们愿意将其描述为十分慷慨、周到、公正、怜悯、诚实，但在践行这些美德时并不全面、零零碎碎的人呢？我们可以肯定，一般情况下，他们会被描述成那种有规律地、很可靠地“因为觉得此事正确”而采取行动的人，那种持有相当高尚原则的人，那种一般说来也许要比我们更好地出自道德动机的人——可是，哦，亲爱的，他们却会**那么做**。何以至此？我虽然没有仔细考虑，但至少想到了有些恶行，如果你很了解这个人，很爱他，就会为这些恶行感到痛苦。有的人可能在自己出身的问题上撒谎，但在别的方面不会；有的人可能通常对他们不太熟悉的女性有点不公；有的人可能在你所认为的无聊之事上大手大脚（虽然并未花掉他们收入的大部分，但也是一大笔钱）；有的人可能投身于在你看来几乎毫无意义的性行为。或者说得更细微点，一位最大方、最周到的主人，如果看到你把半杯冷咖啡倒入水池而愤怒地说“**浪费了！！**”那么你显然对他会很反感。也许你常常能够让他们意识到，他们本不该这么做

（或本不该这么说，本不该这么反应）—— 但到了下一次，他们依然会兴致勃勃地这么做、这么说、这么反应。或者，也许你无法与他们达成共识：你总会给出同样的反对意见，他们总会给出同样的回答，而争论
149 也总是不了了之。

我们有时会羞于质问他们的盲点，因为，尽管他们确实存在这些盲点而且经常做出让我们有点讨厌、震惊或有瑕疵的事，我们对他们的充分了解却足以让我们知道，无论眼下情况多么严重，他们也总是可以拿出王牌，做得比我们所认识的其他人要好得多。他们是不是有什么（当他们做得好时，他们的行动所依据的）原则呢？当他们做得好时，他们的行动是不是“因为他们觉得此事正确”而发生的呢？一方面，我们想说“是的”，而另一方面，我们却想说“不是”。

根据已经给出的关于道德动机的看法，上述难题没有清晰的解决方案，而且，这种看法似乎更倾向于做出肯定的而不是否定的回答。根据已经给出的看法，对于我们热爱和尊敬的这些人，我们只能对自己说：“是的，他们一般情况下都非常诚实、公正、慷慨、节制……但他们身上确实有这样的盲点，即……”或者，在最后涉及节制的那种情况中，我们只能对自己说：“是的，他们本质上有美德，在严重的危机中你完全可以依赖他们，但是，哦，亲爱的，你得做好准备，容忍他们做出如此这般的行为。”这样的说法提醒我们，不要以为我们身边最亲近的人有这种盲点而我们却没有。

诺米·阿尔帕里和蒂莫希·施罗德介绍的如下这种有趣现象就提供了最新的例证，表明一个人根本不是铁板一块。

> 意志软弱地行动，就是在经过充分考虑之后虽然相信某一行动方案是正确的，但还是采取了其他行动方案的做法。关于意志软弱，讨论最多的情况主要集中于这样或那样的欲望凌驾于判断之上的错误行为……人们本决心说出令人尴尬的真相，但不知怎

> 的,说出的还是谎言。然而,在我们觉得有趣的情况中,意志软弱所带来的却可能是这样或那样的正确行为(我们找不到其他更好的词)。也就是说,意志软弱的行为方案,要优于行为者心中最佳判断所推荐的行为方案。由于这类情形颠倒了我们通常对于意志软弱行为的预期,所以,我们称之为“反向的意志软弱”情况。①

两位作者首先给出了三个“反向的意志软弱”案例:哈克·芬(在他自己看来)没有把逃跑的奴隶吉姆抓回来;尼奥普托列墨斯没有欺 150
骗菲罗克忒忒斯;奥斯卡·辛德勒没有从为他工作的犹太人身上最大限度地攫取利润。② 他们正确地断言,不仅三位行为者的行为,还有他们的动机都是值得赞美的;他们还论证指出,行为与动机所配享的赞美(或谴责)主要取决于该行为及其动机表达行为者“完整自我”或品质的程度。

我基本同意他们的所有看法,但我这里关心的内容和他们的不太一样。我认为,他们毫无疑议地接受了如下标准假设,即,无论哈克、尼奥普托列墨斯和辛德勒在做出他们的那些值得赞美的行动时可能会有怎样值得赞美的动机,绝对一清二楚的是,他们不可能是“因为觉得此事正确”“出于责任”或“基于原则”而行动的。③ 但我在上一章试图消解的,恰恰就是这种假设的根据。一旦我们同意认为,就某个具体情境的“道德动机”而言,理想的亚里士多德主义行为者(他出于 X 理由而采取美德 V 的行为,出于美德而行动)与理想的康德主义行为者可能没太大区别,那么,上述假设的依据(即,要“出自道德动机”,行为者就

① N. Arpaly and T. Schroeder, “Praise, Blame and the Whole Self” (1999), p.162.

② 尼奥普托列墨斯是索福克罗斯的戏剧《菲罗克忒忒斯》中的角色,他拒绝服从奥德赛的令人称道的行为曾在亚里士多德的作品中(1146a19)被提到过。而编剧们也曾强调,他们笔下的辛德勒的动机只出现在电影里,而不一定出现在书中或真实的生活中。

③ 诺米·阿佩里和蒂莫希·施罗德把这三种反向的意识软弱情形说成是完全由欲望所导致的。

必须对自身行为的正确性、对该行为是否是义务或原则的要求具有清晰的、即时的看法）就必须被抛弃。虽然哈克、尼奥普托列墨斯和辛德勒都没有这样的看法，但这一事实本身不足以排除他们可能是“因为觉得此事正确”“出于责任”或“基于原则”而行动的。到目前为止，它仍是一个开放的问题。所以，让我们来考察它。

无论这些故事有没有下面这层意思，我们自然会设想，当这三位反向的意志软弱者行动时，他们的心灵或多或少都对自身行为的**错误性质**（对吉姆的贫穷老主人实施抢劫，不光彩地违背奥德修斯的指令，不仅感受并且屈服于不适合体面人的奴隶情感）当下就有各种看法，而人
151 们可能认为，这肯定足以完全排除“他们仍是‘因为觉得此事正确’而行动”的观念。可是，他们的品质又如何呢？

上述故事确实足够清楚地表明，尽管三位行为者对自身行为的错误性也许有什么当下想法，他们的行动都是有理由的。哈克之所以没有报告吉姆的行踪，是因为吉姆是他的朋友；尼奥普托列墨斯之所以告诉菲罗克忒忒斯为什么奥德修斯会派他前来，是因为这是真相；辛德勒之所以保护犹太人，是因为他们身处绝望，需要保护。不仅如此，这些故事还足够清楚地表明，当他们出于X理由而采取美德V的行为时，他们的行为并没有什么反常之处。尼奥普托列墨斯是诚实的，辛德勒饱含怜悯和勇敢之心，而哈克，以他自己少年的方式，堪称忠诚和挚友；他们品质（或稚嫩的品质）之中的这些方面通过各种方式得以展现。两位成年人并不总是这样（而哈克，对他的年纪来说，也不总是这样），因为，他们有时必定会像那些不够完美的美德行为者一样行动。然而，正如我们所言，“他们的心却是好的”。

对于尼奥普托列墨斯和辛德勒的品质在多大程度上类似于完美的诚实之人或十足的怜悯与勇敢之人，我会说，尽管他们确实认为自己的行为不对，但他们都是“出自道德动机”；他们都是“因为觉得此事正确”“出于责任（感）”或“基于（或出于）原则”而行动的。诚然，他们

相信自己的行为不对，在某种意义上违背了他们**同时**持有的义务或原则；这正是他们比那些完美的美德之人差劲的地方。因此，虽然他们"出自道德动机"，其行为也是"因为觉得此事正确"或"出于责任"，但他们没能像完美的美德之人一样彻底地这么做。

考虑到他的年龄以及血统，哈克就没能做到这一点。我们或许可以乐观地说，既然他这次摆脱了自己所沉浸的种族主义，那他就在开始独立思考正义了，既然他表现出忠诚与友爱的冲动之举，那他就可能正在通往美德的途中。而悲观地讲，我们或许可以指出，根据这则故事，哈克断定自己是个坏孩子，断定自己努力去帮助他人毫无意义。除非这些想法得到改变，除非他（这个可怜的孩子）能为自己心中尚存的信念赢得自尊和勇气，否则，他很可能由于把自己所有的自私、不公正和不诚实行为最终辩解为他忍不住干的事（因为他就是个坏家伙）从而踏上邪恶之途。 152

美德的统一性

上面这些例子展现了人们在道德上并非铁板一块的多种形式，因而可能被认为它们阐释了"美德统一性"学说（即，要拥有任何一种美德，一个人就必须拥有全部美德）的虚假性。可是，如果我们按照亚里士多德的方式阐释这个学说，那么情况就不是显然如此。在《尼各马可伦理学》第六章讨论了实践智慧之后，亚里士多德是这样收尾的：

> 沿着这些线索，一个人可以提出某种辩证的论证，根据该论证，同一个人不可能在所有的美德上获得同等的自然馈赠，因此，他会具备这一种美德而不具备那一种美德，所以我们可以声称，美德是彼此独立存在的。就自然美德而言，情况可能这样；但说到那些使一个人成为一个**绝对的**好人的美德，可能就不是这样了；因

为，拥有实践智慧这种美德，将会相应地拥有全部的美德。①

我们所讨论的情形全都是行为者不能被称作“彻底的好人”的那种情形。如果用“理想的美德行为者”这一标准来评价的话，他们的个别美德或一般美德就都得借助如下说法而予以限定——比如，“虽然不完全有美德，但他的心是好的”，或者“考虑到他们生活的社会环境，他们已经相当/非常有美德了”，或者“他基本上有美德，但……”尽管我们确实接受人们在美德方面几乎并非铁板一块的事实，然而我们也承认美德确实构成了某种形式的统一性。

怎样的统一性呢？“这种”（所谓的）美德统一性学说可以表现
153 出令人眼花缭乱的不同形式，② 此处篇幅有限，无法细讲。但它仍值得一说。③

请再次想想我在前面第131页（边码）否定过的一种美德观，即，美德是完全分离、彼此孤立的（“独立的”）品质特征。第五章所讨论的休谟式的“慈善”就是这样的品质特征，它只是一种关心他人以及受到这种关心驱使而行动的倾向性。勇敢也经常被如此看待，认为它只是在追逐目标时欣然面对危险或无所畏惧的性质。类似的，节制被理解

① Aristotle, *Nicomachean Ethics*, 1144b33—1145a2（黑体为引者所加）。

② 蒂莫希·夏普尔曾经在一篇未发表的文章（很遗憾，现在已经找不到了）中指出，关于美德统一性的学说，（大概）有30种（！）之多。我现在没法记住他是怎么说的，但我记得最开始的8种是：“拥有任何一种美德是（1）即时拥有其他所有美德的充分必要条件；或（2）即时拥有其他所有美德的必要条件；或（3）即时拥有其他所有美德的充分条件；或（4）即时拥有其他所有美德的有利导出条件；或（5）最终拥有其他所有美德的充分必要条件；（6）最终拥有其他所有美德的必要条件；或（7）最终拥有其他所有美德的充分条件；或（8）最终拥有其他所有美德的有利导出条件。”接下来的8种学说在样式上是相同的，只不过把开头变成了“拥有某一种美德（比如，实践智慧）”。

③ 我接下来的论述受到关于美德统一性学说的两篇精彩文章的深刻影响：Gary Watson, “Virtue in Excess” 以及 Neera K. Badhwar, “The Limited of Unity of Virtue” (1996)。

为面对眼前的肉体享乐时自我克制或适可而止的性质，而诚实则被理解为任何时候都不要撒谎的性质，等等。（我不清楚人们是否可以这样来理解正义。）若以这种方式来理解美德，它们很容易同恶德相伴而生，并且，至少在关于“勇敢”与“节制”的情形中，它们实际上还会加剧恶德的程度——从而（人们会认为）明确消解了任何关于美德统一性的实质性学说。

但是，正如我在“导论”中指出的那样，以这种方式来理解“美德”，就根本没有将这些品质特征当作美德。它们不是品质的优秀状态，不是那种依其本性便能使其拥有者成为好人并做出好行为的特征。它们更可能成为错误或缺陷而非优秀，它们会使拥有者做出坏的行为。像这样来理解“美德”，就忽视了亚里士多德的看法，即，每一种美德都包含着实践智慧，包含着正确对待实践事务的理性能力。而且，正如我们此前关于美德 V 的行为者是出于 X 理由而行动的讨论所揭示的那样，这种能力并不是分散而独立地存在各个美德之中，它不会容许（比如说）有的人也许很勇敢但完全不仁慈，或者，虽然很仁慈但完全不节制的情况出现。关于善与恶、利与害、什么值得去做而什么相对不重要的同一类型的判断贯穿于所有范围之中。（一个人，如果没有把减轻他人的痛苦看作是值得追求的善，看作是为了实现它而值得面对危险的事，那他便是缺乏勇敢美德的（尽管不能因此就说他是懦弱的）。一个人，如果他愿意为他人做许多事而让自己付出巨大代价，但他又乐于向妻 154
子隐瞒自己的出轨行径，“因为她不知道这事就不会受伤”，那他就谈不上有仁慈之心。

我认为，我们有时在报纸上看到某些故事时的反应就表明了我们并不相信美德的不统一。我们看到有人做出光彩的事，做出那种似乎需要格外（比如说）勇敢或慷慨的行为。而后来，得知他们还做过一些在道德上令人厌恶的事，我们会感到惊讶且困惑不已。我不仅是在说同一个领域中令人厌恶的事——就像这个案例里可能出现的懦弱或自私,它们会使我们脱口而出地说:我们开始以为他们身上具有勇敢或慷慨,这明显是错误的。我还是在说其他领域的事情;冲进着火的建筑物救出陌生人的那位行为者原来是个强奸犯;将自己大部分收入都赠给无家可归者的那位行为者的谎言却让某个无辜之人遭受牢狱之冤。我们感到惊讶、感到困惑:我们想知道,他们怎能在有的情况下如此光彩,而在别的情况下却如此卑劣呢?这难道不是一个让我们惊讶和困惑的有趣事实吗?

如果我们把美德看作完全分离、彼此孤立的特征,以至于一个人的品质能够(比如说)既是真正勇敢的又是粗鲁而放纵的,或者,既是真正仁慈的又是懦弱和不诚实的,那么,我们就没有理由感到惊讶或疑惑。我们虽然可以指望一位出于勇敢而行动的人,就其勇敢行为而言,是可靠的和可预期的,却无法期待他会多么地友善或诚实。但是,我们是有这种期待的。我们相信美德构成了某种统一性。

不过,问题又来了,它是怎样的统一性呢?上一章的讨论不仅强调过适用于某种具体美德的理由怎样同适用于其他美德的理由联系在一起,而且还突出了威廉姆斯的观点,即,人们之所以不一样,是因为他们对于体现在某种美德理由当中的考虑可能要比体现在其他美德理由当中的考虑更加敏感。谁不知道那些虽在许多方面令人钦佩,却难以成为他人榜样的人呢?而前面关于盲点的讨论则进一步表明,在具体的问题上,人们要么是彼此之间整个地不一样(比如,我们的有些令人钦
155 佩(而不是卑鄙)的祖先在对待劳动阶级女性,或者,实际就是女性的问题上存在盲点),要么是在他们自身内部就有所不同(比如,有些不够诚实的人可能会为他们的祖先撒谎)。因此,看起来,我们相信的只是尼拉·巴德沃所说的美德的“有限统一性”,以及加里·沃森所提出的“统一性的弱命题”。这种观点既承认实践智慧不可能分散地出现,限定在它所适合的这个或那个美德的领域中;同时也承认实践智慧不是一种

要么全有、要么全无的东西。根据该命题，拥有某个美德的任何人都会在一定程度上拥有其他全部美德，尽管在一些情形中，他们只是非常有限地拥有其他美德。

现在，让我们回过头来将这个问题与我们提出的关于“道德动机”的看法联系在一起。根据那种看法，当我们相信“因为觉得此事正确”或“基于原则”是行为者在某个具体情境中的动机时，我们也就是相信他们在出于美德而行动。考虑到统一性的弱命题，那么上述看法便意味着，我们相信他们是某种类型的全面之人——相信我们通过仅仅这一个行为所展示的内容就已经非常“全面”“深刻”地知道了他们的为人。当我们认为他们身上具有稳定的（比如）仁慈或诚实状态时，我们也就在认为，他们至少部分地拥有其他的全部美德。因此，当他们做出其他行为时，我们的惊讶和困惑往往会让我们说——“可是他们真残忍！”“他们根本就不诚实！”我们之所以会惊讶和困惑，就是因为我们觉得，我们已经把他们等同于那种在各个方面至少都颇具美德的人了。

我们现在锁定了困惑，但还没有解决困惑。不过，既然已经锁定了它，我们也就知道该在哪里寻求解决的方案——就在行为者的品质之中。或许，我们并没有正确理解那种在道德上令人厌恶的行为；它也许与品质无关，而是行为者在面对极端诱惑或身处极端条件下的一种意志软弱的表现，但我们对此并不知情。或许，我们也没有正确理解光彩的行为——它可能不是出于X理由，而完全是一些过多体现该行为者个性的难以名状的举止。或许，它完全与品质无关。或者，也许它不但与品质无关，而且，正如纳粹分子或极端种族主义者的情况所揭示的那样，无论如何，它其实根本就不是出自与美德之人相类似的某种品质。一旦我们搞清楚行为者的品质是什么，搞清楚它在多大程度上类似于美德之人的品质，我们就能知道他在多大程度上可以或者不可以称得 156
上是具有“道德动机”的人。

美德行动的最初时刻

有一种根深蒂固的观点认为,我们可以正确地将“道德动机”(即,因为觉得此事正确而行动)归属于行为者,但无需将任何的美德品质归属于他们;这样的观点是和如下看法联系在一起的,即,世界上存在着某种高品质的“道德正确行为”的最初时刻,它是行为者在其平庸、自私甚或恶劣的生命中头一次“因为觉得此事正确”而做出的正确行为。我猜想,这种观点源于宗教里面有关拯救可能性的看法;任何一个有罪之人都不会偏离得太远,以至于无法在自己内心发现那种神圣的火花,那能使其做出正确行为的灵感,亦即,完全正确的行动的源泉。不过,即便那些明显没有受到拯救思想影响的人,也会通过引用各种案例作为例证而坚持上述看法。我将声称,这种看法是糊涂混乱的,它是人们没有充分地填入案例细节而造成的结果。

人们常常喜欢引用的一个例子是“出乎意料的勇气”。在人们眼里“绝对普通”“毫不勇敢”的某人突然“一反常态地”做出极具英雄气概的行为。据说,“人们常常可以在报纸上读到这样的事情”。可是,报纸上有说过这个人或者她的行为就是一反常态的吗?如果说了,根据何在?她也许确实开车胆小、害怕老鼠,也许至今仍然过着普通的生活,在那里基本上(如果有的话)很少出现需要“勇敢”美德的情况——但这并不足以说明她就缺少这种美德。如果她认为,冒着生命危险去反抗暴君或挽救他人的人要比那些不切实际、多愁善感的傻瓜或鲁莽粗心的笨蛋更令人钦佩,如果她正在努力地将自己的孩子培养成为勇敢之人,如果她因为听说有的父母自顾逃命,放任自己孩子受到恶狗攻击而感到惊骇不已,那么,她的行为就不是一反常态的。试着把她想象成在这些方面完全相反的人,认为她的行动就是一反常态的,这没问题——但还要说她“出自道德动机”,那就不对了。如果报纸上

提供给我的是与那些细节完全相反的东西，而又说她做出英雄行为是 157
“因为她觉得此事正确”，那么，我会把这篇报道扔到一旁，认为它不足为信。

然而，她难道不会受到什么启示吗？这把我们引向常常被人谈及的另一个例子。在上章，我讨论了如下情况：爱或成功对于人的行为和视野具有某种暂时的转变作用，使他们一反常态地行动。不过，尽管我们知道爱能有这种简单的转变作用，我们不也相信爱能有一种更深刻的作用并能实际地改变人的品质吗？传说会将这种偶然的效用归因于一个好女人的爱意；宗教则把它归因于上帝的活动。我们无需同意这两种看法也依然可以认为，在有的时候（也许很少很少，但有的时候）人们是能够“突然开窍”的，他们能够睁大眼睛搞清楚人生真正的善与恶是什么，能够在观察的过程中改变自己的品质。

确实有许多重获新生的基督徒很快便再次堕落，也确实有些表达过忏悔的享乐主义者会重拾旧路，但是，并非每一个基督徒、每一个享乐主义者都是如此。而我们当然可以把“道德动机”归属于他们重获新生之后的最初行为。我们是否可以说，这些并未重拾旧路之人最初的美德行为，即，在他们经历了一段自私、挥霍与放纵的人生之后而能做出节制、公正或体谅行为的最初时刻，他们是不可能出于美德地（因为觉得此事正确而）行动的，因为他们的行动并非出自稳定的美德品质状态？

是的，他们不可能那样，但这并未表明我们就可以正确地将“道德动机”（即，因为觉得此事正确而行动）归属于他们，而无需将任何的美德品质归属于他们。因为，既然行为者已经转变了，那么她出于某种稳定的美德品质状态而行动，才是故事的关键。诚然，她的品质状态仅仅通过一次突然的转变而刚刚确立、生成和形成，还远远比不上一贯如此稳定的品质状态。但是，我们身处的是一个事情“大致”为真的领域，而且我也说过这类情况非常少见。当然，就我们知道的而言，如果考虑到他们重犯错误的通常几率,那么,当我面对这种一直都是挥霍浪荡之人最初采取的少数节制或体谅行为而说出我并不知道他们是否出于美德地行动时,我就不应该属于过分的怀疑论者。不过,如果你描绘一幅关于最初的公正或节制行为的画面,并将其标为"由重新塑造的品质所提供的最初的公正或节制行为",那么,我可以一以贯之地补充一个更
158 进一步的标签,即,"出于美德而行动的保罗,因为他是觉得此事正确亦即出于美德品质而行动的"。根据那个故事,美德的品质正是前往大马士革的沿途异象使他有所转变从而获得的东西。①

然而,如果你描绘出一幅关于公正或节制行为的画面,而后又描绘一幅连环画,讲的是同一位行为者令人吃惊地忽略了这么做的其他机会,还干出一些完全不公和放纵的事,从而你把连环画的开头部分称作"扫罗最初的和唯一的美德行为",那么我会声称,假设扫罗能够"因为觉得此事正确"、"基于原则"或"出于责任(感)"而做出美德V的行为,这是前后矛盾的。你无法将第一幅画面称作"扫罗是因为觉得此事正确而行动",正如你不能说"扫罗的整个品质在他的生命中仅仅改变了五分钟,之后它便恢复原样了"。品质的改变必定是深层次的、全方位的,而说它是深层次的,部分含义就在于它并非昙花一现。

况且,由重新塑造的品质所提供的最初的美德行为,并不完全是一开始所想象的那种"高品质的道德正确的行为"——除非它受到了神的眷顾。因为,即便我们允许品质的突变,那也只有超自然的干预力量才能使此前一向十分缺乏美德的人变得比颇有美德的人更棒。不仅过去的行为习惯和反应习惯很难改掉,而且,我们这位被重新塑造的行为者,在获得一名彻底的美德之人所必需的敏感性、洞察力与想象力之前,还有许多东西要学。先前仅仅考虑自己的一位成年

① 与我上章提到的可能性(即,突然丧失信仰会使人的品质变得更糟糕)相比,这种情况是完全相反的。

人，现在尚未准备好要将自己刚刚确立的同胞之爱很好地付诸实践；先前无情地追逐金钱和权力而如今则视之为粪土的某个人，也无法像他应该做的那样最为适合地面对志向平凡的人们。因此，在最初的时刻，作为一名颇有美德，但还远远谈不上最有美德的人，他只是部分地而非完全地"因为觉得此事正确"或"出于责任"或"基于原则"而行动的。

结　　论

以上两章的主题是，一个有美德的行为要想"出自道德动机"，其充要条件就在于它源自一种与最具美德的行为者在行动时所依据的品 159
质状态十分类似的稳定的品质状态。其核心观念在于，请允许我重复一下我开始的说法，把"道德动机"（即"因为她觉得此事正确"）归属于行为者，就是在把远远超出行动时刻之外的某种东西归属于行为者。这是一种关于"行为者是怎样的人"的断言——一种贯穿全方位的断言。（因此在我看来，这的确是我们伦理思想的重要特征。我们对行为者的行为做出这样的归属，就是在对她给予最高的赞扬。）这种观念告诉我们，某种程度上相当于"这是正确的/有美德的/高贵的/我的义务"的即时想法，不仅不是具备道德动机的必要条件，也不是它的充分条件。

值得在结论中指出的更深层后果是，当这样的归属是以第一人称进行时，情况也依然如此。尽管我（除非是非常地自欺欺人或是有严重的神经质）通常能对自己的行动理由做出很权威的判断，我却不一定能对自己的行动是不是"因为觉得此事正确""基于原则"或"出于责任（感）"而发生的做出权威的判断，这甚至要比我对"自己是否知道或理解某事"而做出的判断更不靠谱。因为，让我证明"我是因为觉得此事正确而行动的"，完全超出了我在行动时对于自己的了解，对于自身品质状态的了解，以及，对于这种品质状态是否与最有美德之人的品质状态充分相似的了解，我对自己这些方面的了解显然是易错的——就像
160 康德本人很可能会同意的那样。①

① “我们总是喜欢通过虚假地声称某种高尚的动机来欺骗自己，而事实上，即便是依靠最严格的自我反省，我们也永远无法搞清楚我们那隐秘的冲动；因为，就道德价值的问题而言，我们所关注不是我们能够看得见的行为，而是我们所看不见的这些行为的内在原则。” Kant, *Groundwork of the Metaphysics of Morals*, p.75.

第三部分

合 理 性

第八章
美德有利于其拥有者

前　言

本书的最后一部分将进入到关于美德伦理学"道德客观性（或合理性）"问题最困难、最具偏见性的领域。任何理性的读者都不会假定说，我在余下这四章将证明"道德是客观的/在理性上是可论证的"；任何善意的读者也不可能假定说，我会傻到要去尝试这项任务。在很大程度上，我的目标更温和，也更具纲领性。我相信，新亚里士多德主义的美德伦理学思路的某种独特的，但常常没有得到承认的内容有助于讨论该问题，而我就想谈谈这方面的内容。由于"实践出真知"，所以它是纲领性的。目前，从事学术研究的哲学家及其研究生们都在努力探究道德客观性的问题，但很少有人试图根据我在这几章将要描述的线索来破解它。[①] 据我所知，虽然他们的方法仍然不错（即使谈不上正确），但我认为我所提出的美德伦理学的方法似乎颇有前途（即使谈不上更有前景），我认为它是值得认真关注的。如果有很多哲学家都尝试遵循

① 在我看来，富特和麦克道威尔是两个引人瞩目的例外。不过，虽然看起来我在这几章里面说的大部分内容是从他们那里来的，但我知道，富特对于其中的很多方面都不会同意，而且我估计麦克道威尔不同意的地方可能会更多。

这种方法,那会发生什么呢?对此,我们拭目以待。

然而,我关注的是“这个”问题的哪个版本呢(因为它可以表现为不同形式)?

在第一章,通过比较行为功利主义、简单的义务论以及美德伦理学用以界定正确行为的不同方式,我指出,后两者存在很严重的认识论问题。义务论者,在他的第二个前提中,不得不给出一句有待补充完整的话:

163

> 前提 2:正确的道德规则(或原则)就是……

而美德伦理学同样也不得不给出一句有待补充完整的话:

> 前提 2:美德就是一种……的品质特征。

而且,我还说过,在这两种情况下,我们都因此面临道德文化相对主义或(甚至更糟)道德怀疑主义的危险。如果我们在补充前提 2 时仅仅是说“下列清单上的内容”,并且提供一份清单(“必须遵守诺言、不要撒谎、不要杀人 / 无辜者……”或“节制、勇敢、仁慈、诚实……”),就会引人质疑:“这**是**正确的清单吗?你怎么知道的?”然而,我们还有其他方式能够将前提 2 充分地补全吗?恐怕不能。我觉得,我们也许只能列出被我们自己的文化或社会所接纳的规则或品质特征,从而承认我们的行为评价在文化上受环境的约束,这些评价“对我们”是真确的,但对别人不是。甚或更糟的是,我们也许不得不同意说,人们根本无法知道某个具体行为是否正确;他们只不过相信它正确,因为它合乎人们私下里希望坚持的某条规则,或者,因为它是人们希望成为的那种人通常将会采取的行动。

义务论者是否以及如何能够证明他们所列出的规则具有合法性,

这是值得他们讨论的问题。而对美德伦理学者来说，问题在于，我们是否以及如何能够证明“哪些品质特征属于美德”的具体观点的合法性。我们能否寄希望于获得一种得到论证的信念呢？即，某些关于“哪些品质特征属于（而哪些不属于）美德”的观点是客观正确的。[①] 这就是我所关心的问题。

对于该问题，虽然我会给出（带有严格限定的）肯定回答，但为了不引起错误的预期，我一开始就应当指出，哲学家对于这方面的满意回答设立了不同标准，而有的人可能认为我的标准太低了。因为，我和麦 164
克道威尔一样假定，合法性必定是从后天获得的伦理视野内部产生的，而不是从外部的某种“中立”观点中产生的。

人们对于这种“合法性”的担心是，它根本无法提供理性的论证，而仅仅是循环论证，注定成为针对个人的或受到文化灌输的价值观念的简单合理化。我们可能会说，这是人们在试图表述伦理的合理性或客观性时常常遭遇的困境。如果我们是从自己的伦理视野内部出发，试图证明我们伦理信念的合法性，那么，我们只会重述这种视野，而没有对它予以真正的反思审查。（当有人指出黑手党毒枭、追逐快乐的利己主义者或“道德怀疑主义者”能以某种方式提出针锋相对的意见时，“我们并没有真正地审查我们的伦理视野”这一点就变得非常明显。）于是，看起来，我们唯一的替代选项就是从我们伦理视野的外部出发，从“中立的观点”出发；几乎只能这么做。而许多哲学家认为，这要么是不可能的，要么就算在最好的情况下也得不到什么东西。

但是正如麦克道威尔在多篇文章中论证的那样，[②] 在针对如此困境

① 我从威金斯的如下这篇文章里借用了这种表达方式，把它稍加改造成与美德有关的观点，参见 Wiggins, “Eudaimonism and Realism in Aristotle’s Ethics: A Reply to John McDowell” (1995), p.229。

②（在我看来）最有启发性的是论文 John McDowell, “Two Sorts of Naturalism”, (1995)。

的不同看法之间,还有一条路径——即,伦理学的纽拉特步骤,它是对奎因所赞同的那种纽拉特步骤的反映。

在撰写"理性评价我们整个概念框架"这一非常宏大的话题时,奎因说道:

> 我们不一定马上就会得出宿命性的结论,即,我们无法摆脱我们赖以成长的概念框架。我们可以一点一点地、一块一块地改变它,尽管与此同时,除了这种逐渐演变的概念框架本身之外,我们没有其他东西可以依靠。纽拉特将哲学家恰当地比作在苍茫的大海上重建船只的水手。尽管我们需要继续仰赖它的支撑,我们可以一点一点地改进我们的概念框架、我们的哲学;只不过,我们无法让自己与之脱离,也不能将它同一种未经概念化的实在进行客观比较。[①]

现在,只要我们牢牢记住纽拉特所说的"知识不可能建立在**独立的**基础上",我们就会发现**彻底的**伦理反思(即,对一个人的伦理信念展开批判性的审查)乃是可能的,尽管这样的审查是从人们后天获得的伦理视野内部开始的,它却能够提供真正的修订,而不仅仅是重复这种
165 视野。

据我们所知,对于从后天获得的视野内部开始推演,人们担心的是我们在特定历史时期和特定文化中,经过特定成长历程而获得的视野有可能是"完全错误的"。伦理学中的基础主义者认为,解决该问题的唯一办法(如果有的话)乃是采用一种经过修正的笛卡儿主义怀疑法。我必须抛弃我的所有伦理信念,从而将剩下来的东西当作确定的知识(即,可以凭借"中立观点"、科学和逻辑而承认的事实)并努力在

① W. V. O. Quine, "Identity, Ostension and Hypostasis", (1950), pp.78—79.

此基础上重建我的伦理信念。通过这样的尝试,我会发现,在我已经获得的伦理视野中什么是正确的(如果有的话),什么又是错误的(如果有的话)。

纽拉特的思路并未排除同样的担心——即,我们后天获得的伦理视野有可能是完全错误的。该思路所否定的仅仅是“我们要么能够发现它也许完全错误,要么能够**迅速**修缮它从而获得全新的正确视野”的看法。因为,从理论上讲,纽拉特的小舟可能经过好多年会成为提修斯的战舰而不再剩下原来的一块船板。于是,在某种意义上,我们或我们的后代是可以回顾我们由之开始的伦理视野,并回溯性地将其斥为“完全错误的东西”。①

接下来,我假定(但不做任何论证)麦克道威尔的主张是正确的(即,抽象地讲,在上述困境的两难之间,还有一条路径)。换言之,我假定他展示了一种我们可以为“哪些品质特征属于美德”的信念展开理性的证明的空间,既不会受困于伦理学基础主义的过分要求,又不会受困于“无非是对个人的或受到文化灌输的价值观念的简单合理化”这种烦人的说法。通过反思审查而一点一点浮现在人们伦理视野之中的具体判断,或许正意味着关于这种视野的改变,而不是对它的表达。而构成这种伦理视野并在经历反思性审查之后仍然得以保留的具体判断,也不再是仅仅对它的重述;不妨说,这些判断现在说的是,它们已然通过了审查。 166

但是,确立一种空间的存在,并不是要对空间里所填充的内容进行说明。一般的看法是,我拿出我的某个信念(比如,勇敢是美德),并且,我在坚持不改变自己伦理视野其他内容的条件下,对该信念提出质疑。它是真实的吗?可是,在此以后,我的目标是什么?我怎样着手尽力证

① 我之所以说“在某种意义上”,是因为我们无法确定,拥有全新视野的我们或我们的后代能否十分恰当地理解一开始的视野,并将它描述为“完全错误的”。我们可能仅仅觉得它是完全不可理解的,因而既谈不上正确,也谈不上错误。

明这个信念的合法性？新亚里士多德主义的美德伦理学的回答（我们正是从这开始的）是转向自身理论的第二个前提，即，

> 美德就是人为了实现幸福、兴旺繁荣或过得好而需要的品质特征。

虽然我依旧坚持该主张，但目前应该指出的是，情况要比通常所想的更复杂——也比我一开始表述它时所想的更复杂。[①]（并不奇怪的是，人们会想，这样的"前提 2"能够有多大分量。如果人们还记得围绕如下问题的讨论——即，"正确的道德规则就是人们意欲其成为普遍法则而设立的规则"是什么意思；身处罗尔斯无知之幕背后的理性行为者会做出怎样的决定；甚或，功利主义的第二个前提应该是什么——仍有大量工作要做的话，那么他们就可以预料到，美德伦理学所提出的任何形式的前提 2 都会引起争论并亟须进一步的澄清。）我现在认为，这个主张包含着一些内容，我愿意将其标示为（而不是描述为）"柏拉图对美德提出的要求"[②]。我将表明它由三个命题组成。

> （1）美德有利于其拥有者。（它们使其拥有者兴旺繁荣，过上一种幸福的生活。）

---

① 参见 *Beginning Lives*, ch.6.

② 由于我远远不是研究柏拉图的学者，所以我并不想声称这三个命题真的就出现在柏拉图那里，更不用提我接下来对它们的那些解释了。不过，我把有关它们的看法归功于同朱利乌斯·莫拉威斯克的一次交谈，在那次交谈中，他把与这三个命题非常类似的某种东西归属于柏拉图。后来，我从茱莉亚·安纳斯那里受益匪浅，她把柏拉图的正义论证巧妙地放在一个"围绕正义的许多现代讨论的双方都广泛认为站不住脚"的位置上。参见 Julia Annas, *An Introduction to Plato's Republic* (1981)，尤其是"后果主义论证"索引条目下的内容。

（2）美德使其拥有者成为好的人（为了生活得好，享有**作为**人的兴旺繁荣，过上一种典型的善的和幸福的人类生活，人需要美德。）

（3）美德的上述两种特征是彼此关联的。 167

让我们借助非常粗线条的阐述来考虑一下，一位相当诚实的哲学家在询问自己“诚实这种品质特征有什么好处”时，他所可能给出的两种极为不同的答案：

（i）与不诚实相比，诚实要容易得多；你不必时时刻刻注意自己的言辞，不必操心你所应该说出的话的细节——你在大多数情况下就是实话实说。撒谎常常很没意义，而且是愚蠢的。人们都明白，而你看上去却像个傻瓜，拼命地伪装，好像自己从未犯错，好像自己令人钦佩（其实你并非如此）。诚实是良好关系的必要组成部分，能使你们之间彼此信任；正如培根所说：“友谊结出的重要果实是轻松快意，让人卸下心灵的负担……除了真正的朋友，没有什么可以让人打开心扉，你能向他倾诉压在心头的所有事情。”有谁愿意让别人因为他的表象，而不是因为他的实质去热爱和尊敬他呢？并且，对于做好哲学、教好哲学来说，诚实也是必不可少的；试图得出流行的观点，并无乐趣可言，只有在追求真理的过程中，才能获得乐趣；如果你不能让学生相信你在乎真理胜过其他一切，你便无法给他们启迪。

（ii）诚实在人类生活中发挥着非常重要的作用；它使人们彼此依赖，彼此信任并结成亲密关系，相互学习，富有效率地从事科学研究、运行各种有益的和／或有价值的制度。想一想我

> 们在人类生活中是多么经常地依赖如下这种简单的事实吧：你可以向陌生人询问时间或路线，并且合理地期待可以获得诚实的回答。

我相信，很清楚，这两种回答的巨大差异在于，前者可以被视为是对“我的诚实，**对我来说**，有什么好处？”甚或“变为诚实之人，我可以期待或享有什么？为什么我要乐于成为这个样子”这类问题的回答，而后者则可以被视为是对“诚实为什么使其拥有者成为好人”这类问题的回答。前一种回答与命题（1）相匹配，后一种回答与命题（2）相匹配。至于命题（3），我相信，同样清楚的是，尽管答案（i）和（ii）存在差
168 异，两者却彼此关联。答案（ii）含蓄地揭示出人类生活中存在着哪些重要的东西（彼此信任并结成亲密关系，运行各种各样我们能在其中相互学习的制度，比如大学），而答案（i）则把这种看法含蓄地归结为一个人针对“**自身的**兴旺繁荣由哪些部分组成”的私人观点。如果只有古怪的野人才具备通过答案（i）而表达的私人观点，那么，答案（ii）对于“人类生活中存在哪些重要东西”的主张便不足为信。答案（i）依赖于答案（ii）里面有关人类生活运行方式的看法。后者假设了亲密的人类关系需要诚实；并且假设，人类彼此学习、推进（至少哲学方面的）研究也需要诚实。

我相信，同样清楚的是，答案（i）至少是若干论述的集合，它只可能来自具有某种特定的伦理视野的人，根据该视野，践行诚实（至少对自己最亲近的人诚实，在追求哲学真理的过程中诚实）部分地构成了给出这一回答的人们关于繁荣兴旺或生活得好的理解。

前面我说过，我认为，新亚里士多德主义的美德伦理学思路有某种独特的但常常未被承认的东西，可以用来破解“道德合理性”问题，但是，在某种意义上，它也并不是没有得到承认。许多熟悉菲莉帕·富特《道德信念》一文的人都承认，美德伦理学提供了合乎命题（1）的主张，

而在其他人中间，[①] 威廉姆斯最为突出地表达了如下这个熟悉的观点，即，亚里士多德的自然主义提供了合乎命题(2)的某些内容。而我认为常常没有得到承认的是，无论命题(1)还是命题(2)都能有所发展，而且美德伦理学能以彼此关联的方式提供二者。[②] 在下面几章，我将试图证明，两者能够彼此关联地发展；它们不是各自独立而是联合起来为 169
我们提供一种框架，在其中，我们可以着手证明我们心中关于"哪些品质特征属于美德"的信念的合法性。

纲领性的命题就是这样。当我们以哲学反思来询问自己如下问题时——"A 真的是美德吗？那么，有 A 之人将会采取的典型行为(如果不考虑悲剧性困境的话)就是正确的行为或好的行为吗？我是否有合理依据可以相信这一点，进而相信有 A 之人将会采取的典型行为就是我所应当采取的行为？"——我们应该同时引入命题(1)和命题(2)。之所以"应当"引入它们，是因为这看起来是一条可供遵循的真正有前途的道路。而上述命题之所以是纲领性的，则是因为，正如我前面所说，迄今还没有人对它进行细节化处理，而且在进行细节化的努力之前，也没有人(包括我自己在内)能够有把握地说它的承诺就不会失败。

我一开始强调命题(1)和命题(2)彼此关联，而现在我将对它们分别展开讨论，稍后再把它们结合起来。本章的余下部分将讨论命题(1)。

---

① 其他人当中，尤其参见 Gary Waston, "On the Primacy of Character"："过一种典型的人的生活(作为一个人而很好地发挥功能)需要具备并且展示某些特征，*T*，因此，*T* 就是人的卓越性，并且使其拥有者成为那种意义上的好人。"

② 富特在"Moral Beliefs"一文的脚注中(Foot, *Virtues and Vices*, pp.130—131)对命题(1)予以了否定，而威廉姆斯描述命题(2)也只是为了否定它，并且，他认为我们无法回到亚里士多德的规范性的自然观念。就在我写作本书的过程中，富特在她已经发表的作品里仍然否定命题(1)而积极地捍卫命题(2)，参见她的哈特讲座"Does Moral Subjectivism Rest on a Mistake?"，(1995)，以及文章"Rationality and Virtue"(1994)。而麦克道威尔，根据我对他的理解，尽管最终在一定程度上承认命题(2)(参见 McDowell, "Two Sort of Naturalism")，但他对于命题(1)能够充当判断某个品质是不是美德的标准仍表示坚决反对。

反对的意见

人们常常认为,“美德有利于其拥有者,因为美德能使她繁荣兴旺,获得并过上一种幸福生活”这一主张的目的,是为了给多数人或每个人提供一种动机理由,使之成为合乎标准美德清单的美德之人(或说道德之人)。而对我来说,重要的在于强调指出,这并非我倾向于该主张的主要理由。在我眼里,该主张只是针对标准清单展开批判性反思(即,对人们心中“哪些品质特征属于美德”的观点的正确性展开批判性反思)这项事业的出发点。

然而,为了做到这一点,该主张在标准清单的问题上起码必须具备
170 表面的合理性,[1] 因此,我需要为该主张辩护,反对那些通过把它当成一种关于标准清单的主张而认为它显然错误的人。

澄清当前问题的第一个必要步骤是,承认“具有美德(诚实、公正、仁慈,等等)是否有利于美德之人?”这个问题的歧义性。它既可以意味着:“在特殊的情境中采取美德行为或表现出美德,是否一直有利于行为者?”(我称之为“特殊问题”)也可以意味着:“拥有和践行美德,总的说来是否有利于具备它们的人?”(我称之为“一般问题”)对于其中一个问题的恰当回答,或许对于另一个问题来说并不恰当。[2]

第二个必要步骤是,承认人们可以在非常不同的语境中考虑“(标准清单上的)美德是否有利于其拥有者?”这个问题。如果我们在考虑如何评价邪恶之徒或道德怀疑论者的哲学语境中否认美德有利于其拥

① 在这个意义上,我同意(“Flourishing and the Faliure of the Ethics of Virtue”, 1998一文中的看法:如果一个人打算像我们(自以为)了解它们的那样,为美德提供一种论证,那么他最好不要一开始就立刻承诺要把残暴、自私、不诚实、不忠诚……证明为美德。

② 富特说:“之所以有些人觉得几乎无法证明正义比不正义更好,是因为他们仅仅在孤立地考虑具体的行为。”参见 Foot, “Moral Beliefs”, p.129。

有者,却没有注意到我们在其他语境中,比如在考虑如何抚育自己孩子时,承认美德有利于其拥有者,那么我们可能会觉得不对劲。

缺乏这些步骤,许多讨论就没法进行。让我从“具有(合乎标准清单的)美德是否有利于美德之人”的歧义性开始吧。

在讨论该问题时,人们通常采取的形式——即“为什么我应该成为道德之人(或美德之人)”——恰恰存在同样的歧义性。“在特殊的情境中采取美德(比如,诚实、勇敢或仁慈)行为是否一直有利于行为者,使她繁荣兴旺?”对于这个“特殊问题”,很明显,答案是否定的。因为可能出现如下情况,比如,大胆地说出我应当说的话,我会被关进精神病院,接受强制性的药物治疗;还有可能,勇敢行为会让我落下终身残疾;还有可能,如果我采取仁慈行为,我会因此丧命。在这样的情境中,对于“特殊问题”的回答,恰恰不能是“如果你想要幸福,想要过上一种成功、兴旺的生活,你就应当**此时**采取诚实、勇敢或仁慈的行为——你会发现这么做是值得的”。(在世俗道德中,情况就是这样。
当然,如果我此生之后还有来生,那情况会有所不同。我稍后将讨论这 171
样一种人,他们即便立足于世俗道德,也不承认如果我的美德行为导致我的死亡或残废,那么我就算是受到了损害。)

因此,把“特殊问题”暂时放到一边(它很快会再次出现),让我们集中精力关注“一般问题”,即,(标准清单上的)美德是否有利于其拥有者,使她总的说来能够繁荣兴旺?在这方面,同样有许多人相信,基于如下两条理由,必须给予否定回答。第一条理由认为,美德不是幸福的充分条件,而第二条理由声称,它也不是必要条件。它之所以不必要,是因为人们常常发现,邪恶之徒会像茂盛的月桂树一样兴旺发达。而它之所以不充分,则是因为我们在考虑“特殊问题”时会面临上述令人不愉快的情况。(我说过它很快会再次出现。)只要人们承认在某个特殊情境中践行美德可能没命或者可能毁掉自己的生活,那么,“美德是幸福的充分条件”这一主张便会大打折扣。

对于第一条理由，我们有种轻松的回应方式，即，人们不应当把“美德有利于其拥有者，使她繁荣兴旺”理解为是在提供保证或充分条件。[1]

假设我的医生说：“你戒烟、有规律地锻炼、适量饮酒的养生方式对你有好处。”她的理由是这种方式让你的身体兴旺、健康，过上长寿健康的生活。但是，她并未因此就确保我必定过上长寿健康的生活。如果我遵从她的建议，但仍在中青年时期患上肺癌、心脏病或肝病，这不能说她的话不对；我不能回去找她，说：“你让我戒烟什么的，这错了——你看，这些方法根本没用。”她和我都知道，按她的话来做并不确保百分之百的健康；尽管如此，只要百分之百的健康是我追求的东西，那我就只能遵从她的建议，并且希望自己别那么倒霉。

与之类似，“美德有利于其拥有者”这一主张也并没有说，具有美德就确保一个人繁荣兴旺。它说的是，美德是唯一可靠的赌注——即便人们都说我倒霉，即便恰好是我的美德让我英年早逝或者让我的生
172 活一塌糊涂。

美德只不过是有让生活崩溃的风险（仿佛恶德就没有同样风险似的），为什么因此就该认为美德不是实现繁荣兴旺生活的唯一可靠的赌注呢？我待会再回头来处理这个难题。现在，让我们强调指出，用健康问题来作类比，以及“获得和践行美德是唯一可靠赌注”的断言似乎使我们面临着第二种反对意见。为什么我们就必须接受说，获得并践行美德乃是“唯一可做的事情”，仿佛美德是幸福的必要条件呢（尽管不是幸福的充分条件）？既然我们承认一个人的生活可能面临中断或毁灭的危险，那么，只要我们有所感触的话，难道不应该去寻找替代性的选择吗？那些像茂盛的月桂树一样兴旺发达的邪恶之徒，难道不正好提供了一种替代性的选择吗？

---

① 当我承诺要为“柏拉图的要求”进行辩护时，我所承诺的是，要为本章一开始提出的主张做辩护，而不是为柏拉图的主张做辩护；在他眼里，美德理应是幸福的充分条件。

对于这一反对意见，我们也有种轻快的回应方式，同样采用了医疗的类比。我的医生针对“我应当如何生活”所给出的正确答案，是否意味着，遵从她大致描述的养生方式就是获得长寿健康生活的必要条件呢？并非如此，因为，如果它有这层意思的话，那么它就很容易被证伪；报纸上每隔一段时间都会报道说，有人对医生提出的至少部分要求是嗤之以鼻的，他们却相当长寿，其健康状况达到了他们那个年纪的人所能期望的水平。（就在我写这段话时，一位极其长寿的法国老太太已经活到了 120 岁，而她是在 115 岁时才戒烟的。）说“美德在大多情况下有利于其拥有者，使之繁荣兴旺”，并不是说“美德就是幸福的必要条件”。它说的是，没有哪种“养生方式”会更为有效 —— 没有别的可供选择的“养生方式”会更加合理。

就像诉诸“我的美德会让我生活崩溃”的可能性一样，在辩论中诉诸那些繁荣兴旺的邪恶之徒，这是有点荒唐的。如果考虑到医疗方面的类比，那么，有些邪恶之徒过得繁荣兴旺 —— 比如，某些先前管理集中营的纳粹分子后来逃到南美，过上安逸享受的生活（也许还有不少人仍在这样过）—— 这个简单的事实就应该是无足轻重的。逻辑上讲，他们的存在对于“美德有利于其拥有者”这一主张的正确性所带来的冲击，同那些常常抽烟、喝不少酒的极少数百岁老人的存在对于医生那种说法（即，“不抽烟、适量饮酒、有规律地锻炼的养生方式有利于这样 173
做的人”）所带来的冲击，是同样少的。要想贬低前面给出的回答，人们不仅需要一些例证，而且需要一清二楚的模式。反对的意见不应当是“如何看待那些生活在南美的少数纳粹分子和身负命案的银行劫匪？”而应当是“如何看待我们生活里能够察觉到的那种恶人得意洋洋、好人沉沦沮丧的模式？”

现在，有人可能用关于生活模式的这种断言来反对“美德有利于其拥有者”的观点，对于这一反对意见，我稍后将会提到。不过，在哲学文献中，通常很少有人提出这样的反对意见。构成绊脚石的，只是少数侥幸逃脱惩罚的邪恶之徒；他们的情况属于第二种难题。

对于这两种难题，我相信，至少可以部分地用下面这样的原因来解释：那些注意到“我的美德有可能让我的生活崩溃”以及／或者“邪恶之徒有时会像茂盛的月桂树一样兴旺发达”等事实的人们，也许不知不觉地把这些难题当成了邪恶之徒或“道德怀疑论者”在我们根据美德带来的利益而向他们推荐有美德的生活时将会做出的明显反应。这些人估摸着，如果我们试图说服他们相信美德的生活值得冒险，而恶德的生活（很明显，它有它的风险）不值得冒险，那我们将是无法成功的。他们只会嘲笑我们，仍然过着他们快乐的邪恶生活，并且认为我们的回答完全错误。

到了这个讨论节点，我们就需要采取我所说的“第二个必要步骤”，思考一下我们可以考虑“美德有利于其拥有者”的不同语境了。

不同的语境

人们非常容易假设，如果无法让邪恶之徒或道德怀疑论者相信“美德有利于其拥有者”（因为拥有美德是过上幸福生活的唯一可靠的方式），那么就会贬低这一主张，表明它一般来说是不正确的、不可能成功的。可是，一旦人们要去证明该假设，却会发现它并没有那么明显地正确。我们（我是指我自己和你们，我的读者们）几乎没人愿
174 意浸染于恶德或是成为名副其实的道德怀疑论者。因此，我们相信许多我们知道自己无法说服他们的事，但我们不会仅仅因此就把那些信念斥为不正确的。在将“美德有利于其拥有者”当作不可能成功的东西加以抛弃之前，我们应该看看，我们在其他语境是怎样对待它的。

R.M. 黑尔敏锐地考察了如下问题，即，当我们抚养自己的孩子，当我们说“让他们为生活做好准备”并开始对他们进行道德教育时，我

们是如何对待上述主张的。[①] 为什么我们要对自己的孩子进行道德教育——我们的动机是什么？有一种答案可能是，我们认为，如果我们将孩子培养成美德之人而不是缺乏教养的自私自利之徒，那么我们自己的生活会轻松些；我们是为了自己而把他们培养为美德之人的。还有一种答案可能是，我们自身具有如此不偏不倚的高尚心灵，以至于我们会考虑怎样才能让自己的孩子成为利他主义者，让他们长大后可以对别人的孩子有用；我们是为了别人或社会而把他们培养为美德之人的。

然而，如果我们是好的父母，那么，这两种答案我们就都不会采用。虽然它们无疑各自包含着一些真理，但它们没有准确地反映出好父母的首要动机。好的父母会牵挂子女的利益，想做些对**他们**（这些孩子）而言最有利或最有好处的事情，让他们生活得好、感到快乐，在生活中取得成功。不过，尽管牵挂子女的利益，他们大多数人却并未将孩子们培养成完全自利、不讲道德的人。相反，他们把孩子们天生的自我满足、自我纵容的冲动看作是亟须矫正和调整的东西，把他们天生的爱、慷慨和公平的冲动看作是需要发展的东西；把孩子天生以自我为中心的视界看作是为了孩子自身利益而必须拓展的东西。

因此，好的父母在孩子很小的时候就开始培养他们的美德（发展标准清单上的那些品质特征），并且自觉或不自觉地相信，这是让孩子们为生活做准备，为他们生活得好打基础。

有一件我们应该觉得惊讶的事。现在，请暂时不要考虑对孩子的成长不管不问的那些不负责任的父母，也不要考虑有的父母可能对于 175
“践行某些甚或全部美德意味着什么”持有十分糟糕的看法。如果我们只关注非常有美德的父母，他们对孩子的成长相当在意，那么，在这种语境中，尽管他们牵挂自己孩子的利益并希望孩子为生活做好准备，他

① R. M. Hare, *Moral Thinking* (1981), chapter 11.

们却努力培养孩子的美德，这难道不是一件令人惊讶的事情吗？也许，凭借哲学或反思的方式，他们可能会对“获得并践行美德是否就是实现美好生活的最佳途径”这个问题提出公开的严肃质疑；他们甚至会给出否定的回答。但是，我要说，他们对于自己孩子的培养方式表明他们是相信美德有利于其拥有者的。

我当然不是拿这点当作抽象的论证，用以证明“标准清单上的美德有利于其拥有者”这个观点的真理性。毋宁说，它是针对那些倾向于公开表示“我们相信该观点显然错误”的读者而提出的归谬论证。它相当于我质问说：“你完全确定自己相信这一点吗？如果你是在考虑如何培养子女以便让他们为生活做好准备，而不是想象自己正在努力使邪恶之徒皈依或是说服道德怀疑论者，那么，你难道没发现，事实上，你确实认为美德是最为可靠的赌注吗？”

人们可能反对说，就我们相信该观点而言，我们承认它是一种局限于具体语境的观点。人们会说：“我们可能相信，此时此地，美德是实现幸福的唯一可靠的赌注，我们通过努力而过上比较轻松、受到保护的生活。但如果环境发生了变化，美德可能使我们生活崩溃，那我们不就会产生其他的想法吗？”

假设我们的生活发生了可怕的改变；我们陷入了某种邪恶的体制中，在那里，可以说，成为美德之人不仅会冒英年早逝或在悲惨困境中度过一生的风险，而且确实会招致这样的结果。在此环境下，我们不就得承认，美德远远不是实现幸福的唯一可靠的途径吗？我们不就得为我们的孩子，出于他们的利益考虑，提供某些与培养美德的道德教育非常不同的教育方式，以便让他们为自己即将度过的艰难生活做好准备吗？

我认为，对于这两个问题，都不能给出简单的肯定回答。在罪恶横
176 行的年代，那些拥有并通常践行美德的人确实不可能获得幸福，因此，
美德确实不再是实现幸福的可靠途径。所以，在这个意义上，对第一个

问题的回答是肯定的。然而，即便是在这样的年代，也仍然没有**其他的**可靠途径。对大多数人来说，罪恶时代的生活是或极有可能是肮脏、残酷而短暂的，在更好的时代来临之前，幸福只是可望不可即的东西。而怀揣着更好时代将会到来的希望，怀揣着最起码自己的子女将会享受这种时代的希望，许多父母，尽管他们生活在最压抑、最危险的体制下，仍然努力培养自己孩子的美德。毫无疑问，他们也向子女传授某种经过裁剪的版本，以适应他们生活的这个极端环境；毫无疑问，他们不得不特别强调审慎，不得不教孩子们要慎重对待并且远离那些在更好社会里将被视为缺乏信任、缺少情感的人。可是，传授经过裁剪的版本，绝不是说就抛弃了全部看法，绝不是说就要教育他们无需追求更好的东西，而只去追求那种“踩着别人上位”的生存之道。

正如我们可能惊讶地发现，那些牵挂自己孩子利益的好父母为孩子自身利益考虑而努力培养其美德；我们也可能惊讶地发现，我们针对“为什么我应该有美德 / 道德”这个问题的个人回答也许是：“我就希望这样——它是我所希望的生活，一种在我看来是善的、成功的、有所回报的生活。”

当我们观察（比如说）那些拥有财富和权力并且至少看起来非常快乐，但只要有机会便会撒谎、欺骗、残忍地牺牲他人的人的生活时，我们会发现自己根本没有把这样的生活看作是令人羡慕或令人钦佩的。拥有财富和影响力也许不错，但若要以这样的生活作为代价，那并不美妙。我们观察自己的生活时，也会发现许多不尽人意的东西，但很有可能，没有哪样是因为我们拥有的这些美德而带来的。相反，我们可能发现自己倾向于认为，某些不尽人意之处正是我们没有充分拥有美德所致。“要是我不那么自私，不那么以自我为中心，而是对我所拥有的东西更加感恩，对他人的利益和他们**身上的**善更加关心，那我该是多么地更加快乐啊！”——这种想法非常普遍。在反思自身品质与自身生活的语境中思考“标准清单上的美德有利于其拥有者”这一主张，就跟我

们在按照黑尔的指示方向培养我们子女的语境中思考它一样,同样表
177 现出它的正确性。

不存在中立的观点

现在,假设“标准清单上的美德有利于其拥有者”表面没什么错误。人们仍然会追问:我们能否为这一主张提供依据?是的,黑尔不仅表述了我所赞同的信念,即,出于自己孩子的利益考虑,我们应该培养他们,让他们具备标准清单上的品质特征;而且,他还为该信念提供了依据,其中有许多依据都跟富特在论证“具体而言,正义有利于其拥有者”这一观点时给出的依据相似。[①] 而我和黑尔之间的差别主要不在于依据本身(对它们,我大多也很赞同),而在于他为这些依据所赋予的地位。

他说,将孩子培养成一位(谨慎的)不道德之人并不符合孩子的利益,因为大多数人都不可能侥幸逃脱因此招致的惩罚。一个人必须是“格外有天赋的坏蛋”才行,而我们事先无法知道一个孩子是否有这样的“天赋”。他说:

> 几乎对每个人而言,成功的犯罪都是一项难度很大的游戏,它并不划算。如果有人反对这种看法,说以往有人在肮脏的商业生涯中聚敛了大量财富,那么我的回答是,这些钱总的来说并没有给他们带来幸福,而且,凭他们的天赋,他们本可以少挣些钱,而投身于更具社会价值的职业生涯,使自己过得更好。即便有些例外,也非常罕见,很难为教育者所预料。

① Foot, “Moral Beliefs”.

他说，“目前看来，让人显得正直的最简单方法，就是做到正直”。（我们可以假设）当他谈到这样一些美德，比如，仁慈、慷慨、忠诚、诚实和正义，把它们看作使人有可能相互合作和关爱的秉性时，他会说，如果缺少这些美德，“我们所有的努力都将白费，生活中所有的欢乐和温暖都将消失。那些不热爱同胞的人将难以快乐地同他们一起生活”。他甚至会说，“确实看起来，那些为自己设定了在能力范围之内，或是超出能力范围之外不太多的较高道德标准的人们，通常好像要比那些并不具有如此高度视野的人们更加快乐一些”。[①]

对于这些主张，我基本同意。但在他眼里，这些主张全是关于人类生活运行方式（“世界的运行方式”）的“经验性”主张，并认为它们提供 178
的是一些“非道德的”理由，让人不要成为“依据利己主义观点”来处理问题的不道德之人，而我则不同意他对于这些主张的地位的界定。当黑尔提出上述主张时，在我看来，他并不是从他与利己主义者所能共享的某种中立观点出发，而是从充满人性、品格高尚之人的观点出发的，后者会把阿尔伯特·史怀哲和特蕾莎修女看作是“极其圣洁之人”（而不是浪费生命的怪咖或受到蒙蔽的傻瓜），把牛津饥荒救济委员会的行为看作是在创造“奇迹”（而不是在拿着大把的钱打水漂）。

假设（我认为黑尔就是这么假设的）这些有关人性与人类生活运行方式的主张是“经验性的”，并从而得到所有人的承认，随之而来的麻烦在于，我们很容易就能想象出不赞同这些主张的不道德之人或利己主义者。不道德之人会说，做个成功的坏蛋不需要格外的天赋——而仅仅需要他必定具备的一定程度的智慧而已。由于他特别看重财富和权力，因此他不认为成功的犯罪不划算；黑尔不仅高估了这里的风险，而且，冒险所得的那些实实在在的巨大收益也在某种程度上证明了高风险策略的合理性。大笔的金钱“总体上”**当然**能带来幸福，他说，尽

① Hare, *Moral Thinking*, chapter 11，各处。

管有的人确实很傻，因为过于关心一些同胞而抛弃了这种幸福，而不是明智地确保与你有关的人一直处于你的控制之下。如果有必要，让人看上去正直也没什么太难的；你可以在大多数时候糊弄大多数人。如此等等。

人们也许会说，这是必然的，并不让人觉得惊讶。我们不可能通过诉诸某种"非道德的"东西，或是通过发现某个颇具美德之人与邪恶之徒都能共享的中立观点而"从外部来论证道德"。我们可以像黑尔一样认为，贪婪之人与不诚实之人并不**幸福**，并不真正快乐，他们其实失去了"欢乐与温暖"，然而，当这么说时，我们不是因为看到他们哭丧着脸说"唉，我真倒霉"而给出一种单纯的经验性评论。在一定意义上，我们的意思是："这不是**我**所理解的幸福生活，因为它没有涉及对于美德的践行。"

然而，请注意"一定意义上"这个限定词。因为，虽然我同意，不存在可以用来论证道德的中立观点，但是，我不打算赞同 D.Z. 菲利普斯
179 与约翰·麦克道威尔（他俩更多是在回应富特的《道德信念》，而不是回应黑尔）在这个语境中对于"美德有助于其拥有者"的建构方式。[①] 与他们不同，我认为，富特与黑尔为了支持自己的观点（即，标准清单上的美德有助于其拥有者）而给出的依据是值得的、有效的。因为，概括地讲，他们的依据确实为我们的如下信念（即，标准的美德清单是正确的清单）提供了某种理性支持。虽然其依据只能被视为纲领性的（因为，从理论上讲，每种可能成为美德的东西都必须有详细充分的理由），但它们看起来绝对颇具前景。当然，这前景仅仅表现为一种途径，凭借该途径，我们能够从我们与黑尔、富特等人所共享的伦理视野内部出发，而不是从某种对于我们和不道德之人或利己主义者来说都是中立的观点出发，来证明我们关于标准清单的信念的合法性。不过，一旦搞

① D. Z. Phillips, "Does It Pay to be Good?" (1964); John McDowell, "The Role of *Eudaimonia* in Aristotle's Ethics" (1980).

清楚了这一点，那么（我将证明）就没有理由否认：这些依据恰恰是有助于证明我们如下信念，即，标准清单上的品质特征确实就是美德，的那种想法。

让我再次强调一下，我不觉得这些依据能够提供让人成为美德之人的某种动机理由。菲利普斯和麦克道威尔都强调“美德行为是出于本身、出于正确的理由而被选择的行为”这个为人熟知的观点，他们似乎都以为，任何试图提供依据（就像富特与黑尔在证明“标准清单上的美德有利于其拥有者”这一信念时所提供的那些依据）的做法必定在某种程度上忽视了这一点。一个人，作为颇有美德之人（比如黑尔和富特），足以出于正确的理由采取美德行动并证明他的“标准清单上的美德有利于其拥有者”这一信念的根据（这是另一个单独的问题）。所以在这里，我把动机问题当作可能转移我们注意力的东西，暂时放到一边。[①]

据我理解，菲利普斯和麦克道威尔坚持如下观点： 180

> （1）只有从（至少一般的）美德之人的视野内部出发，人们才能认识到“美德有利于其拥有者”这个真理。
>
> （2）从这种视野的角度出发，“美德有利于其拥有者”之所以必定或必然正确，就在于观点（3）。
>
> （3）美德之人知道什么是幸福，什么是利益、优势、伤害和损失，什么是“收获”和“付出”，因此，任何通过有悖于美德的行为而获得的东西都不是真正的优势或利益，任何因为美德而必然导致的牺牲也谈不上是一种损失。通过美德行为，一个人“实现了全

① 正如迈克尔·斯洛特指出的，在完全搞清楚道德是否有利（这表明缺少美德）与把这个问题“当作一个纯粹的哲学问题”之间，是有区别的。参见 Michael Slote, *Goods and Virtues* (1983), p.113, n.9。布拉德·胡克是为数不多成功做到后者的人之一。参见 Brad Hooker, “Does Moral Virtue Constitute a Benefit to the Agent?” (1996)。

> 部”，获得了“道德的利益”，并且，由于只有美德可以使人有美德地行动且一贯如此，所以，它们确实保证能够有利于其拥有者，能够让她获得幸福，即，一种合乎美德的生活。

按照这样的看法，人们根本就不会问：美德或恶德是不是一种更加可靠的赌注？特别狡黠的家伙是不是有可能过上一种成功的罪恶生活？财富是不是“总的说来”导致幸福？让人看上去正直的最简单方法是不是就是做到正直？一个人是不是需要他人？他是不是不能“把他们收拾得像蠢驴一样服服帖帖？”[①] 所有这些假定事实，无论是或不是，都跟“美德是否有利于其拥有者”完全无关，因为，从美德之人的视野内部出发，根本就不会提出这个问题；它已经是确定无疑的。如果这些事实同“美德是否有利于其拥有者”无关，那么，断言“是”或“不是”还有什么重要呢？它必定只能是从外部来论证道德的错误尝试罢了。

不过，菲利普斯和麦克道威尔一直是局限在不道德之人或利己主义者的语境中，提出“美德或恶德是不是更可靠的赌注或诸如此类”这个问题的。而在美德之人培养孩子或者反思检讨自己的语境中，他们却从未考虑过黑尔与富特所诉诸的那些假定事实是否可能既是恰当
181 的，也是很必要的。

我将证明，确实如此。

菲利普斯和麦克道威尔显然正确地指出，对于什么是（比如）利益和优势，什么是伤害和损失，美德之人与不道德之人有截然不同的看法。我在街上发现一个鼓鼓的钱包；对不道德之人而言，这是一笔有利可图的飞来横财；对我来说，却是件麻烦事，因为我得把它交到警察局，而我又要去赶火车。有人公然指出我没有兑现诺言。不道德之人认为

① Foot, “Moral Beliefs”, p.129.

自己身处不利境地；如今，他将不得不遵守承诺，或者不得不找个借口。而我认为自己受益了，因为我已经把承诺忘得一干二净，而如今能够确信自己遵守了承诺。我们当然有不同的**幸福**概念。无论他把幸福理解为一种拥有财富、权力、欢乐的生活，还是理解为一种发现科学真理的生活，在他眼里，真正要紧的是实现这些目的，而不是实现目的的手段，而在我眼里，无论我的个人目的是什么，它们都不能依靠有悖于美德的手段来争取；**幸福**不能通过这种方式而获得。

不过，我们之间存在差异并不代表完全没有重合之处，可后者是菲利普斯和麦克道威尔似乎想要表达的意思，他们坚持认为，对美德之人来说，"为卓越的人生做出的牺牲……绝不能算作一种真正的损失"（麦克道威尔），美德之人因其美德而给自己带来的任何灾难也**不是**一种灾难（菲利普斯）。所以，即便美德注定让你倾家荡产，让你一无所有，让你肢体残疾、失去视力或自由，乃至让你智力受损或丧失生命，对美德之人来说也不是损失和灾难。

如果坚持这种看法，必然就会否认第三章讨论过的"可以解决的悲剧性困境"的可能性，[①] 而且，尽管这种苛刻的、具有斯多葛风格的看法很难说是描绘了一幅浪漫的生活画面，它也不可能是一幅现实的画面。

也许，菲利普斯和麦克道威尔完全忽视了被我称作"可以解决的悲剧性困境"的那些典型案例。他俩谁也没有多谈他们已经考虑到的线 182
索，比如，一个人的死亡不是出于什么高贵的原因，而是仅仅因为他陷

① 麦克道威尔可能已对他的立场进行了一定的修正，因为他现在承认如下悲剧情形的可能性，在那里，"任何可供选择的行为都无法按照一个人关于恰当行动的概念而被视为恰当"（参见 John McDowell, "Dileration and Moral Development", p.34, n.15）。但这个问题尚不明确。如果他更多考虑的是不可解决的悲剧性困境而不是可以解决的悲剧性困境，就像表面看上去的那样，那么他就仍未否定"为卓越的人生所需要付出的牺牲……绝不能算作一种真正的损失"这一主张，因为，只有在可以解决的悲剧性困境中，否定该主张才是为美德所**需要**的。

入疯狂暴君的魔掌，尽管受到威胁，也仍然拒绝做坏事，所以被处死；[①] 或者，一个人之所以不得不让自己的一个孩子葬身火海，是因为他虽然愿意付出生命去救她们，他在体力上却只能救另一个孩子。（这不是损失吗？不是灾难吗？）他们似乎铭记的是，要为高贵的原因而放弃自己生命或承受巨大的"损失"。

在我看来，这仿佛属于追求"短暂却光荣的生命"这份理想的男子汉宣言。[②] 美德之人应当将死亡、一贫如洗、肢体残疾或智力受损视作伤害、损失或灾难，至少部分原因在于，它们让你完全或一定程度上无法进一步为他人服务，它们使关心你的人感到极度悲伤。美德之人可以将所有这些情况当作损失或灾难，但又丝毫不会忽视如下事实：在**这些**情形中，人们不得不冒遇上它们的风险，甚或把它们当作必然追求。

最后这种区分（"有遇上的风险"与"当作必然追求"的区分）让我重新思考"富特与黑尔所提出的主张是否具有作用"的问题。在菲利普斯和麦克道威尔的眼里，（美德之人认为）美德之所以必定有利于其拥有者，是因为它能使拥有者做得好，从而"实现全部"，绝不会因此招致任何损失或灾难。可是，这就是我们教给或可以教给孩子们的道理吗？

教育孩子们意识到有美德的生活不一定是座玫瑰花园，要他们知道这种生活可能牺牲生命并向他们灌输"这完全值得"的理念，这是一回事。而在努力这样做的同时却根本不强调说"冒险不一定就没命，那
183 些不愿冒险的人常常失败"的事实，则完全是另一回事。如果我们在教

① 大卫·威金斯指出"为了避免卑劣的事物而行动"和"为了高贵的事物而行动"虽然有关但并不相同，从而注意到在麦克道威尔希望充分证明亚里士多德的主张（即，勇敢之人常常为了高贵的事物或恰当的行为而行动）的愿望中，存在着某种紧张之处。"请比较一下，"他说，"在很高兴你没死（当你在某个十字路口侥幸躲过一场车祸之后）和很高兴你活着之间存在的明显差异。"参见 David Wiggins, "Eudaimonism and Realism in Aristotle's Ethics", p.223, n.2。

② 毫不奇怪，在亚里士多德本人那里就有反映出这种荷马式观点的多处迹象。参见 Aristotle, *Nicomachean Ethics*, 1169a20—26。

育他们时仅仅说美德之人会因冒险而失去生命，而那些只想自保的人却常常幸存，如果这就是我们在报纸上可以让他们注意的唯一情况，那么，我怀疑（还是从世俗生活的内部来看）我们是否还能够将美德成功地传授给他们。

当然，较为粗糙的儿童道德寓言往往宣扬这样的理念，即，有美德的行为会带来整体性的回报。英雄挽救他人一命，在荒原上分享自己最后一片面包，说出真相，让自己身临险境，可是你看，这只是一次测试，他通过了测试，收获了丰裕的回报；而反面人物行为糟糕，没有通过测试，失去了公主和王国。而另一些寓言则勾勒出一幅并非不真实的生活画面：英雄人物甘冒生命危险，而又完好无损地**幸存**下来；反面人物行为糟糕，死于非命。诚然，除了教育孩子们知道“帮助有需要的人”是做点什么事情的好理由，“某件事是真相”是将它表达出来的好理由，我们还必须教育他们说，即使他们是冒着风险采取恰当的行动，他们也不一定因此就招致死亡或灾难。

更一般地讲，我们鼓励孩子们相信，如果他们做得好，那么事情会向好的方向发展。如果孩子按照我们所叮嘱的方式做得好，事情也会向好的方向发展，那么我们会指出这一点并且强调这就是我们期待的状况，而如果孩子们做得不好从而反过来受到别人的糟糕对待（“如果你对他不好，你也别指望他会对你好”）时，情况则完全相反。如果孩子做得好却因此遭到粗暴对待，那么我们会强调说他们**确实**做得对，我们会说为他们感到骄傲——不过，父母如果总不争辩，仿佛结果就在意料之中而无需评论，这样的父母也太奇怪了。难道我们不应该表示同情，指出这种情况非常可怕，或许谴责一下相关人士的忘恩负义与吝啬刻薄，或许指出他的行为值得尝试而只是运气太糟，并且广为宣称“即便情况就是这样，它也**不是**孩子必须忍受的一种生活模式”吗？跟前面一样，教育孩子们发现他人的优点，慷慨地分享自己的东西，说出事实真相，公平待人接物时要出于美德的理由而不是为了当下的回报，这

是一回事。但在尽力这么做的同时根本不强调说，“从普通人那里获得
184 体面的回报，其实可以被合理地期待为一种生活模式”，则是另一回事。（如果我们不强调这一点，那又怎么能把他们培养成为与人为善的人，培养成为仁慈、忠诚乃至公正的人，而不是那种吹毛求疵、自以为是、愤世嫉俗的人呢？）

因此，与菲利普斯和麦克道威尔相反，我不认为我们具有这样的幸福、利益、伤害、灾难等观念，以至于那些因美德而必然导致的牺牲都算不上是一种损失了，我也不认为，这是因为我们全都在美德方面不够完美。我认为，我们从小就开始形成的损失、伤害和灾难概念，尽管与不道德之人存在显著差异，但在死亡、肉体损伤、苦难和无助等问题上有着重合之处。然而，与不道德之人的差别在于，我们并不认为通常是对美德的践行导致了这些问题，我们也不认为（除了上面提到的罪恶年代之外）践行美德要比践行利己主义更可能造成如此结果。我们的看法是，（总体而言，在大多数情况下）如果我们做得好，那么事情会朝着对我们有利的方向发展。如果事情没有这么发展，如果我们无法获得或维持幸福，那也不是“我们应该期待的状况”，而是充满了悲剧色彩的坏运气。

我们的观念与不道德之人在另外一个方面也有重合之处。有美德的生活可以被表述为令人享受的和令人满意的，这并没有对“令人享受”和“令人满意”这些词采取只有美德之人才能理解的特殊用法。虽然我们（如果我们颇具美德的话）与不道德之人并没有对很多同样的事情感到享受、高兴或满意，但不道德之人也能发现，我们确实对自己的生活感到享受。（如果他费点心思想想）他可能觉得奇怪或可笑，我们的生活居然包含“欢乐和温暖”，我们居然（用黑尔的话来说）“快乐地生活”。从他的观点看来，他可能嘲笑我们，认为我们基本上对生活不满，可我们没必要告诉他我们正在他所无法把握的隐秘意义上享受着我们的生活——而只有当他充分理解了，他才能发现和认识到我们的

享受状态。[我得简要描述一下“享受”的含义——即，做事情时满怀兴致与热情，期待和回忆事情时伴有特定的表情、言辞和语气等等（我所说的“开心元素”）。]

詹姆斯·瑟伯曾画过一幅有意思的漫画，画上有一名穿着牧师服装、脸色阴沉的男人，极其不快地盯着一位酩酊大醉的女子，说道：“不幸的女人！”在我看来，这幅画面之所以有趣，主要不在于把这位明显 185
很开心的女子描述为不幸之人完全不恰当，因为对于常常大醉的可怜人来说，无论他们当时多么享受，这样的描述都是对他们很好的理解。不恰当的地方在于，认为她不幸的那个男人，如果根据开心元素的标准来衡量的话，他很明显根本就没有让自己享受过。如果我们真的可以把这名女子描述为不幸之人，那么我们也可以这样来描述他，而他或许会徒劳地抗议说他的生活是最幸福的，因为那是有美德的生活，他为自己的美德行为感到开心（以他自己那种只有美德之人能理解的奇怪方式）。如果他从未通过开心元素所展示的直接方式而让自己快乐，那么，就算他的生活节制，也不可能是有美德的。

开心元素同样是我们抚养子女过程中的一项重要因素。在孩子们面前，我们可以将有美德的生活表现为（在大多数情况下都是）令人享受和令人满意的，并充满了快乐、满足的益处和优势。诚然，我们必须“从小就训练他们，要对正确的事情感到快乐和痛苦”[①]，完善、发展、细化和丰富他们的欲望，但我们显然应注意到，训练的目的可以是对美德行为的享受。在孩子们面前，我们不仅可将愉悦他人、帮助他人、合作行为、伙伴关系、和谐而非冲突、说出真相，甚至克服（某种）恐惧以及忍受（某种）痛苦与不适等表现为善的、值得赞扬的或不得不做的事情，而且可以将它们表现为本身就是令人享受的；我们充分相信，孩子们其实也会像我们一样发现它们的受用之处。

① Aristotle, *Nicomachean Ethics*, 1104b10—11，这里暗指柏拉图。

这并没有否定我在第四章针对“美德行为给热爱美德之人带来快乐”所给出的限定条件，也没有荒唐地表示，我们只会教育我们的孩子怀揣着“取悦自己”的念头来为他人服务以及与他人共事。虽然我们要求他们采取典型的美德行为应当是**出于理由** X，而不是为了当下的满足，但我们把其中的有些行为（比如，十分淡定地去看牙医）表现为不得不做的事，会让自己高兴的事，很快就会过去的事，没那么糟糕的事，今后会有人请客回报的事，而把另一些行为（比如，送给别人很漂亮的
186 圣诞礼物）单纯地表现为本身就是回报的事，却不仅仅是偶然的。

麦克道威尔正确地试图指出，人们不可能通过中立的（即，美德之人与邪恶之徒都能掌握的）可欲性标准而表明美德生活是人们最想得到的东西。菲利普斯也正确地试图指出，人们不可能以那些关乎人类利害的中立事实作为基础来证明美德生活的类似情况。但是，在坚持这种立场的同时，人们无需进一步推论说，甚至在“将死亡和苦难通常视为不可欲的有害之物，将享受通常视为可欲的人类之善”的问题上，美德之人与邪恶之徒都毫无共性可言。

麦克道威尔和菲利普斯似乎觉得，“不可能从外部（某种中立观点）来论证道德”的主张要为真，就必须坚持认为任何得到美德之人与邪恶之徒所共同承认的事实都必定毫不相干。可是，为什么要这样呢？诚然，道德不可能从外部来论证。然而，如果事情是另外的样子（比如，如果我们的本性使得美德是健康而恶德是不健康，以至于美德通常使你长寿而恶德却会要你小命），那么，“不可能从外部来论证道德”还会是真的吗？

有人也许觉得这是个危险的想法。因为，这不就意味着，如果事情相反，如果恶德让你长寿而美德让你英年早逝，那么道德败坏和邪恶堕落便成为正当的吗？基于我希望能在后几章出现的若干理由，我想回答说“不”，因为后者并非一种融贯的假设。如果我们本性是这样的，那么我们的整个伦理思想史便会超乎想象地不同，要知道，支撑我们美德

概念的自然事实就是“美德不是不健康，恶德不是健康”，“美德之人并非不懂得享受”以及富特与黑尔为了支持“标准清单上的美德有利于其拥有者”的主张而诉诸的那些事实。

伦理视野内部的事实

“美德之人并非不懂得享受”这个（人们可以通过开心元素而观察得到的经验）事实，以及富特与黑尔的看法，远远不足以从外部来论证 187
道德。因为，正如我已指出的那样，承认美德之人是在享受生活的不道德之人会把美德之人的享受和满意消极地看作琐碎、乏味与不值一提的东西，最起码，对他来说，算不上享受和满意；在他眼里，美德之人的理解与他所享受和满意的东西是相反的。美德之人可能主张，在这个问题上不道德之人是不对的，而他们的享受和满意要比不道德之人的更好——更容易实现、更安全、更持久、更少受制于运气的异常干扰。（这里无需诉诸美德论的幸福概念，黑尔就可能提到许多大家都知道的案例，那些讲究物质、缺乏节制、放荡不羁的人蜷缩在心理医生的沙发上，嘴里说道：“我的命好苦啊，我的命就是尘埃，没有欢乐，没有温暖。”）[①] 可是，正如我们想象得出不道德之人并不同意黑尔与富特的其他主张一样，我们也很容易想象得出，不道德之人会把上述主张看作无关紧要的，把这种案例看作非典型的。美德之人指出，慷慨与仁慈之人可能会享受被人喜欢、被人热爱的好处，而自私与麻木之人则不会。不道德之人则会说——什么？也许他并不觉得那算得上什么损失，因为他很强大、很独立，不需要亲密的人际关系；也许他正接受着朋友们的热爱与拥护。美德之人说这些人不是真朋友，不可靠；而他会说美

① 职业心理治疗师对于“恶德带来不幸，美德带来幸福”这个观点的论述，参见 M. 斯科特·派克于 1978 年出版的那部长盛不衰的畅销书，《少有人走的路》（*The Road Less Travelled*）。

德之人的朋友同样不可靠;美德之人指出自己能够获得朋友们特别慷慨、仁慈的对待;而他却会说这些人别有用心,或者美德之人可以认为自己运气好得出奇。美德之人指出,有些像他这样的人会被他所谓的朋友背后捅刀子;而他却指出,美德之人会给自己带来灾难和损失;美德之人说这不过是坏运气使然,而他却说这是唯一可以预料的事,等等等等。

现在,对于这样的分歧以及想象得到的那些涉及黑尔与富特主张的分歧,有意思的(据我所知)不是我们根本不知道在哲学上如何解决
188 它们,而是我们不清楚如何对它们进行**归类**。

我们对于经验事实的理解是,它们是可以通过“中立的观点”而把握的事实。而支持道德实在论的人同时还会意识到“评价”事实或“道德”事实,它们虽然只能在某种成形的伦理视野内部把握,但它们仍然是事实,比如,“在这种环境下,这么做合理,因为它是有美德的”,“做这件事会带来或构成某种利益”,“这件事做得好”。不承认道德事实的人依然会通过某些评价性的信念或表现态度而做出类似的理解。但是,涉及“谁可靠谁不可靠”,“你能否在大多数时候愚弄大多数人”,“他们是否容易被操纵”,“什么可以视作生活模式”,“什么可以归因为运气”以及“什么‘才是人们期待的东西’”(简言之,涉及人性与人类生活运行方式)的信念和假定事实,却无法整齐地被划归为任何一类。双方都不相信他们根据局部的(更不用说普遍的)观察或统计分析而得到的关于生活运行方式的信念。这些信念属于他们的伦理视野(或,不道德视野)的一部分,而(想象出来的)分歧肯定也是伦理的分歧。但是,它们又远远谈不上**明显**属于伦理视野的一部分,远远谈不上是“评价信念”的明显候选项。几乎不会让人觉得惊讶的是,黑尔认为自己的信念是经验的/非道德的,而菲利普斯也认为富特的论据具有某种“经验特征”,因为它们基本上都不能被视为与价值有关。

由于没有更好的想法,所以我假定,我们可以将它们归为“关于人

性与人类生活方式的伦理的但非评价的信念"。但如果我们对它们这样归类,那么,当代有关道德合理性或客观性的争论的内容就会有变化。争论不再(这很成问题)仅限于我们应该如何理解**评价性**信念,或者,是否有"某些事情要比其他事情更好,某件事情是一个特定情形中亟须做的事情,等等"这样的**评价性**情况。[①] 它必将同时囊括上述其他种类的信念。 189

如果从新亚里士多德主义的视角看,这没有什么让人特别惊讶的——尽管不能说没那么成问题。因为,我们美德伦理学者认为,**实践智慧**(道德的或实践的智慧)是一种知识形式,它通常在年轻人和缺乏经验的人那里没有。我们(不仅美德伦理学者,还包括任何运用"道德智慧"概念的人)如何看待这些年轻人和缺乏经验的人呢?不仅仅是他们的价值观念是错误或粗糙的(其实,他们的价值观念有时候还很精致),而且,他们也并不理解人性或人类生活的运行方式。恰当地处理**这些**事情,一般说来,正是道德智慧的关切所在。而错误对待这些方面的则是愚蠢,是那种令人可悲地引发诸多人类邪恶之事的愚蠢,是那种当我们发现受到我们影响的青少年儿童以及年轻人幻想以为自己能够同时获得美德与恶德的优势(因为他们幻想自己特别聪明、特别有洞察力、特别有魅力或特别强壮)时,我们在他们身上所努力矫正的愚蠢。

在本章一开始,我曾说过,我的目标是纲领性的,我希望表明美德伦理学具有某种独到之处,可以用于当前有关道德客观性或合理性的争论。而我在本章的结论是,它提供了某种与众不同的令人陌生的观点,即,道德是一种开明的利己主义,该观点是**如此**陌生,以至于它在当前情况下可能是对于道德的一种危险的误导描述。因为,就当前的争论内容而言,这种描述只能包含如下两种情况之一。它可能意味着,道

① 这番话是巴里·斯特劳德在讨论"给出一种不可还原的伦理学表述(一种可还原的伦理学表述则竭力"将评价理解为仅仅是由非评价性要素构成的")将会涉及哪些内容"的语境中提到的。参见 Barry Stroud, "The Charm of Naturalism", (1996), p.54。

德一种是通过中立观点而获得界定的“开明的利己主义”——而我反对这种中立观点。或者，它可能意味着，道德是一种通过“价值承载”的方式，通过从某种伦理视野内部出发而获得界定的“开明的利己主义”。我不完全反对后者（我同意菲利普斯和麦克道威尔的看法，即，美德之人与不道德之人对于何为“优势”、“损失”和“幸福”有着不同观念），但我已经强调指出，“价值承载”的范围与“从某种伦理视野出发”的范围是不一样的。黑尔、富特、我，还有（我假设）我的大部分读者，在人性以及人类生活运行方式的问题上共享的那些具体信念（我们所设想的不
190 道德之人则缺乏这些信念）当然属于我们伦理视野的一部分，但它们在当前的任何意义上都谈不上是“价值承载的”或“评价性的”信念。

认为道德可以从中立的观点出发而被证明为一种开明的利己主义，这种看法存在一定市场。黑尔支持。大卫·高希尔支持。[①] 彼得·辛格似乎最近也转而支持。[②] 它是全方位的，既有支持者，也有批评者。批评者（除了那些埋怨它试图不恰当地为好的行为提供错误的理由的人以外）特别关注各种各样的不道德之人会以怎样的方式提出不同意；他们认为，不同意的根源在于他们眼中的这些不道德之人具有不同的**价值**（或欲望、筹划、目的）。不过，据我所知，在目前的文献中，认为“我们必须以含有**实践智慧**理念（即，一种针对人性与人类生活运行方式的理解，它并不诉诸从中立观点出发所掌握的那些事实）的内容来阐述主
191 张”的观念却没有得到什么承认。

---

① D. Gauthier, *Moral Dealing* (1990).

② Singer, *How Are We to Live?*

第九章
自然主义

在本章,我将讨论我所称的“柏拉图对美德提出的要求”(参见前文边码第167页)中的第二个命题,即,美德使其拥有者成为好的人。同上章一样,我的目的在于表明,该命题可以充当一种标准用以判断某个特定的品质特征是不是美德。美德伦理学或者至少是受亚里士多德启发的美德伦理学,常常被视为一种伦理自然主义(广义上说,它是通过某种方式而把伦理学建立在有关人性的考虑上,建立在与成为好人相关的那些问题上的事业),而对它是否管用的根本质疑,加里·沃森已经给出很好的描述。他说:

> 我们现代人的许多质疑都能以困境的形式表现出来。这种理论对于人性(或典型的人的生活)所给出的关键论述要么在道德上缺乏定论,要么在客观上缺乏充分理由。顶多,在客观上具有充分理由的人性理论也仅仅支持我们在老虎那里也能做出的评价——即,“这是一个好样本或坏样本”,“那个行为有点反常”。这些判断也许是**健康**理论的一部分,但我们的道德概念反对拿健康来作类比,反对将恶简化为缺陷。(我猜,这种反对与拒绝一切形式的自然主义的自由意志概念有关。)一种客观的人性论述也许意

味着,好的人类生活必定具有社会性。这种含义将会把不善交际之人排除在外,但不会把地狱天使排除在外。这样的对比是很有启发的,因为我们往往不认为不善交际是恶,而是认为它已经超出道德的领域。另一方面,如果我们让我们的"社会性"概念更加充实,从而将地狱天使也排除掉的话,那么,人们会担心这个概念不再是为道德判断提供依据,而是对它的表达。①

192 他把这种质疑凝练地表述在如下问题中:

一种客观的理论真能够证明,成为暴徒与成为好人是不相兼容的吗?

不过,他没有回答说"不能"或"肯定不能",他的结论是,这是

我们在能够断定一种美德伦理学的前途之前所必须面对的主要担心和话题之一。一种客观的人性论述应该是怎样的,以及,它与健康问题之间有哪些不同之处,对此,有许多话可讲。②

在伦理学语境中,对于"一种客观的人性论述应该是怎样的……有许多话可讲"并未得到充分的阐述。在本章,我就打算谈谈这个方面。然而,首先,通过重申上一章的部分观点,我要提醒读者注意,一种"客观的人性论述"在伦理学的语境中不应该是怎样的。

沃森所说的困境,可以看作是我在上章一开始所讨论的那种一般困境的特殊表现。伦理自然主义希望通过诉诸人性来证明关于"哪些品质特征是美德"的信念,这似乎是一种徒劳的希望。因为,我们要么

① Gary Watson, "On the Primacy of Character" (1990), pp.462—463.

② 出处同上, p.464。

通过采用科学的人性论述而从中立观点出发来讨论（此时，我们不会有太大分歧），要么从后天获得的伦理视野出发来讨论（此时，我们不会求证我们伦理信念的合法性，而仅仅是重述它们）。

现在，就跟上章一样，我将假定（而不作任何论证）麦克道威尔正确地指出，在关于上述困境的两种看法之间，伦理学的纽拉特步骤提供了一条思路。无论“科学的”或“基础性的”这些词的通常意义是什么，亚里士多德主义的自然主义论述既谈不上“科学的”，也算不上“基础性的”。它不是要从“中立的观点”出发来确立自己的结论。所以，它没有指望自己的观点会说服如下这种人：他们的伦理视野或视角非常不同于那种能够论证自然主义结论的伦理视野。（因此，黑手党的毒枭也好，任何我们想象得出来的其他邪恶角色也好，基本上都是无关紧要的。）不过，尽管如此，它却可以为我们心中关于“哪些品质特征是美德”的信念提供理性的认证，而不仅仅是重述它们。 193

需要重申的上一章的第二个相关观点是，**这**就是我们应该做的事情。自然主义的结论**不是**为了给出动机理由。我们不应当认为，它们是在向黑手党毒枭提供动机理由，就算我们真的说服了他（**尽管不可能**）；因此，想象他会说出“是的，我不在乎是否当个好人，我就想成为大毒枭”这种话也完全没关系。我们也不应当认为，它们是在向具备那种伦理视野的人提供动机理由。当我的伦理视野（根据这种视野，我想要过的生活**是**合乎诚实、节制、勇气、仁慈和正义等美德的生活）非常稳定时，我根本就不需要动机理由，而当我探讨伦理自然主义的主张时，动机理由也不是我所寻求的东西。我想要搞清楚的是，我心中关于“哪些品质特征是美德”的信念能否经得起我的反思审查并被赋予理性论证。

但是（需要重申的上一章的第三个观点），要确立一种能够展开这种合法性的空间存在，并不是要对空间所包含的内容进行说明。正如我们看到的那样，麦克道威尔并不认为，仅仅考虑“标准清单上的美德怎样有利于其拥有者”就可以占据这个空间。但他似乎觉得伦理自然主义可以充满它。

不过，这一点仍然需要证明，而为了证明它，我们就得对“自然主义应该是怎样的”多说几句。本章的目标是，通过给出如下问题的相当具体的细节而“多说几句”—— 即，我如何能以自然主义的方式来为我心中“哪些品质特征是美德”的信念提供理性认证。我相信，在我们允许自己接受那种体现为命题（2）（即，美德使其拥有者成为好的人）的自然主义之前，美德伦理学者**必须**考虑一下关于自然主义推想发展历程的某些具体观点。这是因为，如果不考察它们，我们就不知道这个命题不是没有成功的机会 —— 我们就不知道，其实它可以占据麦克道威尔的部分空间。虽然他曾表达过一些看法，但是，自然主义仍有可能令人失望地不会带来多少结果。或者，在另一个极端，它可能给我们带来太多的可怕结果，以至于我们根本不会认为它是在证明那些**伦理**信念。
194 如果不作细节考察，我们凭什么认为，这个命题就像人们所以为的达尔文主义的社会生物学一样，只是对自然物加以赞扬而不会让我们走得更远呢？[1] 而且，如果对自然主义理应如何缺乏细节上的了解，我们甚至无法开始考虑“伦理自然主义的评价在什么意义上可以或不可以同健康方面的评价进行类比”这个问题。因此，有些细节是必须的，它们需要详加讨论。

我已经接受菲莉帕·富特的许多具体观点以及整个的伦理自然主义理念，因此，我必定要从她的论述开始。

我的出发点是富特从未忽视的一种理念，它体现在她早年对黑尔

① 在“Two Sorts of Naturalism”一文中，麦克道威尔所论证的不是亚里士多德的自然主义主张，而是对它的一种恰当理解。Murtha Nussbaum, “Aristotle on Human Nature and the Foundations of Ethics”（1995）也有力地论证指出，要把亚里士多德的人性概念理解为“内在的和评价性的”，而不是外在的和现代意义上“科学的”——这样的做法不见得更糟。不过，就我的观察而言，他俩都没有声称，自己证明了亚里士多德是通过诉诸人性而使其心中有关“哪些品质特征是美德”的信念具有合法性的。（他们当然不认为功能论证做到了这一点。）

的批评之中。那就是，“好”，就像“小”一样，是定语形容词。[1] 这意味着，虽然你可以根据几乎任何你喜欢的标准来评价和选择事物，但是，你必须选择你所使用的那个名词或名词词组来描述你**特意**称之为“好”的那个东西，因为是它决定了“好”的恰当标准。黑尔可以因为仙人掌生病了、快死了而把它称作某种好东西，并且出于这方面的理由而选择它，但他绝不能把它称为一盆好的仙人掌，因为仙人掌是一种生物。他可以说它是“我窗台上的一件好的装饰物”，或是“送给我那讨厌的丈母娘的一件好礼物”，但不能说它是一盆好的**仙人掌**。而这种观点属于人们过去常说的富特伦理学中的“自然主义”立场；同安斯考姆在《现代道德哲学》中的看法一样，她否认“好”这个词及其相关术语的语法特征在我们从事伦理学的研究时就发生了突变。“好的仙人掌”“好的刀”“好的骑手”意味着什么，“好的人”也就意味着什么，即便我们在伦理学中使用这个词组，也是如此。因此，她很早就反对“事实–价值”的二分以及相应的如下看法：在非伦理学语境中，“好”纯粹是描述性的， 195
而在伦理学语境中则相当不同，它是“评价性的”。[2]

过去十年间，富特一直在研究伦理学中同样被称为自然主义的某种东西，亦即，亚里士多德式的自然主义，它通过某种方式将伦理学建立在关于人性的考虑上。她将自己此前有关生物评价（比如仙人掌）的

① 不过请注意，对这种理念的正式表述来自 Peter Greach, “Good and Evil”（1956）。

② 安斯考姆说，“‘应当’‘应该’或‘需要’这些术语关系到好和坏”，通过举例说明一台机器或一株植物需要什么，应该拥有什么或应当具备什么的看法之后，她接着说道：“根据这种观念，当我们说一个人不应当诈骗时，我们并没有在特殊的‘道德’意义上使用‘应当’和‘应该’。”（她或许可以补充一句：当我们说一个搞诈骗的人是坏人时，我们也不是在特殊的“道德”意义上使用“坏”。）参见 Ancombe, “Modern Moral Philosophy”, p.29。 而在“Goodness and Choice”一文中，富特论证道，“如果黑尔对于‘好人’中‘好’的论述是正确的，那么，该词的这种用法似乎就跟我们在所有其他情形中说‘好的什么什么’有所不同”，这强烈意味着，如果“好”具有某种特殊的、“道德的”和“评价性的”用法，专门用于我们对自己的评价且完全不同于我们对所有其他事物的评价，那么，这可能非常奇怪。Foot, “Goodness and Choice”，（1978），p.134.

想法以非常精彩的方式同亚里士多德式的自然主义推想结合起来。在她（很可惜）未发表的罗曼奈尔讲座[①]中，她一开场就引人入胜地说道："在道德哲学中，我相信，思考一下植物的情况是非常有用的"，接下来，她讨论了"好 / 善""不错""有缺陷"等评价性词语涉及植物时的用法，[②]接着是涉及非人类动物时的用法，最后是涉及人类的用法。在她最近围绕该话题发表的作品中，[③]她没有再谈植物，而是直接从其他动物开始谈。她的看法是，就像"只管吃却不参与捕猎的狼有些不对劲的地方"，"找到了蜜源却不让其他伙伴知道的蜜蜂有些不对劲的地方"一样，缺乏（比如）仁慈和正义的人也有些不对劲的地方。"在一个其成员共同参与劳动的物种当中，如同听力、视力或运动能力存在缺陷的个体一样，这些'搭便车'的个体也是有缺陷的"。接下来，她"非常认真地把道德评价的基础同针对动物行为的评价的基础进行了一番比较"。[④]
196 她得出结论说：

在我看来……道德评价与事实陈述并不对立，毋宁说，就像针对动物的视力、听力及其行为其他方面的评价一样，道德评价也必定与那些涉及具体对象的事实有关。我认为，没有人会把"一只不能分辨自己雏鸟哭喊声的海鸥听力有问题"，"一只不能在黑暗中看到东西的猫头鹰视力有问题"仅仅当作单纯的事实。同样地，根据我们人类物种的生命形式而对人的视力、听力、记忆力、注意力等方面给予客观性和事实性的评价，这种做法也是显而易见的。那么，如果有人说"应当根据那些涉及人性以及我们物种生命的事实来决定如何评价人的意志"，为什么看上去就是非常荒唐的建

① 她曾在 1989 年美国哲学学会太平洋分会会议上做过一次公开演讲。
② "Goodness and Choice", p.145.
③ "Dose Moral Subjectivism Rest on a Mistake?" 以及 "Rationality and Virtue"。
④ "Dose Moral Subjectivism Rest on a Mistake?", p.9.

> 议呢？毫无疑问，这样的反对意见与如下思想有关，即，好行为的“好”同选择之间具有某种特殊的联系。但是，正如我已努力表明的那样，这种特殊联系并不是非认知主义者认为的那个样子，它更多地依赖于如下事实，即，道德行为是理性的行为，人类是能够承认行为理由并基于这些理由而行动的生物。①

可以看出，富特正在强调的是，伦理评价何以同沃森所描述的把老虎（或狼或蜜蜂）说成是“好的”“健康的”“其种类中的好样本”的那些评价具有相似之处。这是我从她后续的整个思想当中所吸纳的一个观念。我会从她所发表的那些重拾其最初想法（即，“从植物开始讨论”）的文章开始，因为，这使得我们更容易看出那种我认为在我们对生物的评价过程中能发现的具体结构之发展。②

评价植物和动物

我们可以根据各种各样的标准来挑选和评价生物。我们可以将它们评价为“食物的原料”、“生存竞争的参与者”，甚至是“合乎**我的**喜好而摆在**我家**窗台上的装饰物”，每个名词或名词词组都有自己的“好 / 善”的标准。在自然主义语境中，我们关注的是把生物个体当作它所属的自然物种的样本而进行的评价，就像经验丰富的园丁对于植物的评价，动物学家对于动物的评价。 197

一株植物个体根据（i）它的器官与（ii）它的机能（包括这方面的相关反应）是好是坏的而成其为该物种（或亚物种）的好样本或坏 / 可怜样本，比如，一枝好玫瑰或荨麻。所谓“植物的器官”，我指的是叶子、

① “Dose Moral Subjectivism Rest on a Mistake?”, p.14.

② 应当注意的是，尽管我接下来勾勒的、为了展示这种结构而给出的大部分例子都是她的，我所发现的结构却比她认为存在的要更多。

根茎、花瓣这些东西；所谓“它的机能”，我指的是它生长、吸水、发芽、枯萎、播种这些事情；所谓“它的反应”，我指的是向日葵、紫罗兰随太阳转动以及有些植物叶子为了保持水分而会掉落或打卷的情况。

植物个体的器官与机能根据两种目的而被评价为“好的”；它们是好的，取决于它们是否以该物种成员的典型方式而有助于（1）个体安然度过这类物种成员的典型生活，并且有助于（2）该物种的延续。因此，在评价那些与个体生存有关的器官时，我们发现，比如说，一棵（X 物种的）树应具备某种特定的根茎，它通过使这棵树保持稳定、吸收营养而有助于它的存活。它的叶子在面临干旱时也许就该打卷（这是与个体生存相关的机能）。而在评价那些与物种延续有关的机能时，我们发现，比如说，它应该在每年的特定时期（即，在这类物种成员通常结种的那个时期）结种，而这些种子本身应该是好的种子，即，成熟、饱满的种子。

因此，评价植物个体时，我们发现，我们是在评价与**两种**目的有关的**两个**方面——器官和机能。一个好的 x，在器官和机能方面是非常合适的或具有良好的天赋；而它是否非常合适或具有良好的天赋，则取决于它的器官与机能是否以物种 X 的典型方式很好地促进了它的个体生存及其物种延续。

如果我们（就像我们所说的那样）“沿着自然之梯上升到”动物层面，那又会发生什么呢？我们仍然把动物个体当作其物种或亚物种的成员来评价；我们仍然通过评价与上述两种目的有关的那同样两个方面而做出如此评价；不过，在自然之梯的某处，我们会补充两个更进一
198 步的方面以及两种更进一步的目的。[①]

首先，在某些不确定的地方，我们必定不再仅仅谈论“反应”（比如，紫罗兰和向日葵对太阳的反应）而必须开始讨论“行为”或“活动”。即便鱼和鸟，也会以植物所不能“做”的方式去“做”事情。因此，在评价

① 在这里，我开始引入比富特更多的结构。但大部分例子仍然是她的。

能够行动的动物时，针对个体生存与物种延续这两个目的，我们不但要考虑它们的机能是否运转良好，还要考虑它们的行动是否做得良好。

所以，对于具备一定智力的动物，我们不仅根据它们是否有好的器官和好的机能，并且根据它们是否以该物种的典型方式采取了恰当的行动，而将它们评价为该物种的好样本或坏/有缺陷的样本。

自然地，对于能够行动的更复杂生物，我们会有更复杂的方式来实现上述两种目的。虽然汲取营养是好的鸟类和好的植物都会"做"的事，但是鸟类必须通过行动来获得营养，而植物则不必如此。一只猫头鹰若要善于获得营养，它不但需要有好的器官和机能（它的眼睛、翅膀、爪子，以及管用的消化系统），而且必须善于捕猎。不能以该物种的典型方式去捕猎的猫头鹰，至少在这个方面，是一只坏的或有缺陷的猫头鹰。

不但如此，对于能够行动的动物来说，"物种的延续"还涉及更多方面而不仅仅是（比如）播种。所以，就满足"物种的延续"这个目的而言，对动物个体的评价要建立在如下问题的基础上：即，它们是否（以该物种的典型方式）做到了为实现该目的所必需的这些"更多方面"。因此，一只帝企鹅，如果撇下其配偶生的蛋不管，那它就是坏的或有缺陷的帝企鹅。一头母狮子，如果不给自己的幼崽哺乳，不喂养它们，不教它们捕猎，那它也是有缺陷的母狮子。

对于我们以此评价动物的这第三个方面（行动）我们就说这么多。现在，让我们想一想个体生存与物种延续之外的第三种目的。在自然之梯的某处（再说一遍，很可能是在不确定的某处）我们开始谈论痛苦，而在某处（也许是同一处，也许不是）我们开始谈论快乐。对于能够感觉痛苦、快乐或享受的动物进行评价，不仅涉及先前的两种目的，而且会涉及第三种目的，即，典型的无痛苦状态和典型的快乐或享受状态。[①] 199

① 参见 Foot，"Euthanasia"一文的第一部分，其中讨论了不同的但有关的问题，即，"对植物来说有利的东西必定与繁衍[以及它的]生存相关"，而当我们讨论能够感受痛苦的动物时，像舒适或减轻疼痛这样的"新事物就算得上是有利的东西"了。

强调“典型的”非常重要。正如在动物的痛苦问题上拒斥功利主义思路的动物行为学家经常指出的那样，动物承受的许多痛苦远远不是恶，而是重要的生存机制。一只脚垫被割掉却感觉不到痛苦的狗并不比正常的狗更优秀，反而是有缺陷。在一种对于受伤的部分会感到痛苦的动物那里，不能觉察受伤部分的疼痛，对该物种的个体成员来说乃是一种缺陷。而典型的无痛苦状态，则是出现在该物种成员的典型生活中。因此，比如说，一只犄角长歪的公羊也许仅仅有点畸形，但是，如果它的犄角歪到了它的面颊里，使它一直痛苦，那便是有缺陷的了。而一只牙齿已经畸形到只要咀嚼便会疼痛的动物也是有缺陷的。

因此，这就是我们的第三个目的——典型的无痛苦状态和（在合适情况下）典型的快乐或享受状态。它让我们注意到我们在对动物做出“好的”或“有缺陷的”评价时所针对的第四个方面。将痛苦和快乐归属于更聪明的动物，这和将一定程度的（至少最低程度的）心理因素（即，情感和欲望）归属于它们是密切相关的。具有这类心理因素的动物要想被评价为“好的”或“有缺陷的”，不仅涉及其他三个方面，还涉及某些情感和欲望。当它们不愿意进食或繁殖时，它们就有缺陷——出了什么问题。（最让人感到悲哀的，几乎莫过于以前常常挂在动物园的某些动物笼子上的告示：“无法人工圈养。”）再比如，任何一种动物通常都会害怕一些动物而不害怕另一些动物；因此，该物种中间无法恰当地感到害怕的个体就是有缺陷的。

所以现在，对于更聪明的动物，我们在评价它们时就涉及四个方面：（i）器官，（ii）机能 / 反应，（iii）行为以及（iv）情感 / 欲望，以及三种目的：（1）个体的生存，（2）物种的延续以及（3）典型的快乐或享受
200 状态和典型的无痛苦状态。如果我们此时更进一步，专门想一想社会动物，那就会发现第四种目的，即（4）社会群体的良好运转。[①]

① 蜜蜂和蚂蚁这样的社会生物给这里顺畅的论证过程带来了一点小麻（转下页）

我并不完全知道动物生理学是否确实提供了一些例子，能够根据这第四种目的来评价它们的器官。而关于机能 / 反应的明显例子则是社会群体的成员辨认其同类的能力；缺乏这样的能力显然是一种缺陷，而且据我所知，这很可能是有缺陷的器官所致。人们会说，一只没有尾刺的蜜蜂，更多的是对于蜂巢的存续与良好运转的目的来说，而不是对于物种延续的目的来说是有缺陷的。不过，诸多例子涉及的都是行动方面与情感 / 欲望方面。

狼成群结队地进行捕猎；而没有参与捕猎的“搭便车”的狼则没有恰当地行动，因此存在缺陷。狼、象、马的社会群体都有首领；因而，在这些物种里，不服从首领权威的个体就是有缺陷的（除非它是在以该物种的典型方式挑战首领的位置）。有些社会动物会在一起玩耍；因而，在这些物种里，没有参与其中的成员就是有缺陷的，更严格地讲，试图参与其中但行为不当的成员（没有遵守游戏规则）也是有缺陷的。有的猿猴会相互梳理毛发；因而，不能为群体其他成员梳理毛发的猿猴就是有缺陷的。某些典型的害怕与愤怒的方式可以把群体的其他成员同那些虽属于同一物种但不属于同一群体的其他成员区别开来；因而，情感反应不合规矩并且妨碍了该群体运转的某个社会动物，就是有缺陷的。

什么是“社会群体的良好运转”？或者，换句话说，对这样的群体而言，什么才是良好运转？这类群体的功能在于使其成员（以其物种的典型方式）生活得好；亦即，促进它们的典型的个体生存，促进它们为物种延续而做出的典型贡献，以及促进它们典型的无痛苦状态，还有它们对于那些只有它们这类物种才能享用得到的事物的享受状态。而所有这一切都需要促进成员的典型能力的发展。这就是一个社会性群体所应 201

（接上页）烦，因为我们并不认为它们能够感知痛苦，更不必说快乐了，所以它们不能根据第三种目的来评价，但它们可以根据我所说的“第四种”目的来评价。不过在涉及它们时，我将仍然坚持采用“第四种”这一说法，而不是通过设立限定条件使得讨论变得复杂。

当做的事。因此，如果它在这方面做得好，那么它就是运转良好的。

在考察社会动物的过程中，我们发现这四种目的是彼此关联的。不是说在其他情形中找不到这种关联性——一只动物需要发育成熟以繁衍后代（即便是植物也要这么做），并且在成熟之后还要在幼崽需要养育的时候养育它们——而是说，它在社会动物的情形中格外突出。

一般来说，社会动物的个体生存得益于它们同群体之间的密切联系，前提是该群体运转良好。物种的延续也依赖于群体的良好运转。不仅如此，在更加聪明的社会动物那里，个体的痛苦和快乐也可以和群体有关。这样的社会动物如果失去了同伴便会憔悴困苦；相应的，对于群体之中的同伴关系和互动行为，它会觉得享受。换言之，如果这些就是其物种成员的典型生活方式，那么，只要它没有这么做，它便是有缺陷的；因此，一只（会给同伴梳理毛发的）猿猴，如果它不喜欢待在自己的群体里，不喜欢被别人梳理毛发或是一起玩耍，那么它在这些方面就是有缺陷的。

因此，概言之，好的（属于更聪明物种的）社会动物就是在它的（i）器官，（ii）机能，（iii）行为以及（iv）欲望和情感等方面非常合适或具备良好天赋的动物；而它是否如此合适或具备良好的天赋，则取决于这四个方面是否（以该物种的典型方式）很好地促进了它的（1）个体生存，（2）物种延续，（3）典型的无痛苦状态和典型的享受状态，以及（4）社会群体的良好运转。

对于刚才大致描述的有关动植物的评价，有几点是值得注意的；当转而考虑那些把我们自己判定为好人的评价时，我们需要将它们牢记在心。

第一，针对动植物的这些评价的真理性绝不取决于我的愿望、兴趣或价值，实际上也不取决于“我们的愿望、兴趣或价值”。它们在最直白的意义上就是“客观的”；实际上，既然植物学、动物学、动物行为学等属

于科学，那么，这些评价就是科学的。[①] 不熟悉这些评价或倾向于认为 202
它们必定涉及赞同或赞扬的读者，应该好好关注一下讲述园艺和自然的许多优秀电视节目。前者全都是对"这株植物有什么问题 / 缺陷？"（或"这些该死的荨麻为什么长得这么好？"）等问题的诊断，而后者，通过迈克尔·汤普森[②] 的优美呈现，反映的全都是"（没有缺陷的）某种生物拥有什么，在做什么（在发情、在捕猎，等等）"。农民以及关心家畜的人，对于正确地获得部分这样的评价一直都有特殊的兴趣；而植物学家和动物行为学家现在要获得一些真的评价，兴趣则是为其本身。

第二，尽管这些评价是客观的，事实上具有科学地位，它们仅仅是"大致"为真，而且到处都有不准确和不确定的地方。它们是针对那些作为某个特定物种成员或亚物种成员的个体的判断，而物种的概念十分模糊，具有很大的武断性。[③] 我们这里是该把这株植物归为 X，从而属于该类型的一个可怜巴巴的发育不良的样本，还是该把它归为 X 的矮小类型（即"矮 X"这个亚物种）的优秀样本呢？一个物种的"典型运作方式（等）"是根据它在其自然环境或自然栖息地的典型活动方式来界定的，而这些概念却跟物种的概念一样让人迷茫。（实际上，X 的某个分支较好地适应了完全不利于 X 生长的环境，这样的情况就足以使人有理由将它重新划分为一个亚物种。）因此，只要人们断定 X 物种需要细分，或者，只要该物种的成员看上去正在发展出一种全新的典型生存方式，那么，植物学家或动物学家最开始的判断（即，那个 x 或那些 x 有点不对劲）就可能会随着后来的发现而被取消。

整体性的概括评价（即，这个 x 是一个好的 x，它是其种类中的一

① 事实上，如果约翰·杜普雷是对的，那么情况就不一定完全这样，因为他指出，并不存在独一无二的划分生物世界的方式，不同分类模式在一定程度上是由我们的不同旨趣决定的。参见 John Dupré, *The Disorder of Things* (1993)。然而，尽管我肯定他是对的，我认为，在这个语境中，采纳更为普遍的生物科学的说法，是没有害处的。

② "The Representation of Life" (1995).

③ 对这个观点的进一步辩护，参见 Dupré, *The Disorder of Things*。

个好的样本）是在评价了它的相关方面之后产生的。一个好的 x 在器官和机能等方面非常合适或具备良好的天赋；它之所以是好的 x，就因为它具有良好的器官和机能，能够恰当地行动、感觉和欲求。而这些方面是依据有关目的（正如我们指出的那样，它们常常彼此关联）来进行
203 评价的。并且，考虑到所有复杂性，理应明显的事实是，某个 x 有可能在这方面完美，在那方面不足，而在另外的方面一般般；最终，对它的最佳描述是“一个除了这个或那个方面外几乎完美的样本”，“一个最好的样本，如果考虑到它的年岁的话”，“一个相当可怜的样本，如果考虑到它所处的环境的话”，等等。

在有的情形中，我们十分难以断定，一个在某些方面具备良好天赋而在其他方面却存在严重缺陷的 x 个体是否在整体上就是一个好的 x，以及，如果它是好的 x，那么它是否要比另一个在各个有关方面具备较好天赋但还谈不上特别好天赋的 x 更好或同样好。在有的情形中，我们难以断定，如果一个 x 在某种不自然的、不利的环境下表现得相当出色，那么它是否就是一个好的 x，或者，既然它在有的方面同那些身处其自然栖息地的好的 x 不一样，它是否该被描述为“有缺陷的”。

评价这些方面所依据的各个目的之间会发生冲突，而当冲突出现时，这种整体概括评价的真实性或虚假性就往往无法得到清晰的断定。不过，情况常常就是如此，而且，它们是由于该物种成员的典型特征所致。请想想富特最有名的几个例子：那些（也许是想象出来的）搭便车的狼、没有尾刺的工蜂，以及不保护自己幼崽的母狮子。最初表面看起来，这些个体也许在满足第一个和 / 或第三个目的方面有良好的天赋，而在满足其他两个目的（或其中之一）方面则没有那么好的天赋，甚至是糟糕的天赋。但是，通过强调该物种的典型活动方式与典型的享受状态或无痛苦状态，对它们做出“好的 x”或“有缺陷的 x”的整体评价（进而对它们做出“过上了好 x 的生活”或“没有过上好 x 的生活”的评价）则否定了那种最初的表面印象。一只不能生育的母豹，尽管它的生

活可以非同一般地避免痛苦，它在避免**典型的**痛苦方面却缺乏很好的天赋，搭便车的狼难以从唾手可得的食物中得到典型的享受状态，而没有尾针的工蜂也难以通过典型的方式来度过其自然的生命历程。那些努力驱赶捕食者、使之远离有幼雏的鸟巢的鸟儿，如果它们没这么做，便是存在缺陷的，尽管它们（还有那只母狮子）确实在维系个体生存和避免痛苦方面具有更好的天赋。[①]

第三，好的 x 不一定全都具备同样的特征，我们有可能不得不按照 204
"好的 fx"或"好的 gx"来作评价。甚至在部分的植物物种中间也有雌雄之分；好的雌性茵芋会结浆果，因此，结不出浆果的雌性茵芋是有缺陷的，而雄性茵芋不会结浆果，因此也就谈不上有缺陷。好的工蜂会跳舞，而雄蜂和蜂后则不会。狼如果不是狼群的头领，谈不上是缺陷，而身为头领的狼如果不是只好头狼，那便是有缺陷了，等等。

第四，整体性的概括评价（即，这个 x 是其种类的好样本）把它界定为如下这种 x，即，就像那种能够（以 x 的典型方式）做得好或活得好，能够（以 x 的典型方式）实现繁荣或兴旺的 x 一样，它一般都非常适合或具有良好的天赋。动物和植物所**做**的事情就是活着；一般说来，好的动物和植物总是活得好——除非它受到了外界的阻碍。然而，即便是一个在各方面都具备完美天赋的 x，也仍有可能无法活得好。它的环境也许被污染了；它也许还没开始活就被吃掉或死于非命。不仅如此，在个别情况下，它之所以无法以其典型方式而活得好，恰恰就**在于**它是其种类之中的好样本，因为，比如说，当它能够以其典型的方式感受痛苦时，它会承受这样的伤害以至于带着痛苦度过余生。而那些对于受伤的部分从未感到痛苦的动物，偶尔也能安然无恙地活得很久，并且，它会在自己承受严重伤害的余生之中因为这种缺点而受益。不过，它因

① 富特说："对某个个体（它的特征和功能）的评价，可能取决于危及他人而非自身的那种公开的或私下的伤害。"参见 Foot, "Rationality and Virtue", p.209。

此仍然是有缺陷的，无法过上一种典型的 x 的好生活。[①]

第五，这种整体评价的真理性部分取决于我们所讨论的 x 的需求及其兴趣和欲望（当我们上升到自然之梯的更高层级时）。

评价我们自己

如果安斯考姆、吉奇和富特的看法是对的（即，“好 / 善” 是定语；当
205 我们开始对自己进行伦理评价时，它的语法性质并未发生突变），那么，在人这里，“好 / 善” 的标准就必定同 “人是什么” 和 / 或 “人做了什么” 等方面有关。当然，关于 “我们是什么”，人们之间存在分歧。比如，有人会说，人**是**不朽灵魂的拥有者，他们凭此认识上帝、热爱上帝，以求永生。而 “伦理自然主义” 则通常被认为不仅以某种方式把伦理学建立在人性基础上，而且把人当作自然的、生物学意义上的生物秩序的一个环节。它的标准的首要前提是：人类**是**一种理性的社会动物，因而是一种生物 —— 与 “人” 或 “理性存在者” 不同，这种生物具有特定的生物构造和自然的生命周期。[②]

---

① 请将富特对于这个问题的早期说法，涉及人类需要使用眼和手（“这不是说一次受伤就不会比必然的伤害带来更多偶然的好处；人们只需要想想下令把体格健全者利剑处死的那些时候就可以了。” 参见 Foot, “Moral Beliefs”, p.123），同她在自然主义语境中对这个问题所提出的新看法进行比较 —— “正是物种的生活方式……而不是个体自己碰巧所处的环境决定了，对个体来说，较好的或较差的（特征和功能，比如）视力是怎样的。因为，被安置在某个特殊环境里的个体，比如动物园中的野生动物，很可能因为它碰巧适应了它的特殊生活而存在一种缺陷。像 ‘好视力’ 这类表达方式的含义同物种有关。如果我们打算谈论那种碰巧（甚或就其本身来说）有利于身处特殊环境下的特殊个体的视力，那么，虽然我们可以一直这么做，但这样一来，我们所谈论的就不是好视力，而是别的某种东西了。” 参见 Foot, “Rationality and Virtue”, p.208。

② 在我看来，“人” 的概念，要比 “人类” 美好，原因在于后者常常被过分狭隘地定义，以至于它无法为 “好人” 赋予任何意义。如果人仅仅**是**一种自觉的存在物，那么，怎样才算得上好人或坏人呢？对于我们自身，作为一种拥有过去和未来的存在物，我们是否可以获得一种很好的而不是相当匮乏的概念呢？

如果上述看法基本正确，那么，只要伦理自然主义为真，我们针对自己的伦理评价就至少应当体现出一种看上去同我们在植物学家和生物学家那里所发现的针对其他生物的评价相类似的结构。更具体地讲，我们会期待我们针对自己的伦理评价类似于针对某种聪明的社会动物的评价，并且，该评价会因为我们不仅具有社会性并且具有理性而必然存在一定的差别。这是我们必须思考的第一个问题，以便搞清楚伦理自然主义能否作为占据麦克道威尔空间的一种可能立场而有所发展。

上面这些评价全都把好的 X 当作是它们种类中的**健康**样本。而我们伦理评价的一个非常明显的不同之处在于，我们把在评价了我们身体方面（至少是我们的器官和机能）之后所做出的整体性评价，同关于 206
人的生物学和 / 或医学论区分了开来。评价某人是一个好的、身体健康的人类样本，对我们而言，同我们所说的"伦理"评价是不一样的（也许对古希腊人而言并非这样）。[①] 既然如此，那么让我们考虑一下，当纯粹身体方面的因素因此被分离出去以后，我们的伦理评价是否还能体现出那种结构的其他部分。

这就需要我们对如下方面进行评价，即，并非纯粹身体方面的反应、行为、情感和欲望；而我们的理性则会成为被明显添加到这份清单上的一项内容，就像我们的思考范围从植物过渡到不那么原始的动物时也添加了内容一样。如果仅仅简单地把我们对其他社会动物的看法转移到我们自己身上，那么，我们就只是在其他动物的行为方式（"出于偏好"而非"出于理性"，正如我在第四章所说的那样）的有限意义上评价"行为"。然而，毫无疑问，让我们成为伦理意义上的好人或坏人的原因，主要是我们或好或坏地出于理性而采取的行动，而不是我们偶尔"出于偏好"所采取的行动。因此，这成为需要添加进来的一个更深层

① 在人类的心理领域会出现可能不一样的第三种评价类型，但这需要专门一本书来讨论这个问题，即，把某人评价为一个好的、心理健康的人类样本，能否与伦理评价清晰地区别开来。

的方面。

现在我们掌握了一些细节,我们可以问:"这个命题在多大意义上是恰当的?它看上去像是有成功的机会吗?"我们需要首先围绕先前提到的那几个方面,然后围绕先前提出的那四个目的来考虑这个问题。

认为我们是依据我们是否在如下方面——并非纯粹身体方面的反应、出于偏好的(偶然)行动、情感和欲望以及出于理性而行动等——具备良好(或糟糕)的天赋而成为伦理意义上的好(或坏)人,这种主张恰当吗?概言之,这些方面就**是**我们的伦理相关方面吗?作为一份从针对动植物的思考出发,而后把纯粹的身体因素剥离出去,并且又将"出于理性而行动"添加进来的清单,它看上去可能更像是一只打了补丁的口袋。但如果从另一个视角来看,它又具有显著的统一性;它是一份关于或好或坏地体现出我们伦理品质的那些方面的清单。

正如我们在前几章看到的,拥有美德不仅是说一个人在出于理性
207 而行动的方面具有良好秉性,而且是说他在情感、欲望方面也有良好的秉性。尽管我们的理性行为很重要,我们的情感在道德上同样意义非凡,并且,情感方面具备良好的秉性,意味着一个人在出于偏好的偶然冲动以及由此带来的并非纯粹身体方面的情感反应上也具有良好的秉性。[①] 有美德的行为还涉及"并非仅仅身体方面的反应",它们表现为对情境相关因素的感知,而这一点(正如我们在本书前三章看到的那样)乃是不可或缺的。因此,美德的概念犹如量身裁剪过一样,包含着(根据这里所概括的自然主义看法)对于那些伦理相关方面的积极评价。成为一个好人,就是要在上述方面具备良好的天赋;拥有人类美德,就是要这样具备良好的天赋。人类美德使其拥有者成为好的**人**,即,一位

① 在此语境中,值得回想一下我(在前面第106页)所提出的主张,即,即便我们成年人是"出于偏好"而行动的,这些行动也跟动物的类似行为不一样,因为我们采取行动时所依据的状态与它们不一样。我们的状态包含了我们的如下知识,即,这些行动在这些环境中有待于被评价为无辜的或恶劣的,正当的或不正当的,等等。

正常地状态不错，而能够（以人的典型方式）不止在身体方面生活得好，生活得繁荣兴旺的人。

请注意，到目前为止，我们仍然没有回答“节制、勇敢、慷慨、诚实和正义等是否**就是**人类美德”。这使得我们要面对“我们提出的伦理自然主义是否看上去像是有成功的机会”这个问题的另一半，即，它告诉我们要根据适用于社会动物的那四种目的来评价我们的各个方面，而这是对的吗？其他社会动物的器官、行为等方面如果促进了个体的生存、种族的延续、典型的享受状态和无痛苦状态，以及社会群体的良好运转这四种目的，那么，它们就是非常合适的或具有良好天赋的。如果我们的品质特征也促进了这同样四种目的，那么，我们是否就在伦理上具有良好的天赋呢？或者，任何试图通过这样的自然主义标准来确立哪些品质特征属于美德的做法，是否会对“好人”提出一种无法得到人们承认的奇怪描述？关于一些案例的讨论表明，自然主义的标准可以相当好地满足我们的需要。

难道我们不能合理地认为，比如说，勇敢在人类生活中常常发挥着它在狼群生活中所发挥的同样作用吗？好的狼保护自己，保护幼崽，保 208
护彼此，在狼群攻击猎物时不惜性命和身体，从而促进了它们的个体生存、种族延续，促进了该社会群体成员相互合作以觅食并使自身远离危险的典型方式。而具备优秀的勇敢品质的人也保护自己，保护幼小，保护彼此，不惜生命与身体，保护和捍卫他们的群体中以及与之相关的各种有价值的东西，从而促进了他们的个体生存、种族延续，促进了他们自己和其他人对于各种好东西的享受状态，促进了社会群体的良好运转。我了解到，在社会动物当中，狼和象都有某些行动模式类似于我们的仁慈或慈善行为，我们似乎可以再次合理地认为，这些模式在不同的生命形式中发挥着相似的作用。给予幼小与无助之人的仁慈行为尤其有助于种族的延续；而给予范围更广的仁慈行为则通过促进个体的生存，促进其成员的无痛苦和享受状态，以及促进社会群体的凝聚力而有助于该群体的良好运转。[与勇敢不同，仁慈并不促进个体生存这一目的，但它就像工蜂的尾刺一样间接地促进该目的。不同于狼的獠牙，工蜂的尾刺不是一种促进其个体生存的好的器官；一旦工蜂使用尾刺，它很快就会死亡。但正因为蜜蜂有尾刺，它们会蜇你，所以掠食者知道要避开蜜蜂，从而促进了蜜蜂个体的生存。[①] 大体说来，仁慈也不促进其拥有者的个体生存（尽管正如我们看到的那样，它们也可以做到这一点），但是，如果生活在一起的社会群体成员是仁慈的，那么，他们常常就能够因为获得他人的帮助而更加长寿，更少困难，更多开心。]而在其他动物身上也许并无相似物的另一些美德，仍然会促进这四种目的中的某几种目的（同时不会损害其他目的）。如果缺乏诚实、慷慨和忠诚，我们将错失我们的典型享受状态的一个最伟大的源泉，即，爱的关系；如果缺乏诚实，我们将无法合作以获得知识并传给下一代，让他们茁壮
209 成长。而正义与守信能够使我们**作为**一个社会性的合作群体而运转，也早已成为人们的共识。

在我看来，所有这一切不仅合理，而且并不完全陌生。它们既没有跟休谟的看法（即，美德是那些对于拥有者和/或他人来说有用的和/或使之感到愉快的品质）相去太远，也没有跟现代人的尝试（即，根据行为或行为原则是否倾向于增进最大幸福和无痛苦状态而将它们评价为正确的，或是对我们的共同社会生活来说必要的东西）格格不入。诚然，由美德伦理学之外的学者所展开的大部分的现代讨论，往往更多是强调正确的行为而不是美德或好人，但他们基本上都愿意接受说“好人就是有美德的人，而美德就是常常引发他们所说的那些正确行为的品质特征”。虽然“个体生存”与“种族延续”这两个目的看起来没有其他两个目的那么令人熟知，但我认为，人们通常也能承认它们的影响。因此，那些要求广泛的自我牺牲或不计安危地转过另一半脸让人打的说法就

① 关于蜜蜂尾刺的这个很好的论点最初是 Greach, *The Virtues* 一书提出的。

会遭到批评并常常接受修补，以便能够让好人（那些倾向于采取正确行为的人）对于个人的生存有合理的期待。[①] 而种族的延续，就生殖繁衍而言，乃是一个复杂得多的话题（我将回头讨论它），但由于它关系到抚养和教育我们的孩子（就像母狮子给幼崽喂奶，后来又教它们捕猎一样），因此我会说，虽然它很少被提及，但它几乎得到了普遍的预设。没有哪位道德哲学家会故意对如下行为或行为原则（即，以牺牲抚养和教育子女作为**代价**来提升普遍幸福或社会中共同生活的"人"的福祉）给予合理化；人们可以发现，大多数道德哲学家假定，今天的婴儿将存活 210
下去并在今后成为跟他们一样的成年人和他们的读者，即使他们忽视了为确保这样情况发生而必须采取诸多审慎的人类行为。因此我认为，有足够的相似之处使我们期待，如果这样的自然主义推想就是我们应该追求的东西，那么，我们现在便没有理由假设它会对"好人"提出一种奇怪的描述。

这一点当然很重要。当我们开始采取自然主义推想时，如果仁慈、正义、勇敢、诚实等品质特征看上去都不是导向善的人类特征，那我会说，我们最好彻底放弃自然主义。这就是我为什么一开始讲，麦克道威尔为自然主义所创造的空间并没有确保它不是成功不了的；我们必须考察细节，搞清楚这一点。

然而，认为自然主义推想似乎可以通过"带来美德而不是恶德"的检验，仍不足以表明它就有成功的机会。它或许还有很多其他不合理之处，而我现在就要来讨论其中一些相当明显的备选项，并把更深层次的忧虑留待下一章去处理。

---

① 所有强调像生命这样的善具有"行为者中立性"的说法（大致说来，它的意思是，我的生命为**我所有**，这对我来说并没有什么额外的实践重要性）都在"允许我采取特别的努力以保存和捍卫我自己生命"这个方面是有点问题的。不过，这些说法的支持者确实通常认识到这个问题，而且试图在某种程度上避开它——他们并没有仅仅接受说，行为者的个体生存是一种与伦理无关的目的。

有一种担心是，自然主义推想对于“什么是好人”会给出过分决断的规定，根据这种规定，所有的好人在重要意义上都应该是同样的，他们就像其他动物的情况那样，日复一日过着与**这个好人**同样的“典型的人的生活”。

为了消除这种担心，首先需要指出的一点就是提醒人们，这里所讨论的伦理自然主义应当是在提供一种用以判定具体的品质特征是否属于美德的标准，**而不是在**提供一种关于正确或好行为的直接标准；它不是“自然法”理论。假设我们可以说服自己：根据自然主义，节制确实是一种美德。那么，若将该结论用于前面几章，我们其实也就可以说服自己：一位节制的行为者在**那些环境**里（除了悲剧性的困境之外）出于品质而采取的具体行为，其实就是好的或正确的行为。不过，这远远不是在实施一条律法，比如，所有的好人都要一直克制自己不能吃太多或太少。把某个具体的品质特征确立为美德（如果能够确立的话），这是一件事情；而要搞清楚在具体情形中如何正确地运用美德术语，以决定在这样的环境中出于这样的理由而去这么做是不是对的，则往往是（正如我此前几章尽力表明的那样）某种确实必须视每个情况来处理的事情。
211 当我从自己后天获得的伦理视野内部出发，思考（比如说）节制根据自然主义的标准是否属于一种美德时，我所审查的是自己的节制概念，就像我会审查自己的（比如）仁慈概念以及与之有关的那种指向他人之**善**的概念一样。这种反思审查可能让我不再认为它们是美德。或者，它可能让我在一定程度上改变自己对于特定的正确行为和错误行为的某些观点，从而在一定程度上改变自己对它们的看法。但是，基于自然主义的考虑并不会立刻就告诉我，我一直以为确实属于美德的这个品质特征是怎样在好人生活的所有情形中，在所有想得到的环境与文化境遇中展现自身的。节制之人也许在不同的环境里会以不同的方式行动。

况且，仅仅为数不多的有关其他动物劳动分工的例子也足以否定如下看法，即，自然主义认为所有的好人**就像**其他动物的情况那样“过着同样的生活”。因为，如我们所见，其他的动物**并没有**全都“过着同样的 x 的典型生活”。我在评价其他生物时指出的第三点（参见前文边码第 205 页）是，好的 x 不一定全都具备同样的特征。在评价某物种的个体成员是好还是有缺陷时，我们有时会停留在物种层面，有时则不得不通过采取更具体的步骤，把该个体评价为（比如说）好的或有缺陷的头狼，或是好的或有缺陷的“二头领”，从而再说它是好的或有缺陷的狼。对人来说，确实存在着比我们在其他动物那里所能发现的多得多的角色或生活的差异性，然而，既然这就**是**我们的存在方式，那么，自然主义判断就没有什么表明，对人类本性的思考将会带来比“**好狼**”或“**好蜜蜂**”概念甚至更加确定的“**好人**”概念。

可是，自然主义推想的目标不就在于这种“好人”概念（即，至少就他们全都具备并践行美德而言，所有的好人是同样的）吗？是的，除了我待会将回头来处理的一些例外情形，情况是这样的，而且，在这个意义上，自然主义声称所有的好人都过着“同样的生活”——合乎美德的生活。不过，这仍然不能取消生活的差异性——其中有这样的生活，在那里，人们对于至少某一种美德的践行要远远超过对于其他至少某 212
一种美德的践行，甚至要以牺牲后者作为代价。在某些美德方面特别有天赋，必定意味着在其他美德方面没那么有天赋，我所支持的这种自然主义无法否定这一点。

事实上，我们可以说自然主义预料到了这种可能性。我在评价其他生物时指出的第二点是，在有的情况下，我们很难断定一个在某些方面特别有天赋但在其他方面稍有缺陷的个体 x 从整体上讲是否算得上是一个好的 x，以及，如果它是好的，那么它是否与另一个（比如说）在各个有关方面都颇有天赋但不是特别有天赋的 x 一样好，或者比后者更好。如今，当我们讨论伦理评价时，我们会倾向于认为，从理论上讲这种问题**必定**存在确定的答案，即，在每个情形中，我们**必定**能对人类的伦理之善进行比较和排列。但是，自然主义远远没有承诺或威胁说它将提供所有这样的答案，并且它有力地表明，像这样的答案并非总能信手拈来。如果在其他生物那里它们明显无法信手拈来，那凭什么在我们这里它们就该是信手拈来的呢？

我在上面提到过，"所有的好人全都具备和践行美德"这个观点（即，如果某个品质特征是美德，那么一个好人必定至少在最低程度上拥有它）可能存在"一些例外的情形"。这个观点是如此常见，如此深刻地植根于我们的传统，以至于我们容易忽略"它其实可以被轻易否定掉，甚至就连亚里士多德本人也没有这种观点"的事实。[①] 诚然，完全缺乏标准清单上的某种美德，必定倾向于让人拥有一种相应的恶德，但有可能存在一些不太常见的美德，在它们那里，情况就并非如此。比如，是否存在一种成为好父母的美德，一个人会因为倾向于具备成为坏父母的恶德而极度地缺乏它，或者，一个人会因为根本没有为人父母而缺乏它，但又不影响他成为一个好人？

213 我们的品质特征概念似乎不足以坚定有效地通过这样或那样的方式来解决该问题。我们可能会说，成为好父母，涉及的就是具备和践行标准清单上尤其与子女相关的常见美德，而人们在这种语境下必须以某种特殊的方式来践行它们。或者，我们可能对于如下事实印象深刻，即，我们知道，有的人虽是相当不错的父母，但他们对直系亲属之外的成员所施予的美德却非常有限，与此相反，有些颇具美德之人在关心自己孩子方面存在一种奇怪的盲点，几乎没有对自己的孩子表现出他们对其他人所表现出的仁慈、慷慨、忠诚和怜悯，没有像对其他人那样对自己的孩子予以公正的判断或诚实的对待。而这可能让我们以为，成为好父母的人在品质特征上需要同仁慈之人、慷慨之人、公正之人等区

① 在《尼各马可伦理学》第四卷第二章，亚里士多德把一般范围内的"慷慨"同涉及大范围开销的"大方"区分为两种美德，他指出，尽管"大方的人是慷慨的，慷慨的人却未必是大方的"。尽管他在讨论"大方"时反映出势利态度，我没有发现任何明确的建议表明，缺乏大方美德所必需财力的人因此就不如拥有这种财力的人那么好。

别开来。**如果**我们说的是后一种情况，那么，尽管这里所讨论的品质特征看起来有可能根据那四种自然主义目的而被评定为美德，但是，它会是一种人们完全可以缺乏而又不会因此就无法成为好人的美德。考虑到上面提到过的劳动分工问题，可能还有其他一些基于角色的美德也是如此，比如，好的领导者或好的思想家，甚或好的艺术家。具备这种美德虽然会使一个人获得“好人”的整体评价，但是，另一个人缺乏这种美德不一定就意味着他不是好人。

即便当人们很清楚我们所考虑的自然主义是不会轻易得出如下结论时——即，好人必定**本身**就是好父母（从而身为父母）——“物种延续”这一目的也仍会使人们担心。他们想知道，在这种形式的自然主义看来，同性恋者难道不就是至少在这个方面全都是坏人，全都是有缺陷的人吗？答案是：并不一定如此，或者至少说，如果不再加上一两个强硬的前提，情况是不会必定如此的。

我们必须再次回忆一下，这里的关键不在于特殊的性行为或性倾向，而在于品质特征；长久以来，我们既有词语描述那种不管其他方面而只将性满足当作目的本身来追求，对克制欲望的任何要求都表示愤怒，在享受时不顾及性伙伴的愿望的人，也有词语描述那种尽管不是对性愉悦无感，却以克制得多、有区别得多的方式来追求它和享受它的 214
人。前者是放纵的，而后者（在性方面）则是节制的。就像标准清单上的其他美德一样，（性方面的）节制看起来似乎与放纵不同；当它根据那四种目的而接受评价时，它更有可能表现为一种美德。（性方面的节制不是拒绝生育，与放纵相反，它会促进人们对下一代的抚养和教育。虽然方式不同，但节制之人能凭借开心因素而让自己获得同放纵之人一样多的快乐；正是节制，有助于保护我们和社会的良性运转，远离那些因为人的性活动而可能导致的具有破坏性的激情。现在，或许还包括可以预见的未来，节制还会协助我们避免染上那些致命的性传播疾病，从而促进我们的个体生存。）因此请允许我们假定，根据自然主义，性方面的节制乃是一种美德。于是，任何缺乏这种节制的人，至少在这个方面就是坏的人。

然而，很清楚，任何试图得出如下结论（即，因为同性的关系，所以同性恋者在伦理上是坏的人或有缺陷的人）的进一步看法，都需要有一种针对同性恋行为的实质性前提，或是一种针对节制和 / 或放纵的实质性前提。比如，人们必须说，同性恋行为全都是野蛮的、任性的、滥交的（从而是放纵的、缺乏节制的）。或者，人们必须具体规定，任何与同性发生性关系的人，**因此**就是不节制的，或者**因此**就是放纵的（尽管不是在一般意义上）。无论这些前提从何而来，它们都并非直接源于自然主义。（我认为，前者源于某种有偏见的无知，而后者则来自一个更深层的前提，即，同性恋者追求性满足，肆意不顾上帝规定的那种得到普遍承认的性行为的功能。）特别是，它们并非源于自然主义所涉及的“物种延续”目的，后者是用于判定某种品质是否属于美德的那种标准的一部分。

为了强调这一点，让我们考虑一下禁欲行为。假设自然主义关于物种延续和社会群体良性运转的目的是对的，那么，这是否就推论出，过一种僧侣式的冥思生活绝不可能成为一个好的人？尽管这可能看上去让人惊讶，但其实推不出这样的结论——或者说，至少不能明显或
215 直接地推出这种结论。

如果能贯彻到底，自然主义的推想将通过某种方式证明那些关于“哪些品质特征是美德”的特定信念。请允许我们假设，它证明了大部分的标准清单。拿着这份清单回到一位僧侣式的冥思之人的生活中，问一问是否他正过着合乎美德的生活（亦即，只要没有外界的阻碍，好的人便会过上的**那种**生活）。是的，根据我对标准清单上的各种美德的看法，这是个开放的问题。有些僧侣式的冥思之人可能缺乏仁慈、诚实和勇气；在有的社会，或者，在有的环境中，过这样的生活可能是一种冥顽不灵的愚蠢、自私或不负责任的行为。若是如此，那他们就是坏的人，

生活得不好。但是,身处不同情境、对其生活选择有不同的理由并以不同的方式来过这种生活的其他一些人,可能就是好的人,过着好的人的生活。正如我前面指出的那样,合乎美德的生活也可以表现为许多不同的形式,其中就包括如下这样生活,即,人们对于至少某种美德的践行要远远超过对于其他美德的践行,甚至会以牺牲后者作为代价。 216

第十章

理性动物的自然主义

在本章以及下一章，我将继续讨论我在上章所勾勒出来的伦理自然主义的某种特殊形式，探究它所涉及的深层次问题，并最终使之与柏拉图所提出的第一个要求（即，美德有利于其拥有者）再次联系起来。

我们的理性带来怎样的差别？

当我们从评价其他的社会动物转向对我们自己的伦理评价时，需要评价的方面明显有所增加。其他动物会行动。我们偶尔也如此，但在大多数情况下，我们是出于理性而行动，而它们不是；并且，正因为我们主要是出于理性而行动，我们才算得上是伦理意义的好人或坏人。因此，这就是我们的理性所带来的差别。但人们肯定会说，单一的差别（仅仅一个深层次方面的差别）不足以表现出两者之间，即，我们这些理性生物与动物王国其他成员之间的巨大鸿沟。要么伦理自然主义不可能成功，要么我们的理性必定带来比迄今承认的还要多得多的差别。我同意这一点，并且，通过继续把伦理自然主义当作某种有可能成功的东西来加以辩护，我现在将转而考察我们的理性是在什么意义上带来差别的。

随着物种获得重要的新能力，两种相应的新目的也就出现在生物评价的结构之中，人们依此来评价个体成员的各个方面，这是该结构的一个值得注意的特点。生物感受痛苦（也许还有快乐）的能力方面就 217
是根据第三种目的即“典型的无痛苦状态和享受状态”来进行评价的；而生物的社会性方面则是根据“社会群体的良好运转”来进行评价的。因此，我们或许可以期待说，如果生物发展到了具备理性的程度，那么，它们的各个方面将会根据与这种全新的、变革性的能力有关的第五种目的来进行评价。

然而，这第五种目的可能是什么呢？传统为我们提供了一些选项。我们可以说，第五种目的是让我们的灵魂为死后生活做准备，或者，它是沉思，即，理论理智的良好运转。不过，采纳前者意味着超越自然主义而迈向超自然主义，并且，即便是一些哲学家也不愿追随亚里士多德而支持后者。我不是说不存在专门适合于我们理性的第五种目的，而是说没有哪个备选项可以证明自身的合理性；相反，我将表明的是，我们的理性给基本评价结构所带来的真正变革性的影响，充分地展现了我们与其他动物之间的“巨大鸿沟”。

如果回想一下我们针对其他生物的评价，我们应该觉得印象深刻的是，这些评价在很大程度上取决于我们如何界定“该物种（和/或该物种的具体成员）的**典型特征**”。其他聪明的社会动物有其典型的预期寿命、典型的延续种族的方式、典型的快乐、痛苦与无痛苦状态、典型的在其社会群体中生存的方法，而我们正是根据它们的这些典型特征来评价它们的。如果它们是好的 x，那么，只要没有什么外界因素妨碍的话，再加上一点运气，它们就会以典型的 x 方式而实现繁荣兴旺，作为 x 而过得很好。可是，在**类比的**意义上，什么是人的典型特征呢？虽然我们也有典型的预期寿命，但是我们还有其他方面吗？

是的，我们可能注意到，作为一个物种，我们同许多鸟类相似，而同鱼类和大量哺乳动物不相似，因为我们延续自身物种的方式是（a）生育不太多的后代,但(b)为了物种的延续而在它们幼年时期花费大量时间来保护和养育它们。然而,我们是否像帝企鹅、布谷鸟和北极熊那样具有一种持续地给予保护和养育的典型方式呢?如果有的话,又是怎样的?

218 我们可以说,如同其他的高级哺乳动物一样,我们通常也享受食物的乐趣,身体受伤时也感到痛苦;就像其他聪明的社会动物一样,我们通常也喜欢群居和玩耍,在离群索居或受到隔离时也感到痛苦。但是,我们感受这些事情(也许除了身体受伤之外)的痛苦与快乐的方式,似乎与其他动物不尽相同,因为,在我们这里,我们对食物、群居、玩耍、离群索居和受到隔离的看法会带来这样的差异;这些事情本身并非人类典型的快乐因素或痛苦源泉。[①](请回忆一下法西斯主义教育模式的可怕影响。)而且,如果我们想想人类所能享受的对象的广泛范围——艺术、音乐、文学、运动、登山、手工、园艺、求知(从探求天体物理学到发现其他国家的人们如何生活、吃什么东西等任何事情)、试图解决问题、与其他动物相处,更不用说狩猎、杀人、对他人行使权力、使他人遭受痛苦和屈辱、强奸、抢劫和破坏——那么,我们怎么可能还有"**典型的**快乐"这种观念呢?它们就是这份清单上的所有内容吗?还有更多内容吗?还包括一些子集吗?而我们所能感到痛苦的对象的范围,即便没这么大,也足以使"典型的痛苦和苦难"这个观念变得同样有问题。

根据假设,人通常是社会性的,但就"我们通常抚育我们后代"这一事实而言,却并不足以让我们得出什么结论。我们是否像狼、大象和黑猩猩一样,也具有社会群体的典型运作方式呢?如果有的话,是怎样的方式呢?是的,有人会说,我们通常借助语言彼此交流,而"我们作为一个物种"的事实也有非常重大的意义。但要搞清楚这种意义是什么,

① 富特指出"阿奎那所注意到的一种人类机能特征,他说,动物是发现好的事情,然后去做它们,而人类做的则是被他们**看作是**好的事情"。参见 Foot, "Rationality and Virtue", p.210。

却并不容易。

因此，如果伦理自然主义必须得通过"将人的快乐、痛苦和生存方式与其他物种区别开来"的办法来定义人类物种的典型特征的话，那么它看起来注定会失败。在不同地点、不同时代、不同个体之间，人的生活"方式"变化极大。当我们观察其他物种时，尽管我们确实发现它们 219 之间（比如，那些最近遍布城乡的生物物种，其中栖息于城市的成员与栖息于乡村的成员之间）存在地域和时间上的多样性和某些独特之处，我们这里的多样性却是完全不同的。

不仅如此，我们还把这种多样性视为理性（它将我们同其他动物区分开来）意料之中的结果。其他动物按照它们现有的"方式"生活，是因为它们的本性使然；而我们不是。它们无法思考各种选项并决定去改变什么，也无法像我们一样选择去尝试新的方式；它们在生物学上是被决定的，而我们不是。

我们有关多样性的这种想法（即，不存在典型的人类生存方式）比多样性本身更加重要。因为，就像沃森指出的那样，它使我们拒绝承认伦理评价能够严格类似于我们针对好的（健康的、机能良好的）动物而做出的那些生物学 / 动物学评价。虽然自然决定了它们应该是怎样的，但认为自然在我们身上也有规范性，也能决定我们应该怎样——这种观念是我们不会进一步接受的。

对于所有其他生物来说，如果 X 不做某事，那么（在大多数情况下）确实意味着它不能做某事。[①] 既然通过"应当意味着能够"这句

① 有一个明显公认的反例——即，虽然黑猩猩和猩猩不"说话"，我们却可以教其中的一些勉勉强强地说点话。因此，即便这个物种不能说话，其中的有些个体也还是可以说话的。不过，它们之所以可以，只是因为我们介入了该物种的典型生活方式。我看过一些观点冲突的报告，内容涉及被我们教过的动物是否无需借助我们的进一步介入便能教其后代学会说话。假设它们可以，而且它们的后代也能学会说话，那么，这种能力就被保留下来了。于是，这将成为它们如今确实能做的事情；我们将改变它们的本性，就像我们已经有意无意地改变了许多生物的本性一样。

口号而表达出来的那条耳熟能详的真理对所有生物来说都对（这足以让人感到惊讶），那么，认为（比如）“一只雄性北极熊非但不保护自己的孩子，还得要靠其配偶来阻止它不要杀害孩子，所以它是一只坏的 / 有缺陷的北极熊”，这样的说法就没有任何意义。而认为一只守候在幼崽身边，为它们提供食物的与众不同的北极熊，也谈不上没有缺陷。画蛇添足地认为“如果雄性北极熊有所不同，或者，如果雄性北极熊能够和雌性北极熊一同捕猎，那么它们将会更好地以北极熊的典型方式实现繁荣兴旺，作为北极熊而过得好”，这是毫无意义的。北极熊就是**不**以这种方式行动，它们也无法这样行动（除
220 非它们发生突变），对它们来说，这就是现存的所有事实。同样毫无意义的说法是：比如，雄猎豹比雌猎豹更加兴旺，作为猎豹，它们过得更好；或者，雄蜂比工蜂更加兴旺，作为蜜蜂，它们过得更好。我们心里所形成的“x 物种的好成员”和“作为 x 而过得好”等概念，完全受限于我们所讨论的这个物种的成员或其特化成员的实际所作所为。

但是，由于我们有理性（如果你喜欢的话，也可以说“我们有自由意志”），所以我们不同。除了一些明显的身体约束和可能存在的心理约束之外，我们无法从“我们**实际**做了什么”推出“我们**能够**做什么”，因为我们可以评价自己实际做过的事情，并至少可以尝试着去改变它。让我们假设，在人类行为学的意义上，人类的确具有某种“典型的”方式来为子女提供持久的保护和养育——孩子的亲生母亲就是这么做的。因此，同许多其他物种一样，（套用一句俗话）老天爷决定了女人们承载的负担要比男人们重得多。虽然对其他物种来说，情况必定如此（除非我们疯狂到要对它们加以干涉的程度），但对我们来说，情况则不必如此，而这正是女性主义最具启发性的一个方面，它使我们认识到了这点。用人类中心主义的话来说，正是事物的本性（猎豹的本性或“本质”，还有雌猎豹的本性或“本质”）使得雌猎豹同雄猎豹相比注定会过

得艰难。[1] 而当女性主义者否认“本质主义”时，她们所追求的并且正确指出的部分内容就在于，对我们来说，女人不是因为自己的本性或本质而注定要做她们迄今在做的事情。我们可以不这么做。我们心中有关“好的人”和“作为人而过得好”等概念，完全不限于我们物种成员以及生物学上特化成员的实际行为或当前的典型行为；我们足以认为，我们也许能变得**更好**、过得**更好**。[因此，“人(男人？)通常具有攻击性” 221
的人类行为学事实，也跟伦理自然主义无关(下一章结尾处将作进一步讨论)。]

这就是“我们具有理性”的事实给自然主义的基本结构所带来的真正具有变革性影响的一个主要方面。

然而，它让这种结构变得面目全非了吗？我说过，**如果**伦理自然主义必须得通过“将人的快乐、痛苦和生存方式与其他物种区别开来”的办法来定义人类物种的典型特征的话，那么它看起来注定会失败。一般说来，我们不可能这样来界定人类物种的典型特征——这里有太多变化了。而且，即便我们可以，但只要我们认为这些事情我们能够改变，那我们似乎就不会认为我们所界定的内容有什么规范力量。所以，伦理自然主义根本不可能成功？[2]

① 我看过一个自然纪录片，拍摄者在野外跟踪拍摄一只猎豹的整个怀孕过程，并成功捕捉到它在临近生产的那几天试图捕获一只小鹿(当然是凭它自己的力量，因为猎豹是独居动物)的精彩画面。如果不考虑它的身孕，那它就只剩下皮包骨了，而且，尽管它一开始仍然表现出其典型的轻盈跳跃，但却难以为继，最终精疲力竭。在这部纪录片里，这只猎豹最后几星期的捕猎运气有点差，不过也就是有一点；据说，怀孕期间在试图捕猎之后几乎饥困不堪，基本上是雌猎豹必定得面对的状况。

② 伯纳德·威廉姆斯，这位亚里士多德式自然主义的最精致、最持久的批评者，已经做过许多努力以澄清上述立场在他眼中的错误之处；他不断表达的一个忧虑是，我们并不具备某种典型的或“适合的”生活方式：“自然主义伦理学的理念源于一种深刻的目的论观念，对它的最佳表达，在许多方面仍然可以在亚里士多德的哲学中找到，根据这种哲学，每一种自然物天生都拥有一种适合于该物种的行动方式。”参见 Williams, “Evolution, Ethics and the Representation Problem” (1983), p.109。

并非如此，因为有种标准的看法，其大致意思是，**存在**人的某种典型特征，我们**确实**拥有某种典型的生活方式，只不过，我们拥有它的方式不同于其他动物。动物的典型生存方式有很多条，必须进行详细的描述，其中特别涉及如下情况，比如获取营养、交配、喂养后代、捕猎、挑选头领等等，它们通过观察而被发现。而我们的生存方式只有一条，贯穿于我们人生的各个方面而始终如一。将我们同所有其他动物物种区别开来的我们的典型生存方式，乃是一种理性的方式。“理性的方式”是我们能够恰当地视为善的，我们有理由去采取的方式。相应的，我们的典型的享受状态，就是我们可以恰当地视为善的，我们其实就在享用**并且**能够得到上述理由恰当支持的某种东西。

作为物种成员生存的“典型方式”，理性的方式与所有其他方式存
222 在明显的不同，其原因不仅仅在于它更加一般，不那么具体。即便在其他动物那里，“以该物种的典型方式”也不仅仅是个统计学的概念。[①]然而，就像我不遗余力地正在做的这样，坚持认为“我们的典型生活方式”就是去做我们可以恰当地认为我们有理由做的那些事情，这太过突兀地抛弃了如下看法：即，大多数人都在做人类典型会做的事。“以该物种的典型方式”的概念具有明确的规范性，它会一清二楚地带来如下判断，即，很多人**没有**“以该物种的典型方式”行动，所以他们是有缺陷的人。[②]

---

① 认为它不是一种统计学概念的观点，参见 Dupré, *The Disorder of Things* 以及 Thompson, “The Representation of Life”。

② “人类‘在自然 / 本性上’是理性的”观念何以在亚里士多德这里不如在斯多葛派那里表现得充分，对此，Annus, *The Morality of Happiness* 中的论述最有启发：“斯多葛派最早提出一种诉诸自然 / 本性的伦理学，而自然 / 本性显然具有**发展性**；这使得他们能够把‘人的自然 / 本性是发展的和理性的’当作首要观点。于是，对于自然 / 本性，我们就获得了一种更聪明的用法，该用法把作为我们自身之必然方面的自然 / 本性观念，同那种指示出某种发展目标（人们也可以破坏该目标）的自然 / 本性观念结合了起来。”正如她在后面几段指出的那样，“这是古代伦理学的内容，对此，现代读者可能觉得很难接受。部分原因在于，这种主张明显具有规范性，而我们所期待诉诸的（转下页）

然而，这不正是我们应当期待一种合理的伦理自然主义将会带来的判断吗？人们是否认为大多数人都是好人？人们是否认为，如果把我们自己看作一个社会群体集合或一个全球的社会群体集合，我们就会作为人而兴旺繁荣、过得不错？当然不是。我们知道，从伦理上讲，我们很多人的伦理水平都相当差，而且，当“我们”（生活在能够让我们写出和阅读这类书的环境中的人）考虑其他大多数人的生活状况时，“我们”知道，我们（人类）想要作为健康的动物（更不要说作为人）而生活得好的那些愿望，一般来说，仍然尚未实现。虽然持有这种希望或许并不理性（我待会回头来处理的这个问题），然而，当我们持有它们时，如果伦理自然主义得出“它们并未实现”的结论，我们也不应感到惊讶，**因为**我们当中有这么多人在伦理上都是有缺陷的。

况且，如果伦理自然主义并不打算仅仅成为生物学或动物行为学的一个分支，如果它并未声称要通过中立观点所获得的科学基础来推 223
出结论（就像我最开始将此视为麦克道威尔的一个前提那样），那么，我们就可以期待它具有明确的规范性。

但有人可能反对说，如果我们引入一种规范性的“典型生活方式”概念，那么我们如何保留自然主义的色彩呢？嗯，我们保留了结构；事实依然是，只要人们在伦理上的相关方面能够以该物种的典型方式而促进适用于社会动物的那四种目的，那么，他们在伦理上就是好的。而这种结构（诉诸四种目的）确实对我可以把什么东西合理地坚持视为人的美德施加了实质性的限定。我不可能从“什么是合理的或理性的行动”的前提，就推出“以如此这般的方式行动是理性的”以及“因此一个好人是以这种方式行动的人”的结论。我必须考虑相关的品质特征（如果可以想象这种东西的话）是促进了还是损害了那四种目的。

（接上页）自然 / 本性应当是没有规范性的‘事实’。部分原因在于，这种古代主张显然是修正性的，而我们所期待的自然 / 本性则应当是一种可由经验明确限定的概念”。参见 Annas, *The Morality of Happiness*, p.215。

让我们通过例证来思考如下主张，即，完全无私的慈善（或许要像彼得·辛格那样设想它）是一种美德。[1]这样的慈善既不论物种的界限，也不承认家庭或友谊的特殊纽带。对于那些认为我们没有理由考虑动物的痛苦并且认为动物仅供我们随心所欲地使用（包括为了取乐而折磨它们）的人来说，上述主张必定看上去完全不合理。而对于那些其伦理视野包含如下看法（即，延伸到动物身上的那种仁慈和怜悯是美德，残忍和虚荣是恶德，我们目前对待动物的许多行为都是这些恶德的产物）的人来说，上述主张则并非完全不合理。可是，在自然主义结构所提供的术语框架内，我们还能坚持这一点吗？

要公正地考虑这个问题，必须认真对待如下观点，即，人们把无私的
224 的慈善看作是一种**美德**，而不仅仅是一种大量带来辛格所说的“物种无差别的功利主义”行为的可靠倾向。因此，它不会因为我们的个人生存有时若不能审慎地优先考虑自己的生活便可能陷入悲惨的境地，而被排除在外。[我们心里关于慈善（或仁慈）的标准看法有时会要求自我牺牲，但是当然，它不会总是这么要求。]不过，当我们把慈善理解为一种品质特征时，我们确实必须把慈善之人视为这样的人，即，她不认为“那是同胞”或“她是我的孩子/父母/朋友/搭档”就是为他人谋善的X理由；我们必须把她视为这样的人，即，她那合乎理性的情感并没有专门眷顾自己的同胞或自己的父母子女，而对于她很难出于这一假定美德而施加行动的其他个人，她与他们也不存在亲密的情感联系。

这个品质特征也许不会损害（“典型的”、具有充分理性的那种）个体的生存或享受状态；素食主义诚然不是我们可能希望的，然而，“人基

① 要想获得一种带有伦理自然主义色彩的美德伦理学的表达方式，以应对辛格的带有反物种歧视诉求的功利主义，必定非常困难。但是，如果仅仅考虑到人们通常所说的“功利主义是关于慈善的伦理学”，因为它关心受到某人行为影响的那些人们的利益，以及辛格所说的，对于受到这样影响的一切能够感知苦乐的存在物，我们都应当一以贯之地予以**同等的**考虑，那么，我就希望我提供的乃是一种有根据的看法。尤其参见 Singer, *Practical Ethics* (2nd edn., 1995)。

本上能寿终正寝，基本上能同其他动物和谐相处”的可能性，也许却是我们可以向往的。似乎在这方面，我们必定能比现在做得更好。然而，当我们考虑其他两种目的（物种的延续以及社会群体的良好运转）时，坚持认为“慈善应该像辛格所说那般无私”则不仅会起作用，而且会带来问题。

作为人的一种品质特征，无私的慈善能够促进这两种目的吗？毫无疑问，该问题相当不确定，但就表面而言，情况似乎更多地在于，那些构成了我们的生物与动物本性并使我们“偏爱”自己种群和子女的物种纽带与家族纽带，在维系上述两种目的的过程中发挥了实质作用。[①] 这**不是**说，当我们发现了这一点，我们就得倒退回去满足于我们的本性，也**不是**说，我们就不可能凭借“不再专门关心自己的种群和子 225
女”的方式而重塑我们的本性。也许我们可以这样。值得注意的是，在物种延续和社会群体良好运转的方面，我们与他人、我们子女之间形成纽带的那种自然倾向性，似乎确实对我们颇有帮助。而那些将无私的慈善当作美德来推荐的人们，至少有责任考虑一下，一种毫不关心自己子女或同伴的理性动物怎么可能会是一种抚育子女的**社会**动物——怎么可能不辞辛苦地对他们进行道德教育，把他们培养成为无私的慈善之人。

因此，尽管伦理自然主义取决于一种有关“我们的典型生存方式”的规范性概念，它依旧是自然主义；因我们是社会动物而适用于我们的那四种目的，确实给那些会通过反思审查而有可能成为美德的品质设置了限定条件。

---

① 在这个关系上，安涅特·拜尔指出，如果父母与子女之间缺少信任或不值得信任，那么社会是无法维系和延续的。参见 Annette Baier，“What do Women Want in Moral Theory?” (1985)。玛丽·米德雷强调了家庭（以及物种）纽带对于维系我们生活的重要意义，她在为一种温和的“物种歧视主义”作辩护的过程中富有启发性地讨论了这点。参见 Mary Midgley, *Animal and Why they Matter*, chapter 10。

相似之处与不相似之处

让我们停下来想想我们现在已经走到了哪一步。在美德伦理的语境中,伦理自然主义的目标是为了把握安斯考姆和富特的观点,即,当我们讨论伦理层面的好人时,我们并没有突然就开始以一种全新的“道德的”或“评价性的”方式来使用“好”这个词。在根据某些特定的目的而将生物的器官与行为评价为好的或有缺陷的器官和行为,从而将这些生物认定为该物种的好样本或有缺陷样本的植物学评价与动物学评价中,存在着一种结构(不一定是我所描述的那种,但必定存在某种结构),而在我们从品质方面把自己认定为伦理意义上的好人或坏人的那些评价中,(在经过必要的细节修改之后)这种结构依然存在。不仅如此,在延续这种结构(从而延续了适用于社会动物的那四种目的)的过程中,那个特定的主体对象仍然是“自然的”;我们把自己评价为一种自然物,一种隶属于自然生物秩序之列的物种,而不是具有不朽的灵魂或“存在”的生灵,即,人或理性行为者。到目前为止,伦理的评价与非伦理的评价具有相似之处。

226 然而,它们同样有不相似之处。首先,在我所辩护的这种伦理自然主义看来,具体受到评价的是品质特征而并非直接就是行为或生活。(我在讨论中已经发现,这一点基本上没有那么频繁地受到强调。)

请想一想“是否应该成为素食主义者”这个伦理问题。就像同性恋一样,无论素食主义还是杂食主义,都不是品质特征,而是实践活动。我自己倾向于认为,如果我们拒绝吃肉,那“我们”(即,生活在有可能写作或阅读这种书的环境下的人们)大多数人就是以应该的方式行动,而如果我们(在大多数情况下,但绝非所有情况下)不拒绝吃肉,那我们大多数人就是以不应该的方式行动。而我之所以这么做(简化处理),就是因为(i)(在通过食物而获取快乐的方面保持)节制是一种美德,而且（ii）对于“我们”大多数人来说，吃肉是不节制的（贪婪的、自我放纵的）表现。伦理自然主义主要与（i）有关，而**不**与（ii）有关。我不打算从“人吃肉（或者不吃肉）便如何如何”的主张出发而推出我的关于素食主义的伦理观点。我是从（i），即“一个人拥有节制意味着什么”的主张出发的，而正如该主张表现的那样，它根本就没有提及吃肉的问题。我希望伦理自然主义（只要它能够履行其承诺的话）可以帮助证明的就是**这种**主张。不过，如果它能够这样，那么伦理自然主义也就完成了自己的大部分工作；而那些可以用于证明（ii）的东西（如果有的话）也基本不会被排除在伦理自然主义之外了。

我之所以加上“大部分”（工作）以及“基本不会被排除”等限定语，是因为素食主义问题是伦理学的纽拉特步骤所涉及的那种整体主义的一个特别有价值的案例。它带来的一个后果是，在“有可能把某个品质特征证明为美德”与“对某人有关该美德的具体看法进行修订”之间，出现了微妙的互动关系。通过对我的信念——即，（在食物方面保持）节制是一种美德——予以反思审查，在“我们”吃肉的问题上，我可能获得一种不确定的节制概念，也可能获得一种非常确定的节制概念。在这两种情况中会有一种通过审查，因为事情实际上是人的问题。只不过，**如果**事情像许多人认为的那样（即，人需要吃肉，若不吃肉，他们的预期寿命以及生育健康后代的能力便会大打折扣），那么，将吃肉排除在外的某种确定的节制概念就无法不打折扣地通过审查；作为美 227
德的一个备选项，它不得不被抛弃或被修改。

现在让我们回头来看沃森的问题，即，伦理自然主义是否可以证明“成为暴徒就绝不可能成为好人”。如果我们经过仔细追究，发现伦理自然主义能够履行其承诺的话，那么回答就是：“是的，它（再加上某些合理的附加前提就）可以证明这一点”——只不过，我们不是像沃森所建议的那样，从“好的人类生活必定具有社会性”的前提出发来进行证明。如果某人是暴徒，那他就是坏的人，因为暴徒本身无情、不正义、不诚实、不顾后果，因而（丝毫）谈不上仁慈、正义、诚实和勇敢。第一步是要证明仁慈、正义等属于美德——我说过，这至少看起来可能。而接下来的一步，不是从自然主义出发而是从人们所了解的暴徒品质出发，证明暴徒是无情的、不正义的等等（合理的附加前提）。这几步合起来便会证明暴徒是坏的人，因而不能过上好的人类生活。这里无需提及，事实上也不应提及“好的人类生活必定具有社会性”这一点，因为，正如我们在有美德的僧侣式的冥思之人那里所看到的，一个人可以过上一种好的人类生活（一种合乎美德的生活），尽管他的生活并不具有社会性。

与此有关的一个不相似之处在于，我们不像其他动物那样具备典型的生活方式。我们唯一典型的“生存方式”就是理性的方式，即，我们可以恰当地把事情看作是我们有理由去做的事情。伦理评价不可能属于生物学或动物学的分支，因为我们以及我们心中关于“好人”和“作为人而生活得好”的念头，并没有完全受到自然的限定。对于其他动物
228 来说，（几乎）可以确定的是，从总体上来讲是有一些好的、健康的物种成员存在，它们运气不错，过得很好，因为“什么是好的”“什么是过得好”乃是根据（可以说）自然赋予它们的标准而决定的。[①] 然而，对我们来说，某个人是不是好的或生活得好，则属于一个开放的问题，因为我们可以成为什么样子，并不是一件已经被自然决定了的事情。

更深层的一个不相似之处在于，伦理评价是在某种伦理视野内部做出的，后者已经存在自身的美德概念，具有相关的好／善、利益、优势、

① 我之所以说“几乎”，是基于两种可能性。某个物种的所有成员也许在特定时期内全都有缺陷（或许这是因为它们全都受到了毒害）。然而，它们全都有缺陷，这是同过去那些好的物种成员相比较而言的。如果它们因为全都受到了辐射所以现在根据该标准来说全都是有缺陷的，那么，我们也许一时很难确定，这种辐射到底是带来了新的突变（它有自己的善标准），还是原来的物种仍处于一种其所有成员都身负缺陷的糟糕时期。另外有一种很小的可能性是，有些非常简单的生物或许太简单了，因而在有什么缺陷后，不可能不立刻因为这些缺陷而死掉。所以，对它们来说，不存在好的／有缺陷的、健康的／不健康的对比关系，我们无法确定它们属于哪一边。

值得、重要、享受（及其对立面）概念，并且知道我们有理由要去做什么。人们正是从某种伦理视野的内部出发来思考（比如）仁慈、节制或无私的慈善是不是美德；他们无法为这些品质特征给出一种中立的、科学的详细规定。如果人们还依据那四种目的而断定它是（或不是）美德，那么他们的后续判断（即，“因为她具有该品质特征，所以她是个好人”；或者，“尽管她缺乏该品质特征，她并不是个坏人”）将是自然所施加的限定条件与伦理视野所施加的限定条件相结合的产物。

更进一步的问题是，我们是否应该认为伦理评价与非伦理评价之间存在相似之处或不相似之处，这并不清楚。

在上一章（参见前文边码第 202—205 页），我就针对其他生物的评价列出了五点“值得注意”的方面。第一点是，这类评价的真理性绝不依赖于我的需要、兴趣或价值观，事实上也不依赖于“我们的”需要、兴趣或价值观。它们在最直白的意义上就是“客观的”。甚至，我补充道，既然植物学、动物学等是科学，那么这些评价也就是科学的。第五点是，整体评价的真理性，部分地依赖于我们所评价的 x 的需要以及（当我们上升到自然之梯的更高等级时所面对的）兴趣和欲望。那么，针对我们自己的评价，这样的两条主张还是正确的吗？

显然，第一点中的补充论述不再有效；伦理评价不是科学的。但是，除非自然科学完全占据了客观性的领域（我和麦克道威尔一样，假定情况并非如此），否则，只要第一点的开头部分成立（此类评价的真理性绝 229
不依赖于我的需要、兴趣或价值观念，事实上也不依赖于“我们的”这些），那么，就没有表明伦理评价不是客观的。只不过，如果它成立的话，看起来显然不能采纳第五点了。

然而，第五点肯定站得住脚。如果“一个好人就是具备仁慈、正义、诚实、勇敢等等品质的人”是真的，那么，其真理性就依赖于有关人类需要、兴趣和欲望的事实，这就如同“一头好的大象就是有好象牙、服从领袖、不攻击其他大象、照顾小象、不怕水的大象”依赖于涉及大象的需要、兴趣和欲望的事实一样。对那些拥有兴趣和欲望的生物进行评价，其真理性怎么可能不部分地依赖于这方面的事实呢？

那么，我们是否得说，我们必须几乎**全盘**采纳第一点？诚然，伦理评价的真理性并不依赖于**我的**需要、兴趣和价值观念——这句话仍然十足成立。但是，这些评价不仅不是科学的，而且，它们的真理性还确实部分地依赖于“我们的”（即，人类的）兴趣和欲望。那么，我们是否必须得出结论说它们不是客观的，并且认为这是更深层次的一种不相似之处呢？

显然，我们此处的困难在于这个棘手的（而且被过度使用的）短语，即，“依赖于我们兴趣和欲望的真理”。因为，在**伦理**自然主义的语境中，我们认为它带来的仅仅是对我们伦理视野的重复。“得出伦理自然主义的结论，只能从后天获得的伦理视野的内部出发，而不能从有关人性的科学论述出发。因此，它们依赖于我们的兴趣和欲望，并且仅仅是在重复我们的观念。”但是，正如上面有关大象的说法理应提醒我们的那样，伦理自然主义的结论并非**因为**它们是从某种伦理视野的内部出发而获得的，所以依赖于我们的兴趣和欲望。它们之所以依赖于我们的兴趣和欲望，是因为它们跟那些涉及人类心理或实践的真实判断一样，其主体对象是我们，亦即，**具有**兴趣和欲望的动物。那些判断，其真理性部分地甚或全部地依赖于人的兴趣和欲望，不可能因此就不客观——一个判断的真理性怎么可能同它的全部或部分的主体对象无关呢？因此，到目前为止，我们没有理由得出结论说，由自然主义所带来的伦理评价是不客观的。**就此而言**，第一点的许多内容仍然站得住脚（暂不作进一步的论证），而且算得上是伦理评价与非伦理评价的某
230 种相似之处。不过，有两件事情似乎并不相似。

第一件事情是，我们似乎在某种程度上难以清晰地说明伦理评价在什么意义上（如果有的话）是客观的。伦理评价在许多方面都同非伦理评价相似，而且，我们（迄今）也没有找到理由来揭示它们的不客

观 —— 可是对于它们,我们还有更多的东西要谈。第二件事情是,尽管它们可能在某种意义上是客观的,它们确实看起来“必定具有实践性”。我将在最后一章回头来处理客观性问题;而现在,我将考虑第二个问题。

必定具有实践性的伦理评价

伦理或道德“必定具有实践性”,虽然这个主张通常被归属于,也是正确地归属于休谟,但是,它也许可以同样恰当地被归属于亚里士多德;我们认为,是亚里士多德区分了理论的东西和休谟所说的“实践的”东西。他不是说伦理学必定是实际的、实用的而非飘在空中的,而是说伦理学必定关注行为(praxis 是古希腊用来描述“行为”的语词,而相关的形容词 praktike 则是我们所说的“实践的”)。

对于自己的主张,休谟除了说些其他话来加以注解,他还解释道,道德是“可以产生和阻止行为”的。乍看起来,这一点似乎非常明显,而要使之能够接受“必定”的修饰并且看上去依然合理,却非常困难。如果道德或伦理判断必定会提供行动(或不行动)的理由或动机,那怎么还有这么多不在乎它们的邪恶之徒呢?而西蒙・布莱克本则为休谟的上述主张赋予了一种能够把握其真理性的相当精确的含义,他说,“如果我们在实践推理的过程中并不倾向于思考伦理的判断,那么,很难想象……我们能够恰当地通过做出伦理的……判断而改造社会”。[①]

这种看法可以跟我们针对人类医学科学的判断而做出的相同断言进行有益的对比。巧合的是,我们对于后者的兴趣同样不仅是理论的,而且是实践的。对我们来说,就我们的行为而言,“X 使老鼠得癌症”和 231
“X 使人得癌症”之间差异巨大;后者是我们在实践推理的过程中极力

① S. Blackburn, “The Flight to Reality” (1995), p.48.

倾向于思考的判断。但即便人们不倾向于考虑这些判断（比如，我们知道，他们都是信仰基督教的科学家，他们只是出于理论兴趣而开展医学研究），我们也可能想象得出，他们会通过做出这类判断而改造社会。

现在很清楚的是，我们针对其他生物的评价并非必定具备这样的实践性。我们针对自己的医学评价也是如此。如果我们的伦理评价必定具有实践性，这又是怎么出现的呢？答案就在于“我们的典型生活方式”所附着的那种规范性意义。声称我们的典型生活方式是一种理性的方式，亦即“我们可以恰当地认为我们有理由采取的那种或那些方式”，实质上使得我们把口中的伦理评价同心中关于有理由去做什么事的看法联系起来了。

让我们想象一名无神论者正在考虑对犹太教-基督教的上帝表示虔诚（它被认为是一种品质特征）是否属于美德。（这是她所考虑的主要问题，而她心里针对那些会被我们当作标准清单之美德的其他观点，我们在这里不予讨论。）在追问过程中，心胸开阔的无神论者会对“虔诚”给出一种宽容的概念。她并不认为，拥有该品质特征的人就会（比如说）谋杀那些被怀疑堕过胎的人或是迫害印度教徒。这就好比，她认为仁慈或慈善的人有时会实施非自愿的安乐死手术，或者，诚实的人从不因为谨慎或仁慈而保持沉默。我们的心胸开阔的无神论者会认为，虔诚是历史上和现实中一些格外令人钦佩的人所拥有的品质特征，因此，她基本上不可能不承认，在这些人身上，虔诚同他们的其他美德是不可分割地联系在一起的，而且还积极地施以巩固的作用（因为，假定各个美德之间存在有限的统一性，它们往往也会彼此联系和巩固）。因此，她似乎应该得出结论说，根据那四种目的来看，虔诚是一种美德，因为它就像仁慈、正义、勇气和诚实一样可以全面地促进它们。

但是，出于虔诚而行动的人是按照人类的典型方式，即，理性的方式来行动的吗？是的，就他们的虔诚与（比如）他们的仁慈不可分割而
232 言，我们的无神论者也许会说，他们就是这样行动的。

但是，就他们的虔诚使其祈祷，不亵渎神灵，参加教会活动，花时间思考上帝并且试图更理解上帝而言，如果从这位无神论者自己的看法出发，她必定会认为他们并非理性地行动，因为，他们自以为拥有的那些做出上述举动的正确理由（即**虔诚**，不论是传统意义上的虔诚，还是“帕斯卡赌注”意义上的人们的虔诚）根本就不是理由。虽然该品质特征确实促进了那四种目的，但它并不是以我们物种的那种典型方式（即，理性的方式）来做到这一点的。而且，虽然凭借我在第八章提到的开心元素，虔诚毫无疑问地为其拥有者带来了巨大的快乐和安宁，但是，没有哪位无神论者会把这样的快乐视为“人类的典型特征”，亦即，视为理性能够支持的某种东西。因为，虽然它可能充分满足了那些拥有它的人们，而且又完全没有害处，但从无神论者的立场来说，它是完全建立在幻觉基础上的；理性不可能支持它。因此，通过运用关于“我们的典型生存方式”的规范性概念，我们的无神论者会得出结论说，虔诚根本算不上是一种美德。

请将这种情况同另外一种情况进行比较。让我假设，虽然我通常对美德并不陌生，但在某些方面的影响下，我不再相信忠诚是美德。我逍遥地满世界流浪，经历短暂友谊的分分合合，对我来说，“忠诚”，还有与之相关的“感恩”—— 即，固守老关系、老机构（我嘲笑地称之为“老男孩网络”），总是回忆过去，回忆那种被错置的信任关系 —— 都是错误。每一种情形都得被重新估量；一个人之所以此时此地支持某人，是因为在此时此地，他是那个刚刚与你共度几小时快乐时光的令人开心的家伙，而不是因为你恰好认识了他二十年。贬低或者诋毁那些不在场的人，也没什么关系；眼下和你在一起的人才是唯一重要的，要与他们好生交谈，逗他们开心。以前常常被我当作是做或不做某事的那些理由 ——“他是我的朋友”，“他对我有所期待（我们认识了很久）”，“这个机构为我做过很多事”，“如果他听到我这么说，他会心碎的（我知道他可能不会听到，但重点不在这里）”，“这是不忠的表现”—— 现在对我而言，某种意义上根本就算不上是理由。（当然，我仍然可以发现人们给出这些理由，正如无神论者知道虔诚之人会给出什么理由一样。）

233 现在，假设人们告诉我，忠诚在伦理自然主义的语境中是一种美德。而由于我年轻、散漫、愚蠢，所以很可能没有注意到，其实并没有许多人像我这样生活，其实是他们的不同生活方式在维系我的生活，而他们的生活方式其实在一定程度上是靠忠诚与感恩来维系的。我所接触的是由一些业已建立起长期的个人关系网络和商业关系网络的人们所组成的稳定社群，其中的许多网络之所以运转良好并且管用，部分原因就在于，身处其中的人们在行动时所依据的是我忽视了的那种理由。我很可能还没有注意到，其实有些老年人很享受那些自他们年轻时便建立起来的关系，而这种关系的长久性以及关系各方因为得到他人的忠诚对待而具备的平静信心，则已经使这样的关系发展成为某种似乎值得拥有的东西。

如果有人告诉我这些（以及更多内容），我可能会相信。但是，在相信的同时，在承认忠诚与感恩有助于促进社会群体的良好运转，有助于促进那种足以构成我们最重要的快乐源泉之一的个人关系的同时，我将重新认识到，忠诚之人为了采取忠诚行为而给出的那些理由**是**理由。忠诚并非愚蠢之事；我现在明白了这点；那些为自身行为给出这类理由的忠诚之人，就**是**在以理性的方式而非愚蠢的方式行动；他们的理由确实是理由。

从而，这也是我可以采用的理由。相信（我们预设我现在就是这么相信的）忠诚是一种美德，就是相信那些采取忠诚行为的人正在以理性的方式行事，正在践行着实践理性。而相信某个人如此行动（比如，他之所以忠于朋友，是因为那个人**是**朋友）就是践行实践理性，则是相信，如果我在同样环境中出于同样的理由而采取同样的行动，那么我也就是在践行实践理性。根据伦理自然主义的看法而将某个品质特征承认为美德，就是承认具备该品质特征的人通常拥有的 X 行动理由**是**理由，就是承认它们对于自己来说是理由。[1]（这就是为什么无神论者若不抛弃她的无神论便不可能将虔诚视作美德的原因。）

关于上述主张，有好几点应当指出。第一点仅仅是强调重复一下。行动的理由乃是具备相关品质特征的人们实际上或将会给出的理由——即，X 理由（它的范围与人们具体讨论的品质特征有关）——而不是“该品质特征可以满足那四种目的”的事实。忠诚的人之所以忠于他们的朋友，之所以坚持对朋友慷慨直至如今难以为继，之所以拒绝在背后嘲讽他们的搭档，并不是因为他们觉得这样做会增进良好关系，促进社会群体的良好运转。他们这么做，是出于 X 理由，以及，正如我们看到的那样，“是因为他们觉得此事正确”。理解某种品质特征 V 的意义（即，理解它在人类生活中的益处从而将其称赞为美德），就是要理解人们采取 V 行为是“因其自身的缘故”，而不是因为 V 确实在人类生活中发挥了那种作用才这么做的。 234

第二点，别指望认识了这些理由就能出现奇迹，或者，更直白地说，就能消解根深蒂固的习惯。我们没理由指望，一个缺少某种品质特征而仅仅通过伦理自然主义的思考得出结论说“目前所讨论的品质特征是**美德**”的人，第二天早上能从床上一跃而起，改头换面。首先，正如我们在第七章指出的那样，就算意志再强大，被视为美德的品质特征也不是一夜之间可以得到的；其次，意志也许会软弱。每位烟民都承认自己不仅有理由，而且有高于一切的、压倒性的理由来戒烟，可是，意志的软弱却占了上风；她此时此地想抽支烟，然后又想抽一支，又想抽一支。不仅如此，获得某人迄今尚不具备的品质特征（实际是要乐于践行该品质），其面临的难度很可能非常大，以至于使人重拾老路。我前面设想那位年轻的流浪汉可能发现，如果他决定抛弃目前的生活方式，回到家

① 富特在论述中也包含了这一点：“道德在如下意义上必定具有实践性：它足以产生和防止行为，**因为理解了理由就能做到这一点**。”参见 Foot, “Does Moral Subjectivism Rest on a Mistake?”, p.10。

里，回到他那长期痛苦却始终不渝的父母身边，要想开始变得忠诚其实并不容易；他面对严肃的长期关系所做出的最初尝试，其结局也许只是令人沮丧的失败。因此，他很可能重新回到自己轻松惬意、及时行乐的老路（我们假设其中有许多道路都非常合乎美德）上去，而不愿费心费
235 力地去想自己是否有理由采取别的行动方式。[①]

第三点，关于流浪汉的例子只不过是一个例子。虽然它将此人表现为一个思维敏捷、心甘情愿的学习者，但是，如果他对于美德的疏远程度要比我最初所假设的更严重，那他也许会冥顽不化得多。而这给我带来了一个更深层次的问题。

人们可能认为，当我把我们嘴里的伦理评价同我们心中关于有理由去做什么事的看法联系起来时，我违背了我较早（参见前文边码第194页）的主张，即，自然主义的结论不应当是为黑手党毒枭提供动机理由，也不应当是在我对自己的伦理视野进行反思审查并得出（比如）“忠诚是美德”的结论时，为我自己提供动机理由。因为，我不是刚刚清楚地表明，如果有人根据伦理自然主义而得出“忠诚是美德”的结论，他们就会获得（假设他们此前缺少这些理由）做出忠诚行动的动机理由吗？而且，从理论上讲，同样的情况不也会在黑手党毒枭那里出现吗？

我给出较早的那个主张，是为了预防许多人还没搞清楚自然主义推想如何发挥作用就常常对它提出的某种反对意见。该反对意见源于如下正确的洞见，即，想象一位黑手党毒枭进行自然主义推理，他得出结论说（比如）仁慈、正义和诚实都是美德，从而性情立即大变，这是非常不合理的。而想象他会如同那个（基本上非常体面的）年轻流浪汉一样，耐心地、饱含同情地听取我们之中的某个人为他进行自然主义推理

① 正如富特所说：“我猜，人们只要不考虑道德，便足以回避是‘支持’还是不‘支持’道德（或其中一部分）这个问题；而且我猜，我们大多数人常常就是这么做的。”参见 Foot, “Does Moral Subjectivism Rest on a Mistake?”, p.10。

并且同意我们的意见，也同样不合理。[①] 我希望澄清，当我在捍卫自然主义推想时，我并未否认这些看法的不合理性。

虽然我没有抛弃较早的主张，但现在需要给它一些限定。有人**可能**支持认为如此这般的品质特征是基于自然主义的美德、旨在引发动机理由。而出现该观点的语境常常是我们抚养孩子、试图向他们传授美德的时候。就像我在第八章指出的那样，当我们向孩子强调某些特定的品质特征（从而让他们出于特定理由而行动）时，我们说的话不仅关系到“美德有利于其拥有者”这个命题，而且关系到“它们是给人带 236
来善的特征”（即，“它们在人类生活中发挥着某种特定的作用”）这个命题。除了让孩子们知道从（比如）诚实中所能期待获得的个人利益，我们还会指出在他们的社会生活中带来的某些情况，亦即，诚实足以允许他们，比如说，能够把东西留在学校的课桌里，能够接受可靠的指导，能够借阅学校图书馆的书一整天而不用还，能够获得证书，被人效仿（这些取决于他们的年龄和环境）。在这种语境中，我们实际上是想让他们承认，那些适用于美德的理由就是他们可以采用的理由，就是动机理由。而我们也许还会对这样的人感兴趣，他就像那个年轻的流浪汉一样，一直以来严重忽视了适用于某个美德的理由，而现在他意识到，值得努力去重新认识该美德，从而重新发现适用于它的那些理由具有动机性质。作为一项长期任务，我们甚至可以从零开始去努力改变一个坏人，因而，当我们试图重塑其品质时，就像我们在塑造子女的品质时所做的那样，除了许多其他方式之外，我们毫无疑问可以使用自然主义的论证。

因此，我不否认，在道德教育的语境中，诉诸伦理自然主义很有可能给那些接受其结论的极力劝说，从而受到如此教育的人带来动机理由。我甚至不否认，我也许可以通过自然主义推理而得出关于某个特

① 正如亚里士多德所说，这种人“听不进说服他改变的话，或者，即便听进去了也不会理解”。*Nichomachean Ethics*, 1179b25.

定品质特征的结论,它旨在提升我自己在这方面的动机,旨在强烈地提醒我(比如说)"不要撒谎,因为**那是**撒谎"——这确实属于可供人类采取的一种理性的方式。然而,尽管前面提到的这些语境都很重要,对于伦理自然主义来说却明显有一种它不会带来动机理由的与众不同的语境。这就是它旨在发现真理(即,通过纽拉特的方式,对一种伦理视野的具体内容进行证明或证伪)的语境,我们当前所关心的,正是这种语境。

在本章,我已经回应了针对"自然主义推想可以理解为具有可行性"的观点所能提出的一系列反对意见。其中大部分反对意见针对的是,伦理自然主义太像非伦理自然主义了——它太强调一致性,过分
237 满足于我们所发现的自然本性,极容易得出令人不舒服的结论,既没有体现出我们的理性在我们和其他动物之间带来的巨大差别,也没有体现出"伦理评价必定具有实践性"这个不容置疑的要点。许多反对意见还可以被认为是揭示了某种不相似性:非伦理自然主义完全依赖于由自然决定了的该物种的典型生存方式,但是,人类不具备任何由自然所决定的典型生存方式。

就算暂且不假设我已证明了自然主义推想应当被理解为具有可行性的,我也会假设,我在这里可能会遇到上述反对意见。因为,我们必须为大家眼里最严肃的那个问题留出空间——即,我先前曾搁在一旁的客观性问题(参见前文边码第 231 页)。在那里,我承认,伦理评价与非伦理评价之间的一个不相似之处是,我们既不能根据"它们是科学的",也不能根据"它们的真理性不依赖于我们的兴趣和欲望"而将前者称为"客观的"。那
238 么,我们是否还有其他的根据可以称它们为客观的呢?

第十一章
客 观 性

在讨论“伦理学客观性”的过程中，我们的主要困难来自如下事实，即，对于这个话题，有太多出于非常不同立场的哲学家都曾在作品中讨论过。比如，想一想那位为伦理学不是客观的而是主观的而辩的 J. L. 麦基。[①] 他的观点是，“这个行为是正确的 / 错误的”乃是“将某种属性（正确性 / 错误性）归属于世界上某个特定事件”的语法外表；它似乎不像是那种其真理性在某种意义上根本取决于人们的兴趣和欲望的判断，甚至，其真理性必定在根本上不取决于和人类有关的任何东西。可是，如果我们把这种表层含义当了真，以为（比如说）“这个行为是正确的”跟“这个行为移动了某物体”或“这个行为花了五分钟”是一样的，那我们就错了；这类判断的真理性，在某种意义上确实取决于人的兴趣和欲望。

但是，对于**所有**这些看法，美德伦理学全都同意。“这个行为是正确的”是否为真，取决于“这是一位美德行为者在此环境下将会采取的典型行为”是否为真；而后者是否为真，又取决于（i）一位具备某种品质特征的行为者在此环境下将会采取什么行为，以及（ii）该品质特征

① J. L. Mackie, *Ethics: Inventing Right and Wrong*.

是不是美德。而（ii）是否为真，亦即，当下讨论的这种品质特征是不是美德，则取决于该品质特征是否有助于（以理性的方式）实现那四种自然主义目的，以及，就像我在前面指出的那样，部分地取决于人的兴趣和欲望。

然而，清楚的是，麦基并没有正视美德伦理学者对他主张的注解方式。因为，一方面他显然乐于指出，当我们认为“这个行为是残忍的”的
239 表层含义就是“把某种真正的属性归属于此”时，我们并没有错（他说，某个行为是故意残忍的，乃是一个“自然事实”）；而另一方面，他又假定，我们可以从他的立场——“这个行为是正确的 / 错误的”（他不知道，美德伦理学者和他持有同样的立场）——直接地推出如下结论：“道德不是被发现而是被创造的：我们必须决定采取怎样的道德观点……”[①] 从而“发明”对与错。但在自然主义的美德伦理学看来，“我们”（无论我们会是谁）并不能决定是什么使得一个人成为一个好人，就像我们并不能决定是什么使得一株仙人掌成为一株好的仙人掌那样。

美德伦理学当然否认某种伦理客观性，即，康德所期待的那种客观性。[②] 而在我所辩护的美德伦理学版本中，它还否认另一种客观性。它所诉诸的事实不全是“经验性的”，也不是从“一种中立的观点”出发而获得的。用以证明标准美德清单的那种长时段自然主义推想是一个纽拉特式的过程，而且是从我们的伦理视野内部发展而来的。这不是说要将标准清单同自然脱离干系，仿佛人的自然 / 本性以及我们的典型生存方式都是粗糙的所予之物。但也不是说，我们的标准清单预先就被

① J. L. Mackie, *Ethics: Inventing Right and Wrong*, p.106.

② 正如威廉姆斯指出的，“康德的理论为道德提供了一种（人们可以说）并非现实主义的**客观基础**。道德主张虽然在客观上可以是正确或不正确的，但是，当人们对它们之所以如此的原因给出某种普遍解释时，这种解释所打通的却不是这些陈述与世界之间的关系，而更多地是**接受**这些陈述与实践理性之间的关系。” Williams, “Ethics and the Fabric of the World” (1985), p.175. 新康德主义者与美德伦理学者之间的分歧，迄今为止，也许**仅仅**是因为前者想超出人性事实以求诉诸威廉姆斯所描述的那种客观性而造成的。

决定为正确的清单。清单是否正确，这只有当我们发现可以在多大程度上对于清单上面的品质特征在我们生活里所发挥的作用给出一种融贯的论述（即，一种不仅与我们的伦理视野相融贯，而且同我们所发动的所有经验事实和其他事实相融贯的论述）时，才能得以揭示。在我看来，这足以称得上客观性——不是**先验的**或科学的客观性，而是一种适用于主观事物的客观性。

然而，我并不打算只说到这一步，从而避开问题；肯定还有很多东西要讲——但我觉得，不是专门地当作“客观性”的问题来讲。

威廉姆斯说： 240

> 许多不同的事情曾经都被当作（伦理学的）客观性问题而加以讨论，但是，它们全都要么言之无物，要么又回到“恰当理解伦理分歧”这个话题。有些哲学家（比如说）在道德判断能否为真或能否为假的问题上花了很多工夫。但我们必须尽力搞清楚，这个问题意味着什么以及究竟有多重要。毫无疑问，关于道德的好与坏、对与错的论述被人称作“真的”或“假的”：问题在于，这样的用法接下来可以推出多少东西。“真”与“假”的概念具有“指向真理”以及“尽我们所能避免虚假”的抱负；问题必定是，这些抱负在伦理思想方面将如何实现。我还没有发现有什么办法在追问客观性问题时不会被带回到如下这些问题：如果出现了伦理分歧，一方必定要认为另一方是错误的吗？这种想法意味着什么？如果考虑到具体的主观事物的话，那么，怎样的讨论或探究方式才能让其中一方或双方摆脱错误呢？只有在这些问题的语境中，在我看来，伦理学的客观性问题才会获得一些内容。[①]

① Williams, “Saint-Just’s Illusion” (1991), p.145.

有了两个附加条件,我可以肯定,威廉姆斯在这个问题上是完全正确的。伦理学“客观性”的根本问题在于:如果我们努力追溯伦理分歧的根源的话,那么伦理分歧到底是来自事实的分歧,还是来自让人无话可说的价值差异。第一个附加条件涉及下列主张的普遍性,即,**所有**关于伦理学客观性的言之有物的讨论都将落实到对于伦理分歧的恰当理解。难道人们不会说,即便所有人都同意某个具体的伦理判断,也仍有余地思考如下问题吗 —— 即,“我 / 我们为什么相信它?我 / 我们可以为它提供理由吗?如果可以,理由是什么?我 / 我们会搞错吗?如果错了,我 / 我们怎么才能发现?”[根据我的经验,许多初学者之所以对美学的客观性感到绝望,不是因为他们担心人们可能不同意他们的信念 —— 即,莎士比亚或莫扎特的作品是艺术杰作(因为,他们通常在课堂上看到,大家确实都同意这一点)—— 而是因为他们发现自己除了说“哦,这出戏 / 这首乐曲多么精彩啊!”之外,无法说明自己为什么会相信这一点。]尽管如此,人们还是可以把对于是否能为自己找到理由的担心,合理地重述为担心自己(如果有话可说的话)能对想象之中持不同意见的对话者说些什么,从而重申威廉姆
241 斯的主张。

第二个附加条件涉及“伦理分歧”的范围。职业道德哲学家展现出他们之间的一定程度的伦理分歧,而在日常生活中,这类分歧是很难碰到的(即便有过),比如说,有人坚持认为,如果杀婴之人没有侵犯婴儿父母的权利或其他利益相关方的权利,那么该行为在道德上就是无害的,无需论证的。像这样的分歧,有些无疑只具有理论意义(人们有理由怀疑,支持杀婴的人真的会在实践上相信自己的说法),但是,并非所有这样的分歧都如此。道德哲学家常常计较自己的理论,将其中部分结论运用于实践。但是,发生在我们之间的这种分歧(尽管我们确实认为对方是错的),在我看来,跟伦理学的客观性问题没多大关系。我们认为客观情况就是,他们的伦理理论或思路是站不住脚的,其理论或

思路的前提是错误的，或者，他们的论证很糟糕，他们的立场前后矛盾，而我们的理论、思路、前提或论证则更好——只不过，无论我们认为自己的伦理理论多么地更好，我们对于“伦理学是否是客观的”仍会存在同样的担心。

因此，（在可能的范围内）我打算把那些源于哲学分歧的伦理分歧放在一边，而只考虑那些会在我所界定的美德伦理学以及伦理自然主义内部出现的伦理分歧。

伦理分歧

让我们首先思考发生在伦理视野几乎相同的人们之间（不是我们和黑手党毒枭之间，而是，比如说，你和我之间）的伦理分歧，并思考这种分歧的根源是在于事实，还是在于价值。

有些最明显的情况源自的分歧，其倒数第二大根源乃是宗教信念方面的差异，而这种差异是可以同伦理视野方面的高度一致相容的。休谟的最有启发意义的失误在于，他坚信自己无需采取任何有关“人的 242
目的”的假设，便可以消解“独身、绝食和其他的僧侣式美德”。他当然不可能做到这一点。只有当他假定人性如同无神论者所设想的那样，进而假定“人的目的”是由伦理自然主义而不是由超自然主义所提供的时，他才可以消解它们。因为，僧侣式美德（假设它们对于其拥有者和其他人都不是令人愉快的）并不因为有人在无神论的前提下证明它们在此生对其拥有者或者对别人毫无用处，便被**简单地**证明为无用之物。在传统上，它们曾因“有助于”人们在此生中更接近上帝并且让人的灵魂为死后生活做好准备而受到推崇。

如今，信仰（比如）基督教的上帝存在虽然肯定属于信仰者的伦理视野的一部分，但是，这种信念与那些涉及灵魂不朽的相关信念却并不是我们通常所说的评价信念或道德观点；它们是关于超自然事实或形而上学事实的信念或观点。而我们知道，在这样的领域中，至少在如下意义上，“论证是无效的”—— 即，聪明的甚至在哲学上极其智慧的人们都在这场争论之中各执一词，他们完全知道彼此论证却又丝毫不为其所动。我所认识的所有基督徒和无神论者都认为，站在对立面的那些人显然就是错误的，但他们又认为，“考虑到具体主题的话，没有哪种讨论或探究方式”可以让其中任何一方摆脱错误。因此，当伦理分歧的根源明确在于宗教信仰的分歧时，双方可能承认不存在可行的分歧解决方式——但我们不说：“哦，是的，我们只能作此期待，因为伦理分歧，本质上，就是让人无话可说的价值分歧。”它们归根结底是关于形而上学事实的分歧，对此（就我们目前所能看到的而言）要说的已经说过太多遍了，我们没什么更多的东西可说。

我们的许多伦理分歧涉及某个具体行为是正确还是错误。在美德伦理学看来，尽管并非一向如此却也常常如此的情况是：在这类分歧中，有一方（或双方）可能就是搞错了，而这样的错误关系到对于某个美德术语或恶德术语的错误使用，或者，关系到对于美德行为者如何行动的错误判断。能够让其中一方或双方摆脱错误的办法，无非是对这类
243 术语给予恰当的使用，或者，对美德行为者将如何处置有争议的行为方案赋予恰当的判断。它们既可以简单到是一种当下即可消除分歧的被忽视或被误解的特征，也可以复杂到是那些我们努力使身处青春期的孩子不要误入歧途（那得花费一生的时间才能摆脱）而正在采取的各种办法。考虑到范围如此之广，我们无需指望许多这样的分歧真的可以在实践中得到解决，因为，分歧各方很可能缺乏时间、耐心、谦逊之心或彼此尊重来针对事实情况的各个具体问题充分地展开那些可能亟须的艰苦讨论。但这不是说，像这样的讨论（**如果**它出现了）必定会在价值冲突中无果而终。

上述情况不一定总是事实，因为美德术语、恶德术语以及“美德行为者”的概念本身都允许一定数量的不确定性和程度变化。双方可能

都有错，因为他们都在假设比实际情况更多的确定性，而那种可能使他们摆脱错误的事情则会向他们表明，以往的情况就是如此。如果分歧是以“对”与“错”的术语明确表达出来的，那么，它也许还能简单地通过抛弃这些词汇而被消除。或许，真正的麻烦在于令人沮丧的不可解决的困境、悲剧性困境，或是某人出于邪恶理由却做出了美德行为者将会做出的行为的情形；分歧各方所做的一切无非是在用“对”与“错”来强调该情境的不同方面。因此，摆脱误解的方法就是要包括采取一些更详细的描述，比如，“它的好的方面是这样的，而它的坏的方面是那样的”。

接下来，请考虑涉及面更广的一种情况，即，我们所知道的在我们与那些抱有性别歧视的前人之间的伦理分歧。很大程度上，我们仍然共享着他们的伦理视野；我们认为他们中间有许多人都是非常有美德的人——考虑到他们是在成长过程中形成的性别歧视。我们同他们之间的许多分歧，涉及的都是如何将美德术语运用于他们的行为。他们说这是公正的，而我们说这是极不公正的；他们说这是仁慈或慈善的，而我们说这不仅是家长作风，而且并不是仁慈，因为它有害；他们说这仅仅是常识（人无法与自然抗争），而我们说这是胆怯或愚蠢的表现。但是，我们之所以跟他们在运用我们彼此共享的美德术语上存在分歧， 244
部分原因在于，他们还有一些其他的美德术语在起着作用——他们区分了男性美德和女性美德。要成为一个好人，男人必须具备男性的美德，而女人必须具备女性的美德。

我们同他们之间伦理分歧的主要根源在于一系列有关人类本性的分歧，尤其是有关女人的自然本性的分歧。而且，我想我们现在知道，对于很多从中立观点出发所能掌握的有关女人的自然本性的事实，前人的认识显然就是错误的。我不是说他们当时就可以掌握这些事实。我的意思是，这些事实现在已经可以掌握，而且，人们**并不是**只有从一种包含着“关于个体自主性的自由理想”的现代西方伦理观念出发，才可以掌握它。[①] 女性的生理结构是否（在很大程度上）就像人们以往相信的那样，严重地制约着她们从事逻辑和数学工作的能力，对此，只有当我们看到了教育女孩从事这些工作的结果（以及，同时确保我们已经消除了起阻碍作用的社会因素）之后，我们才能知道答案。虽然是我们"现代的自由理想"让我们进行这样的尝试（并且搞清楚哪些东西可能是起阻碍作用的社会因素），但是，尝试的结果如今可以为每一位关心此事的人所掌握。诚然，顽固不化的性别歧视主义者，无论男女，依旧会继续否认其中某些事实的存在，但我们认为，这是他们故意或是由于文化方面的原因而对那些从中立观点出发所能掌握的事实视而不见造成的。

为了进行比较，请考虑一个较小的但富有启示的分歧，即，在自然主义的语境中，性欲方面的节制是不是一种美德。我认为是，另一些人认为不是，他们认为，与之相关的美德是性欲方面的自制。[②] 那么，我们之间的分歧根源是什么？是那些根据中立观点所能获得的事实方面的
245 分歧吗？是的，也许如此。有些人确实认为（或相信自己认为），在人这里，肉体的欲望与理性完全无关。如果分歧可以被追溯至根源，我们就会知道，这肯定不对。从中立的观点来看，不同的文化对于"什么令人极其享受，什么让人非常恶心"持有不同的立场这个众所周知的事实

---

① 在"Aristotle on Human Nature and the Foundation of Ethics"一文的第 94 页，纳斯鲍姆指出，亚里士多德的人性概念显然是评价性的。而在回应中，威廉姆斯（我认为正确地）抱怨说，"纳斯鲍姆没能让关于人性的论述（是）'评价性的'这种观点站住脚"。因为，如他所说，（追求自然主义推想的）亚里士多德主义者若要避免思想的贫乏，"就必须要对'什么才算得上关于人类力量的最佳理解'施加一些约束条件，并且这些约束条件必须要在一定程度上独立于具体的伦理要求和希望"。Williams, "Replies" (1995), p.200. 我们目前所知道的那些关于女性力量的事实，就在这个意义上是独立的。

② 我们应当回忆一下，在第四章，这意味着一个人要像节制之人那样行动，并且出于同样的 X 理由，但没有说他的欲望跟他的理性就是和谐的。威廉姆斯把节制消解为"一种实质性的却很乏味的亚里士多德主义理想，我们可以忽略"。参见 Williams, "Acting as the Virtuous Person Acts", p.18。

表明，我们的欲望是能够通过训练而在一定程度上与我们针对如下问题——即，在**这样的**环境下吃、喝或者做爱，**这**是单纯开心的事还是糟糕的（可怕的、可耻的、肮脏的、不体面的或孩子气的）事——所做出的判断相协调的。如果这就是分歧的全部内容，那么分歧很快就可以被清除。如果我们的分歧在于人们（通常）能否高高兴兴地、毫不费力地克制自己不做出放纵的性行为，那么问题也很容易解决。即便从中立的观点来看，我在第八章曾提到的那种享受状态的“开心元素”也清楚地表明，有些几十年来一直忠于自己伴侣的人就是高高兴兴地这么做的，从未因为有邪念而产生瞬间的悔恨，并且，他们同样维持着一种颇有兴致的、令人享受的性生活。不过，从这里开始，事情就变得比较复杂，因为我们可能开始对人性产生分歧，而这种分歧并不是那么轻易就能解决的。

那些把性欲方面的节制当作空想而不予理睬的人们，可能会对这些显然喜好节制生活的少数人给予某种特殊的看法。他们会说，只有对于天生性冷淡的人，只有对于被迫地或有意地压制、削弱或误导自己的性冲动的人，或者，只有以高级的自我欺骗作为代价等等，节制才是有可能的。而我，由于相信节制是美德和好人的一种特征，并不同意这一点。我们的分歧显然是有关人性的分歧，然而，它是涉及通过中立的观点已经或可能获得的那些事实的分歧吗？这很难讲。

诚然，人们可以非常模糊地设想，我们能够对节制之人与仅仅自制之人的性冲动水平进行统计学调查，断定其中是否存在系统的差异。也许，这“在理论上”是可能的（尽管在实践上不可能，因为人们对于性的问题既自欺又欺人），就像理想的观察者“在理论上”可以监视节制之人的所有私人行为和冲动并且搞清楚他们是否在进行高级的自我欺骗一样。但是，即便“在理论上”，我们又如何能够从中立的观点出发，证明节 246
制之人“压制、削弱或误导”了他们的性冲动呢？如果节制之人常常在五十多岁时，因为我们可以想象的那些与压力有关的疾病而猝死的话，那我们还有话可说，但是我们知道，我们身边没有出现这样的事情。

不过，这依然看起来是一种关于事实的分歧；分歧各方必定认为对方是错误的，而不仅仅是要坚持他们个人认为有价值的东西或所欲求的东西。但是，唯一能使其中一方发生改变的那种“讨论和探究”似乎必定非常持久，它将极为详尽地考察其中一方对于双方都同意的那些人类事实能够给出怎样融贯的论述。不仅如此，这种讨论似乎通常必定都相当个人化，因为，相信节制是空想的人不可能本身节制。所以，根据一方的观点，另一方仍然有不节制的反应、欲望和想法；他也许真诚，但是错误地认为，他对这些无能为力，由于在这方面受制于自然本性，所以他只能听之任之（尽管他控制它们）。在他看来，他的那位理想主义对话者，要么本来也有这些东西但在她的矫正企图方面自欺欺人，要么她已经成功地消灭了它们，通过某种方式使自己的性冲动变得匮乏或削弱。尽管这种讨论必定很少见，只要它发生了（在一对感情深厚的夫妻之间，或是在一位理疗师与她的病患之间），便有可能让那些因为节制是空想而不愿拿它当作目标的人们摆脱错误的泥沼。

第三个命题：和谐的人性

伴随着有关这些人性事实的分歧，我们最终触及到被我称作“柏拉图对美德提出的要求”（参见前文边码第167页）的第三个命题。该命题声称，前面讨论的那两种美德特征（即，它们有利于其拥有者并且使之成为好的人）是相互关联的。因为，在追问那些可能会在伦理自然主
247 义的限定下出现的分歧时，我们已经触及我在第八章的结尾处所讨论的领域：即，“关于人性与人类生活方式的伦理信念”的领域，这些信念与我们为了支持“美德有利于其拥有者”而可能表述的内容有关。提倡节制的人最终必须要让那些仅仅提倡自制的人承认错误，从而使其

摆脱错误，这样的事实恰好是（我们很容易可以想象得出）如果我们试图说服那种在性方面不检点的人“节制有利于其拥有者”时，他所不会同意的事实。

现在，当我们再来看用以评价社会动物的相关方面的那四种目的，就一点也不奇怪了。这四种目的虽然确实相互关联，但我们会发现，其中两种目的（个体的生存，以及，个体的享受状态 / 无痛苦状态）明显而直接地涉及个体的利益，而另外两种（物种的延续，以及，社会群体的良好运转）则不然。（我的意思是，它们“并没有明显而直接地”涉及个体的利益。）

我所设想的这种关于性欲方面的节制与自制的分歧**是**较小的，因为分歧各方存在比较多的共识；自制的倡导者也并不是放纵的不道德之人。考虑到节制与自制带来相同的出于理性的行为（与疏忽），我们可以设想他们会同意说这两种品质皆是美德的合理备选项，因为它们有助于全部这四种目的，从而有助于其拥有者作为一个人而生活得好。似乎，它们的分歧仅仅在于，这两种品质特征在多大程度上使人获得较好的天赋而实现（尤其是）第三种目的——即，典型的享受状态和 / 或无痛苦状态。

倡导自制的人大概认为，**考虑到**人性的各种约束，他的美德备选项乃是我们可以掌握的最佳选项。诚然，自制必定涉及一些令人讨厌的自我束缚，或许还有令人痛苦的遗憾；就像勇敢一样，践行自制常常并不令人享受。但是，就像勇敢一样，我们的动物本性确实设定了某些约束；正如我们不可能完全改变对于死亡和痛苦的恐惧心态那样，也不可能完全改变我们的性欲。如果我们试图这么做，而且认为我们已成功，那么，我们要么不是在以理性的方式生存（而是在自欺欺人），要么就是以某种方式压制并削弱我们的性冲动，以至于我们根本就没有用于实现第三种目的的良好天赋——所以是有缺陷的。人的自然 / 本性约束着性行为方面的美德备选项到底在多大程度上有助于实现第三种目的。 248

虽然它可以使我们获得自制(从而获得人类生活的典型的享受状态,比如,长期的性关系),但是,在**此时此刻**,我们像雌猎豹一样堵得慌。

而提倡节制的人则认为,我们并没有受到这样的约束,我们的性冲动可以通过多种方式与我们的理性和谐相处。自制之人需要加以克制的那些欲望,或他们因为未能满足而表示遗憾的那些欲望,要么并不存在,要么当人们发现那个一开始具有吸引力的性对象居然是某种类型的人(比如,“天哪,只有**十二**岁!”或“我的杀父仇人”或“唯利是图的风流家伙”)时,便会立刻消失不见。[也许,考虑到第四章对于“有美德的行为给热爱美德的人带来快乐”的限定,节制之人不应该声称它们可以构成完全的和谐关系,但她可以承认少量色欲和遗憾的痛苦,而无需丢掉节制与(仅仅)自制之间的恰当区别。]

现在,如我所言,分歧各方之间(就像我想象的那样)有很多的共识,而把握这些共识的一般方法,就在于指出各方都赞同我所说的、构成了“柏拉图对美德提出的要求”的那全部三个命题。双方都相信他们的美德备选项**就是**美德,因为它有利于其拥有者[命题(1)]。双方都相信他们的美德备选项就是美德,因为对它的拥有使其拥有者成为好的人[命题(2)]。而且,双方都相信(再一次相信,如同我所想象的这场辩论那样)他们的美德备选项的上述两种特征是密切相关的——事实上,就像我描述的,他们都认为命题(1)受到了命题(2)的影响——如果那个美德备选项使其拥有者在实现第一个目的和第三个目的方面具备良好的天赋,那它怎么可能不会有利于其拥有者呢?

然而,在这样的分歧中,我们能发现一种大得多、也更具威胁的分歧的苗头。作为人的品质特征,性欲方面的自制得以很好地帮助实现第一、第二和第四种目的的那些方式,同放纵得以更好地帮助实现第三种目的的那种(也许)想象的方式之间存在着冲突的迹象,它会引发四种目的的彼此冲突:一方面是第一种与第三种目的之间的冲突(这显然与个体的利益有关),另一方面是第二种与第四种目的之间的冲突。自制的倡导者可以通过表明，虽然自制的本质令人厌烦，但就像他设想的那样，自制可能不仅对于第一种目的来讲，而且对于人类的典型享受状态（即，理性能够赞同的享受状态）来讲确实有利于其拥有者，从而解决 249
他所面对的冲突“迹象”。但是，如果他更顽固一些的话，情况又会如何呢？对于那些坚持认为“在人这里（人们可能想到，就像在‘搭便车’的狼、没有尾刺的工蜂、不能繁衍后代甚至缺乏生殖本能的雌猎豹那里一样）自然主义的第一种目的与第三种目的之间、第二种目的与第四种目的之间就是分离的”，进而割裂了命题（1）与命题（2）关系的人，伦理自然主义能够说些什么呢？

须知，拿人来跟其他动物作比较，是不对的。在讨论其他动物的情形时，我们曾经指出，对于我们所讨论的那些物种的个体成员来说，它们赋有的某种或某些方式在很多方面也许一开始表现得非常有助于实现第一个目的和 / 或第三个目的，而不那么有助于甚至不利于第二个目的和 / 或第四个目的。但是，在整体上对它们做出的“好的 X”或“坏的 X”的评价（从而对它们做出“过上好 X 的生活”或“没有过上好 X 的生活”的评价），则通过强调该物种的典型生存方式以及典型的享受状态或无痛苦状态而推翻了一开始的印象。不能繁衍后代的雌猎豹，尽管它的生活可能无痛苦，在**典型的**无痛苦状态方面，它却缺乏良好的天赋；在享用获取到的食物的典型享受状态方面，搭便车的狼也缺乏良好的天赋；而在实现其自然生命周期的典型方式上，没有尾刺的工蜂同样缺乏良好的天赋。因此，对于其他动物来说，自然主义的四种目的不可能分离；自然为这些物种所设定的特征使其联结在一起（当然，还要考虑到对于不确定性的常见警告）。

但是，正如已经承认的那样，我们并没有自然所设定的什么“典型方式”，或者，至少没有什么足以保证那些“表面上”特别有助于两种目的而不利于其他目的的品质特征会因为造成了“非典型的”情况而被抛弃。于是，在我们这里，真的就出现了一个问题：“难道四种目的不会分离吗？那么，自然主义的美德标准又在哪里呢？”体现在命题（3）之中的大胆主张实际上是说：“别担心，它们不可能分离。**既然**人性是这样的，那么命题（1）和命题（2）**就是**相互关联的；既然人性是这样的，那么四种自然主义目的就不可能分离。”（就像我们可以发现在性方面倡导自制的人存在严重冲突的危险迹象一样，我们也可以在倡导真正
250 节制的人中间发现大胆地提倡命题（3）的迹象。前者会说，“是的，我知道，在实现第三种目的与实现其他目的之间存在大量冲突，如果考虑到自然对我们的约束，那么，自制就是一种美德”。而后者会说，“这里不存在任何冲突。**既然**人性有性欲的一面，又有理性的一面，那我们就可以在性欲和理性之间实现和谐，并且获得一种有助于实现所有这四种目的而又彼此不冲突的品质特征。”）

根据命题（3），人性通常就是如此，以至于我们可以发展出某些品质特征满足命题（1）和命题（2）所给出的那两种标准。“我们拥有美德，既不出于（我们的）自然 / 本性，也不反乎（我们的）自然 / 本性，”亚里士多德说，“（我们的）自然 / 本性使我们有能力接受它们。”[①] 如果我们出于自然 / 本性便拥有美德，那么道德教育就是不必要的。如果我们是反乎自然 / 本性而具备美德，那么我们将完全享受不到践行美德的乐趣，而且，即便享受到这种乐趣，我们的自然 / 本性的其他方面也会同它们发生抵触。相比之下，说“自然 / 本性使我们有能力接受它们”，就是在说，当我们凭借适合于理性的社会动物的道德教育和自我提升而获得美德之后，我们便可以享受践行美德的乐趣，并且，我们身上接受了道德教育的“第二”自然 / 本性的其他方面，将不会顽固不化地继续同我们通过践行美德而获得的乐趣相抵触。正如我听菲莉帕 · 富特说过的那样，它们“适合我们”。那些有利于其人类拥有者而使之能够过上一种满意的、充盈的生活的品质特征，与那些引人向善的人类特征之间

① Aristotle, *Nicomachean Ethics*, 1130a24—26.

绝不仅仅是巧合。它们之所以有利于此人，就是**因为**其自然 / 本性是一个人，是人这样一种理性的社会动物。

尽管这种人性观很吸引人（也很传统）[①]，它绝不缺少批评者。在 251
我们的传统中，针对该观点的最古老的反对意见来自柏拉图本人，是通过《理想国》中的格劳孔、阿迪曼图斯和特拉西马库斯等角色之口而表达出来的。尽管特拉西马库斯式的“人物”如今常常被用来代表那种想象中邪恶的黑手党毒枭的观点，它怀疑我们能否为其提供成为美德之人的动机理由，但这并非完全是此类角色在柏拉图作品中的用意。他们不仅坚持他们个人的价值或欲望，还倡导某种特定的人性主张。该主张认为，从生物学来讲，人性天生就是利己的，因而，将美德当作第二自然来灌输的“习惯的”道德培养方式乃是对人性的扭曲和颠倒，由此导致有缺陷的人，而不是好的人。照这样的看法，第三种目的和第四种目的之间是严重分离的；理性所赞同的乐趣必定是非社会的或反社会的，而那些有利于某人（能够使之获得这些乐趣）的品质特征则表现为残忍的不公正（大概还有冷漠无情、不诚实、不忠诚

① 比如，大卫 · 克劳尼说：“成为好人（即，合乎美德地获取和生活）满足了我们的自然 / 本性的需要，因而它必定一般来说对我们有利……美德‘本身就是回报’（即，拥有和展示美德令人充实，无论它会带来怎样的后果）。但是，践行美德同样有助于人类潜能的实现，获得充实的生活。”参见 David Clowney, “Virtue, Rules and the Foundations of Ethics” (1990), p.61。威廉 · 加尔斯顿说：“正如亚里士多德认为的那样，我们的伦理学反映了我们的情感、身体构造和社会属性，而不仅仅是我们的理性能力。所以，人类的美德处于双重境地，这种双重性通过围绕美德的不同理解方式而表现出来。如果我们关注的是人的自然 / 本性，那我们就会把美德看作一些内在善，即，构成了我们人类之卓越或繁荣的各种秉性。如果我们关注的是人的周边环境，那我们则会倾向于把美德看作一些工具善，即，使我们能够很好完成因我们的处境而带来的特定任务的各种秉性。”参见 William Galston, “Introduction” (1992), pp.3—4。施尼文德说：“美德不是在它无需学习或容易获得的意义上，而是在那些美德行为者，无论是个体还是他们所组成的共同体，可以受益于美德的意义上，对人类来说是自然的。这种事实揭示了我们的社会本性。没有同伴的生活和没有美德的生活，对我们来说都有害。”参见 J. Schneewind, “The Misfortunes of Virtue” (1990), p.43。

等等）。

但是，作为关于人性的主张，我认为它很容易就被驳倒，因为，如果一个人承认了他们的初始前提，由此得出的观点乃是荒唐的："**好的人**（具备促进那四种目的的品质特征的人）可以是他们所设想的那个样子。"如果成为一个毫无缺陷的好人就是具备在攫取和享用自身欲求之物时所表现出来的那些不受法律与道德约束的品质特征，并且，如果一个人的欲望迄今尚未通过那种开始灌输（真正的）美德的训练方式而得到充实与修正，那么，好人就谈不上任何的法律和道德，他们不可能给子女提供任何的道德训练——其实很清楚，他们根本就不会为孩子而烦恼，我们可以假设，他们的孩子出生后不久便会因为受到忽视而尽数夭折。认为"人"出于本性就是一个彻底地以自我为中心的利己主义者，
252 这绝对只可能是提倡者忽视了如下事实（即，如果母亲没有在他们的婴幼儿时期照顾他们这么多年，他们是活不下来的）之后，才会得出的观点。该观点还常常没有注意到，社会合作在很大程度上不仅要靠法律和"约定的"道德，还要靠有爱心的父母去教育他们的子女别把道德仅仅当作约定来接受，才能使得该观点的倡导者幻想能够自由享用的那些东西出现。①

认为柏拉图笔下的角色，就像上面阐述的那样，可以代表这个世界上邪恶之徒观点的哲学表述，在我看来一向都是可笑的看法。诚然，同大多数（如果不是全部的话）道德哲学家一样，我个人无法详尽得知真正邪恶之徒的内心到底如何，但从跟别人同样无知的立场来讲，我发现不可能认为，为了充分表达其与生俱来的自然 / 本性，他们会对"作为

① 在谈到由特拉西马库、格劳孔和阿迪曼图斯发展而来的一系列立场［根据该立场，正义（广义的正义，它关心那些涉及他人的正确行为）并不是人类的美德，因为人类的彼此关系顶多是相互恐吓与剥削］时，萨拉·布劳迪说："根本上讲，这种观点的错误之处，不在于它冒犯了通过教育而在我们身上发展起来的道德敏感性，而在于它仅仅对那些无需通过教育而实现其最佳状态的人来说才是真的。" Sarah Broadie, *Ethics with Aristotle* (1991), p.118.

物种成员的人应当如何”持有(哪怕是含蓄地持有)**一般的**看法。我打赌,他们大多数人完全不在乎人类的善恶,不在乎它们由什么构成,也不在乎通常的伦理评价;他们的目标就是得到他们想要的东西,就是做他们想做的事情,因为他们想要如此。

不过,当然还有另一种方式来理解这些不道德之人所坚持的看法,它们可以相对合理地被视为一些邪恶之徒的哲学表述。我们可以认为,特拉西马库斯,以及更明显地,尼采和艾茵·兰德说的是,人类非常像蜂巢里的蜜蜂,基于自然/本性而被划分为两个不同群体,弱者和强者(或特别聪明或特别有天赋的人,或“命运的宠儿”);对其成员必定要用不同的方式来评价,就像对工蜂和雄峰或蜂后必定要用不同的方式来评价一样。好的弱者,如同我们知道的,也许具有美德;但好的强者所具备的却是十分不同的、适于他们不同本性的东西,即,至少是出现在标准的恶德清单上的某些品质特征。我认为,我们可以把这些观点看作是对命题(3)的挑战,它们坚持认为,对强者来说,“典型的享受状 253
态”这一目的是同自然主义的第四种目的完全分离的。强者的享受状态乃是各式各样的自我实现,在一定意义上本就特立独行,而且,尽管他们本人或许并非天生反社会,那些有利于强者,使之享受自我实现之乐趣的品质特征却是反社会的。自我实现再一次呼唤着不公正与麻木无情,也许,还有标准清单上的其他恶德。

由于这些观点承认(至少在一定程度上承认)“既然人类是这样的动物,因而强者不仅在婴幼儿时期需要有弱者在身边,而且,为了维系他们作为理性的社会动物而必须生活于其中的社会,他们也需要有弱者在身边”,因此,它们就避免了第一种观点的明显错误。只要我们认真地对待它们,这些观点就不可能被迅速驳倒。唯一可能的思路是仔细思考每一种表述的细节,并且搞清楚,在每一种情形中,不合理、不融贯、不一致的地方以及明显错误的地方在哪里。

显然,这会是一项漫长的任务,而我们手头只有少量的相关文献。[1] 它如何承诺对我们的伦理视野进行一定程度重塑,是它的有趣特征之一。针对尼采观点的严肃思考是不会让伦理视野原封不动的,因为我们会发现自己将受到引导在一定程度上修订我们的(比如)激情和正义概念,并且(以一种当自然主义注意到其他动物中间存在劳动分工时就已经预见到的方式)认真对待如下事实,即,世界上存在一些我们共同钦佩的杰出个人。[2] 除了要面对“如果他们的令人钦佩之处与他们具有至少部分恶德的情况同时存在(高更问题),那么我们该如何理解他们”这一问题,我们还要面对另一个问题:“即使他们没有任何这样的瑕疵,我们又该如何理解他们”。尽管我们中间确实甚至不是所有(根据标准清单)最具美德的人都能够渴望成为与之比肩的杰出人物,然而,他们就是远远超出所有我们其他人之上的**最佳**人类吗?或者,他
254 们就像我们其他人中间的最优秀者一样,尽管不是标准意义上的好人(假设他们并未很好地具备某些美德的天赋),也是非同一般的好人吗?(如果这样的话,那么,在标准意义或是非标准的意义上能够成为非同一般的好人的那种人,是否有理由去选择成为这种意义而不是那种意义上的好人呢?)或者,他们是否(假设他们与我们其他人中间的最优秀者具备一样好的天赋)既是非同一般的好人,**又**是非同一般的伟大艺术家、领导者、政治家或什么人呢?在我看来,此时,为我们大多数人所共享的伦理视野会认为这些问题乃是无法解决的,因此或许需要一两条新的纲领。

针对尼采观点的严肃思考很可能改进我们当前的伦理视野,所以我对它非常欢迎。但是,我至今仍未看到任何迹象说,这种思考必定会

① 尤其参见 Philippa Foot, “Nietzsche: The Revaluation of Values” (1973) 以及 “Nietzsche's Immoralism” (1991); Neera K. Badhwar, “Self-Interest and Virtue” (1997); Michael Slote, “Virtue Ethics and Democratic Values” (1993); Christine Swanton, “The Supposed Tension Between ‘Strength’ and ‘Gentleness’ Conceptions of the Virtues” (1997)。

② 参较 Foot, “Nietzsche's Immoralism”。

颠覆命题（3）。尽管如此，我仍强调我的目标是实用主义的；尼采的观点当然尚未（从我们的伦理视野内部出发而）被证伪。就像富特不断坚持的那样，对于尼采本人，我们还有许多的工作要做。不过，现有的尝试尽管可能只是第一步，我认为，我们应该明确地意识到它们带来了某种进步以及这种进步所采取的表现形式。毫不奇怪，根据我给出的线索，学者们提供了许多思考。有些或许可以从中立的观点出发而获得（尼采对意志的论述能够算是可靠的心理学吗？难道我们不能将那些颇具标准清单之美德的艺术家称为伟大的艺术家吗？）；有些则通过仔细拆解“勇气”和“独立”概念（它们与“寄生”相对立）而诉诸一些可能有关也可能无关的事实。（尼采和兰德会承认这种人的情况吗——他们的怜悯或仁慈表达的是勇气，而不是**哀怨**或伪善？在两种情形中，我们都很难讲，对于具体的个人而言，他们是否坚持要给当前所讨论的美德重新命名，或者是否会归因于更根本的动机，或者是否会接受反例但又将其当作非典型情况而加以消解。）我们几乎很少（即便有的话）发现有人赤裸裸地声称：“是的，我们碰巧重视这个东西，而尼采（或什么人）则不然，对此没什么更多的好说。”我们发现的是，哲学家通常会对不一致和不融贯提出看法，他们会诉诸各种各样的美德术语（或相关术语，比如，“怜悯”“正义”力量”“独立”和“自足”等）的正确用法，诉 255
诸有关人性和人类生活方式的事实。

因此，我虽然承认尼采的观点给命题（3）提出了问题，但我并不认为我们就有理由抛弃它，进而把伦理自然主义看作是注定的选项，因为，在强者那里，第三种目的至少将同第四种目的相互抵触。

来自达尔文主义的可能威胁

但是，最后，有一种被伯纳德·威廉姆斯清楚阐述过的可能的人性观点；我认为它是无法反驳的，而且毫不奇怪；它之所以如此，是因为它意味着道德虚无主义。威廉姆斯在对自然主义推想的最新质疑中提出了这一点,而我还不清楚他是否像我一样把它视为道德虚无主义的等价物。大致说来,这个观点是:在将理性添加到我们的社会动物属性的时候,自然造就了一种存在着可悲的缺陷与分裂性的生物,用威廉姆斯的话来说,一种“力量与本能无法匹配的**拼凑之物**”。[①]

很早以前,威廉姆斯就对亚里士多德的自然主义表示悲观,理由在于,亚里士多德的自然概念,进而其人性概念都是规范性的,而在科学的时代,它们不是我们拿得上台面的概念。在《道德》和《伦理学与哲学的局限》这两本书中,威廉姆斯为上述观点提供支持的方式,看起来非常像是在反对意见中包含着我所思考的某些看法(我们如今不再和我们所发现的自然有交道;我们没有典型的生存方式,因为我们太了解文化的多样性,等等)。它看起来还像是在反对意见中包含着某个更抽象看法(即,亚里士多德的自然概念是目的论的,而我们现代科学的自然概念则不然)。所有这些反对意见似乎都能通过如下方法而加以消解,即,声称自然主义推想不应当被设想为任何日常意义上的“科学的”或“基础性的”东西,并且指出(我们希望的)自然主义所
256 给出的伦理评价绝不应当被严格比附为生物学或动物学的判断意见。这种推想来自伦理视野的内部,它并非就是生物学或动物学的分支,等等。

现在,威廉姆斯已经收回了他的主张,即,认为亚里士多德的自然主义推想“要求从一种具有科学可信度的人性描述出发,‘自上而下地’推导出伦理结论……我承认”,他现在说道,“这项事业可以通过融贯论或解释学的术语来理解。我还承认,我们可以认为亚里士多德自己就已经在用这类术语看待它了”。[②] 不过,他仍然质疑自然主义推想,而这样的质疑之所以正确,是因为在某种意义上,亚里士多德具有规范性的

① Williams, “Replies”, p.199.

② 出处同上, p.200。

自然概念即便拒绝承认“自然主义推想必须是现代科学的”，也依然是有害的。

他是这样明确表述这一点的。当他谈到反对伦理自然主义的理由时，他说：

> 第二个，也是更一般的理由，并不在于人类特定的进化方式，而仅仅在于“他们根据自然选择而进化”的事实。自然主义伦理学的理念源自一种深层的目的论观念，而对它的最好表述，在许多方面，仍可以在亚里士多德的哲学中找到，根据这种哲学，所有的自然物天生都具备一种适合该物种的活动方式。按照这种观点的看法，在客观上适合人类的，必定是人类想要过上某种生活的最深层的欲望——需要？目的？满足？（现代词汇分化出这些备选项，这一事实就表现出亚里士多德的观点在现代社会所面临的破裂状态）。其他的自然主义观点、马克思主义的观点以及某些实质上自称为“进化论的”观点，虽然常常宣称自己完全与此不同，但它们基本上很难不诉诸一种隐晦的目的论，一种秩序，在其中可能有能够一劳永逸地满足人类所有最基本需求的存在形式。达尔文主义最初的也是最坚定的教诲（根本不存在这样的目的论，不存在人类依其而演奏某个特定部分的、有所根据的交响乐谱），仍须找到进入伦理思想的路径。[①]

这段文字引起我们注意的一件事情是，我所勾勒的那种对于生物的非伦理评价乃是“亚里士多德主义的”，而非达尔文主义的。正如我尽力强调的那样，这种评价依赖于如下观念，即，每一种自然物都拥有“一种它所适合的（即，典型的）活动方式”，它们根据这种活动方式而 257

① Williams, “Evolution, Ethics and the Representation Problem”, p.110.

被评价为“好的”或“有缺陷的”。这些评价并不会(像在后达尔文时代中可能表现的那样)把该生物的物种成员简单地说成是它们基因的“好的”“不那么好的”“完全有缺陷的”复制品。

就我所知,随着达尔文主义越来越深入我们的思想和讨论,这种形式的评价很可能将退出历史舞台。我认为,人们不可能简简单单就说,达尔文主义可以证明它是“完全错误的”。这种评价设立了自己的对错标准,而达尔文主义所能做的则是主要表明,无论我们迄今使用这些标准来界定“好的”和“有缺陷的”是出于何种目的,我们都将通过设立达尔文主义的标准而更好地满足它们。在这个环节,应当指出的是,无论我们对于“亚里士多德主义”标准是否一直特别感兴趣,很清楚的是,它都界定了某个物种样本的健康状态或不健康状态,而达尔文主义标准如果打算取代“亚里士多德主义”标准,而不仅仅是为后者提供担保,那么,它们就必须比许多哲学家通常所设想的更加复杂。我在讨论中已发现,许多人都以为达尔文主义的评价要么仅仅依赖于第二种目的(物种的延续),要么用“个体的基因复制”当作唯一的目的来加以取代。不过,人类并非唯一的、其雌性成员的“典型的平均寿命”可以延伸到她们复制甚或孕育基因之际的物种。有人言之凿凿地告诉我,大象、鲸鱼亦是如此;还有人暗示说,有的类人猿可能也是这样。(我们现在都还不知道这些,难道不是很奇怪吗!)但是,科学界的动物学家并没有考虑要放弃如下看法,即,这类物种的雌性成员如果恰好在她可以交配的年龄之前自然死亡了,那她必定是有缺陷的。相反,他们试图搞清楚的是,这些年龄较大的雌性成员是否(以及,如果是的话,如何)有助于社会群体的良好运转,从而有助于其成员的延续,从而作为一项进化策略有助于这些年龄较大的雌性成员的基因复制。

尽管如此,尽管我们拥有亚里士多德主义的评价形式并且它也反映在我们关于“好的”“有缺陷的”“过得好”等术语的使用中,我们应该意识到它体现出什么样的假设,以及,这些假设是否可以合理地转用

于人的身上。它是否体现出“过上某种适合他们的生活,必定是”个体 258
X 的“最深层的欲望、需要、目的或满足”这个假设？是的,亚里士多德自己也许有过类似想法,但这似乎不是这些评价在我眼里的必要特征,因为我们已经指出,它们并未(比如说)排除如下情况,即,一个有缺陷的 X 有可能会在非典型的个体生存方式与非典型的无痛苦状态以及享受状态方面表现得相当出色。它们所排除的情况是,我们不再能把这个 X 描述为“过得好”。对于 X 来说,“过得好”就是在没有外在麻烦干扰的条件下,过上好 X 所过的生活,尽管从一种重视享受、满足与无痛苦的人的视角来看,这样的生活可能表现出悲惨、堕落的色彩。

但在这里,人们很可能说,伦理评价与非伦理评价之间存在着重大差异。如果伦理自然主义背后的语法观念是正确的(即,当我们开始把“好的”“坏 / 有缺陷的”“不错的”等术语用在自己身上时,它们并未突然产生一种全新的使用方式),那么,我们的“过得**好**”概念或“繁荣兴旺”概念(或者,当我们用于自己身上时,“**幸福**”概念)就涉及我们关于“好的人”或“坏的人”的评价。不过,这种概念,当它用在我们自己身上时,无疑**还**涉及**幸福**,即,我们每个人都追求的美好生活,给那些享有美好生活的个人带来好处的生活——就像命题(1)所表现的那样。其他动物无法形成它们的“过得好”概念,无法对自己说“**那**就是我想要的生活,在其中……”,也无法有意识地以这种生活为目标;它们是作为自然的决定物而存活于世的。但我们可以。

由于伦理自然主义假定,当它适用于我们时,其第一种目的与第三种目的之间以及第二种与第四种目的之间没有分离[即,命题(3)],因此,它假定上述具有**双重**关联性的“过得好”概念或**幸福**概念是可行的。对于其他动物来说并不存在如下问题,即,它们“最深层的欲望”或诸如此类的东西是否会由于它们按照自然设定的方式过得好而得到了满足;它们不可能说,“我是一种可以选择自己生活方式的理性存在者;我选择的是**这种**生活,而不是那种生活;**这种**生活就是过得好,即,**幸福**”。

而在我们这里，却存在上述问题。

因此，规范性的亚里士多德主义的“自然”概念，即便拒绝承认自
259 然主义推想在适用于我们身上时必须是“科学的”，它也依然有害。当我们放弃了“每种自然物都有趋于完美的冲动”[①]这一规范性假设之后，虽然非伦理评价可以不受什么影响，伦理评价却不能。自然主义关于**幸福**的看法，关于“作为人（即，作为理性的社会动物）而过得好”的看法，只不过假定了一个好人在实现第一种目的与第三种目的方面确实具备良好的天赋，仿佛人类真的拥有趋于美德的某种“内在冲动”似的。它被当作威廉姆斯所说的“一种关于人类的能力与需求之内在和谐的强观点”而被人承认。他接着说道：“如果你能帮助自己理解亚里士多德的宇宙论，而没有觉得‘是否人性的进化成果在其极为短暂的过程中不会停留于一种力量与本能相当不匹配的**拼凑之物**的阶段’是个尚未解决的问题，那么在我看来，该假设确实会更加可信。”[②]

然而，在这一点上，我们应该提醒自己注意第八章，在那里，我坚持认为“标准清单上的美德有利于其拥有者”绝不是不可信（只要我们从伦理视野的内部出发考虑那些合乎中道的美德之人，而不是考虑那些邪恶之徒的话）。诚然，如果能够诉诸某些（不可想象的）科学事实甚至宇宙论事实，我们可以让上述观点对不道德之人来说变得“更可信一些”（就像如果能够利用一些有关上帝构造世界以及我们在其中发挥作用的事实，我们也可以让上述观点对他来说更可信一些那样）。可是，我们甚至没有如此尝试过，因为，这么做将意味着，我们试图从外部来论证道德——作为他此前观点（伦理自然主义理应建立在一种“具有科学可信度的人性描述”基础之上）的最后残余，威廉姆斯似乎认为，如果我们的目标是“可信性”，那我们就必须这么做。

① Williams, *Ethics and the Limits of Philosophy* (1985), p.44.

② Williams, “Replies”, p.199.

标准清单上的美德(所有"关心他人的"社会性美德)有利于其拥有者,这种观点尽管是以不同方式,却和伦理自然主义同样清晰地体现了"人性和谐"的观念。(在断言哪些品质特征**是**美德之前,伦理自然主义通过假定存在有助于实现所有四种目的的美德而体现这一点。)然而,就是这样的事实,以及"标准清单上的美德是否有利于其拥有者" 260 这场辩论的悠久历史和本质,应当使我们以怀疑的目光来看待威廉姆斯的建议,即,"人性不和谐"的观念"仍须找到进入伦理思想的路径"。

这一建议意味着"人性不和谐"是一种全新的观念——它是"达尔文主义最初的也是最坚定的教诲"。可在我看来,它是非常古老的观念,就跟厌世和绝望一样古老——正如威廉姆斯本人在其他段落中指出的那样。他说,目前所掌握的最为可信的进化论论述意味着:

> 人类在某种程度上就是一团乱麻,而符号与文化能力的快速和广泛的发展已经使得人们成为这样的存在者,即,对他们来说,**无论是在个体层面上还是社会层面上**,没有哪种生命形式可能被证明为完全满意的。**以前当然有许多人得出过这种结论**,而那些努力获得一种超越该结论的自然主义道德的人则不得不在对历史记录或是其言外之意的解读中,尽力去揭示一种部分被遮蔽的但有待实现或完善的人性。在我看来,进化论的论述,就人们目前对它所能理解的程度(以及,就我自己温和得多的理解程度)而言,似乎为如下观点提供了一定的支持,即,在这个方面,历史意味着很多它看上去仿佛所意味的东西。[①]

如今我不知道是否会有"许多人得出这种结论",但我可以肯定早在达尔文之前,**有些**人就已经看到了人类历史的晦暗进程并且得出"人

① Williams, "Evolution, Ethics and the Representation Problem", p.109.(黑体为笔者所加。)

类就是一团乱麻”的结论。但严格来讲,这样的结论就等于是绝望和(我上面所说的)道德虚无主义。

假如我们在本性上真的是一团乱麻,那对我们来说,就**根本**没有哪种生命形式**可能**被证明为满意的。任何在个体层面**以及**社会层面上繁荣兴旺的个体,都是一种离奇的偶然,而(请注意)那些在个体层面以及反社会层面上繁荣兴旺的个体,也是同样如此。这两种情况**都是不可能的**,因为,既然我们是一团乱麻,那么人们所能期待的、除非我们个人极度幸运否则便会发生的情况就是:我们根本无法实现繁荣兴旺,尽管我们的理性和欲望希望如此。作为社会动物,我们可能需要一起生活,而作为个体,我们又有各自的欲望和计划;既然我们是理性的和社会的,那么,有些(但绝非全部)个体本身就可能因为所接受的养育而成为
261 社会的;作为理性的、个体的和社会的动物,虽然我们可以调和一些相互冲突的欲望和计划,毫不遗憾地放弃另一些不切实际的欲望和计划,但是,我们绝不可能这样来对待所有的欲望和计划。任何在其弥留之际回首往事并真心说出“生活令人满意,我过得很好”的人,都是极其幸运的,而品质特征的培养、自认为理性的人生计划以及试图实现设想中的自我提升或社会改进目标的任何尝试,则丝毫无法使人变得更加幸运;所有这些尝试都是无效的。谋求有利于其拥有者的品质特征是毫无意义的,谋求引人向善的品质特征也是毫无意义的。这里面没有任何意义。

这样说来,上述观点等于是彻头彻尾的道德虚无主义。(请注意,即便康德和功利主义也会受到这种悲观主义的影响,因为,如果幸福只能通过极度的幸运而获得,那就不能要求我们必须以他人的幸福或其最大化作为目标。)相信和谐对人而言**是**可能的,相信我们具备美德既不出于自然也不反乎于自然,而是(我们的)天性使我们足以接受它们,在我看来,这种信念甚至在最低限度的美德之人(我们中间那些认为正确对待伦理学是件重要事情的人)的伦理视野中,也是一个必不可少的

部分。当我们试图向自己的孩子传授美德时,我们会展示这一点。当我们试图让自己成为(我们所认为的)更好的人并试图提升自己和其他人的伦理观点时,我们会展示这一点。当我们试图实现社会变迁时,我们会展示这一点。我们正是通过运用伦理思想和伦理话语而展示这一点的。

因此,严格说来,认为我们就是一团乱麻,这是一种特别普遍的道德怀疑主义,它不仅把(哪怕是最低限度的)美德之人的整个伦理视野都消解为单纯的乐观主义幻想,而且,它同时拒绝承认实践理性能够从事实质性的或长远性的工作。[正如我在前面强调的那样,如果**我们**人类在本性上就是一团乱麻,那么**我**也是一团乱麻,而且,就算我努力通过自己独特的、或许不道德的方式过上了一种满意的生活,那也毫无意义。我可以凭借我的实践理性来保全性命(万一我属于为数不多的幸运儿之一),维系短暂的享乐和无痛苦状态,至于那些更长远的目的,我倒不如通过扔骰子来决定是否以及(如果是的话)如何追求它们。]同样地,它还类似于其他形式的普遍怀疑主义,比如,关于科学知识是否可能的怀疑主义(认为科学知识其实是建立在"自然是可理解的"这一 262
不具备科学合法性的假设基础上的),甚或,关于外部世界和其他心灵的知识是否可能的怀疑主义。就其本身而言,这将超出本书范围,进入到当我把麦克道威尔(和奎因)所描述的纽拉特步骤当作适合于确立伦理知识(以及科学知识、日常经验知识)的方案而加以采纳时,就已经排除在考虑之外的那个领域。

但是,在本书的范围之内,我们可以认为,它提出了一个在努力论证我们的伦理信念时不可或缺的问题。通过让这些伦理信念在我们的伦理视野内部逐一接受批判反思,我们可以得到**这样**的信念,即,人类**并非**在本性上就是一团乱麻,而是可以通过年轻时的正确的道德教育以及后来反思的、理性的自我纠正,实现一种能让自己在个体层面和社会层面都生活得好的和谐状态。如果在我们的伦理视野内部对**这个**信念进行批判审查的话，我们会发现什么呢？

是的，就像威廉姆斯正确指出的那样，我们会发现一种相当晦暗的人类历史。但同时，就像他正确指出的那样，我们还会发现对历史的不同解读方式。是的，历史“可以被解读为”它表明人类就是一团乱麻；而我们之所以知道这一点，就是因为有些不能被称作完全疯狂的人（完全疯狂的人会认为，比如说，历史记录向我们表明2000年将是世界末日）已经在用那种方式解读它了。但我相信，威廉姆斯一直没有充分承认的是，历史还可以通过另一种方式（即，我们所有坚信“人性在最好的情况下是和谐的这一信念可以得到论证”的人所使用的那种方式）来加以解读。

我们是在“历史记录或历史记录的言外之意的解读中，**尽力去揭示**一种部分被遮蔽但有待实现或完善的人性”（黑体为笔者所加）？抑或，我们是在历史记录或历史记录的言外之意的解读中，发现我们心中关于那个“有待实现的人性”的信念得到了证实呢？我会说，我们做的是后者。当我们的孩子，这些天真的、不懂哲学的道德怀疑论者，问我们“为什么所有的事情都这么糟糕？怎么会有这么多人正过着而且一直过着如此可怕的生活”时，我们并不完全是迫不得已地说：“事情可以好得多；亚里士多德的宇宙论、上帝的存在、马克思主义或者诸如此类的东西都向我们保证说，人性是这样的，因此事情**必会**好得多。所以，我们得根据这种假设重新解读历史记录，努力揭示人性。”我们可以说：“当我们仔
263 细考察**为何**有这么多人正过着而且一直过着如此可怕的生活时，我们发现，虽然这偶尔是因为纯粹的坏运气，但通常说来，这是因为他们和/或他们的同伴以及身边人在拥有和践行标准清单的美德时存在着缺陷。”[①]

① 我猜想，我们之所以觉得很难接受大屠杀，其中一个原因就在于，纳粹上台之前的德国社会看起来同当时我们自己的社会非常相像，而且，我们不得不面对一条难以接受的结论，即，如果大屠杀在那里的发生是因为其成员缺乏美德，那么我们必定也存在类似的缺乏，而且可能走上同样的道路。

如今,虽然我同意威廉姆斯针对我作为一位哲学家而非科学家,是否理解(目前的)进化论的论述而提出的温和质疑,但我确实发现,我们无法理解何以能够由此出发,对我已经归属于我们伦理视野的那种关于人类历史的解读方式提出科学的反驳。由于绝望和厌世的存在,有一种解读人类历史进而解读人类境况的方式,会把**幸福**的普遍匮乏说成是我们天生有缺陷的自然本性的必然产物。而一直以来,还有种相反的观点,它以不同的方式把这类情况仅仅理解为恶德的可预料产物,但恶德并非我们内在的东西,而是可以避免的东西。我们认为,这样的产物源自贪婪、不公正、麻木不仁、自私自利、愚蠢荒唐、不够宽容、野心太大、放荡不羁、胆小怕事——以及"好人不会依靠它来做任何事情"的那种缺点(我个人认为,亚里士多德恰当地把它界定为"灵魂的伟大"的对立面)。这种解读当然不可能从中立的观点出发而获得。但我们应该注意到的是,凭借大量细节的支持(这些细节既不能被消极地说成仅仅是在编神话,也不能依靠含糊地诉诸达尔文主义而被证明为如此这般),它**是**可以从伦理视野的内部出发而获得的。

人性在最好的情况下是和谐的,这一事实(如果它是事实的话)是非常偶然的事实。我们可以分别实现繁荣或**幸福**,这也是偶然的事实(如果它是事实的话);我们可以彼此采用同样的方式(即,具备同样的品质特征)来实现繁荣或**幸福**,这是偶然的;我们可以共同实现繁荣或**幸福**而不以彼此为代价,这也是偶然的。如果事情是别的样子,伦理将不会存在,或者,它会表现出难以想象的不同模样。

虽然无神论者可能觉得现在很难承认这一点,但是,"相信人性和谐"却属于"希望"美德的一部分。人们习惯将某种至少与之非常相似 264
的东西称为信仰(上帝的)旨意;信仰旨意是"希望"美德的一部分;对它表示质疑,则意味着深受"绝望"恶德的玷污。在我看来,这是正确的。认为自己和同伴出于本性便在激情与理性之间或自利性与社会性之间有所冲突(或是两者的错误结合物),以至于无论我们现在运用多少理论理性和实践理性并希望将它们传给后代，人类都不可能生活得好，这正是“绝望”所给出的忠告。

但是“希望”，作为一种美德，却不无自身的合法性。我们可以把它当作“我们实践的必要条件”来论证。人们可以说，自然科学的实践不得不建立在“自然是可理解的”这一未经科学证明的假设基础上；假如我们假定它是不可理解的，那么整个实践就会崩溃。而且，我们知道，我们无法反驳针对该假设所提出的质疑。可是，自然科学的实践仍然值得继续开展，对我们来说没有可行的备选项，因此我们不得不坚持采纳这种假设。类似的，正如我们了解的那样，伦理思想的实践也不得不建立在如下假设的基础上，即，作为一个物种，人类有能力既在自身内部又在彼此之间实现和谐。如果我们假设人类不能如此，那么整个实践也将崩溃。我们无法反驳针对这一假设所提出的质疑。可是，伦理思想的实践却仍然值得继续开展，对我们来说没有可行的备选项，因此我们不得不坚持采纳这种假设。

或者，我们（也许同时）可以继续坚持我们所拥有的东西——即，支持“标准清单上的美德有利于其拥有者”这一主张的那些有关人性与人类生存方式的事实，以及，将我们为什么长期无法获得幸福（除了在极微小之处）归因于我们的恶德的那种解读历史的方式。诚然，有时要坚持这些东西并不容易；绝望和厌世常常会诱导我们放弃。但我们应该坚持。

265 让希望长存。

参考文献

Altham, J. E. J. and Harrison, R. *World, Mind, and Ethics*. Cambridge: Cambridge University Press, 1995.

Annas, J. *An Introduction to Plato's* Republic. Oxford: Clarendon Press, 1981.

—— *The Morality of Happiness*. Oxford: Oxford University Press, 1993.

—— 'Virtue and Eudaimonism', *Social Philosophy and Policy* 15 (1998), 37—55.

Anscombe, G. E. M. *Intention*. Oxford: Blackwell, 1963.

—— 'Modern Moral Philosophy' (1958), repr. in *Collected Philosophical Papers*, iii. 26—42. Minneapolis: University of Minnesota Press, 1981.

—— 'Practical Inference' (1974), repr. in R. Hursthouse, G. Lawrence, and W. Quinn (eds.), *Virtues and Reasons* (q.v.), 1—34.

Aristotle. *Nicomachean Ethics*, tr. J. A. K. Thomson, rev. H. Tredennick. London: Penguin, 1976.

—— *Eudemian Ethics*, tr. M. Woods. Oxford: Clarendon Press, 1982.

Arpaly, N. and Schroeder, T. 'Praise, Blame and the Whole Self', *Philosophical Studies* 93 (1999), 161—188.

Audi, R. 'Acting from Virtue', *Mind* 104 (1995), 449—471.

Badhwar, N. K. 'The Limited Unity of Virtue', *Noûs* 30 (1996), 306—329.

—— 'Self-Interest and Virtue', Social Philosophy and Policy 14 (1997), 226—263.

Baier, A. 'What do Women Want in a Moral Theory?', *Noûs* 19 (1985), 53—63

Baron, M. *Kantian Ethics Almost Without Apology*. Ithaca, N.Y.: Cornell University

Press, 1995.
—— 'Varieties of Ethics of Virtue', *American Philosophical Quarterly* 22 (1985), 47—53.
—— Pettit, P., and Slote, M. *Three Methods of Ethics*. Oxford: Blackwell, 1997.
Beauchamp, T. L. and Childress, J. F. *Principles of Biomedical Ethics*, 4th edn. New York: Oxford University Press, 1994.
Blackburn, S. 'Dilemmas: Dithering, Plumping, and Grief', in H. E. Mason (ed.), *Moral Dilemmas and Moral Theory*. New York: Oxford University Press, 1996.
Blackburn, S. 'The Flight to Reality', in R. Hursthouse, G. Lawrence, and W. Quinn (eds.), *Virtues and Reasons* (q.v.), 127—139.
Blum, L. *Friendship, Altruism and Morality*. Boston: Routledge & Kegan Paul, 1980.
Broadie, S. *Ethics with Aristotle*. Oxford: Oxford University Press, 1991.
Clowney, D. 'Virtues, Rules and the Foundations of Ethics', *Philosophia* 20 (1990), 49—68.
Conly, S. 'Flourishing and the Failure of the Ethics of Virtue', in P. A. French, T. Uehling, and H. Wettstein (eds.), *Ethical Theory: Character and Virtue*, Midwest Studies in Philosophy 13, pp. 83—96. Notre Dame, Ind.: University of Notre Dame Press, 1988.
Crisp, R. 'Utilitarianism and the Life of Virtue', *Philosophical Quarterly* 42 (1992), 139—160.
—— (ed.). *How Should One Live?* Oxford: Clarendon Press (1996).
—— (ed.). J. S. Mill, *Utilitarianism* (Oxford Philosophical Texts). Oxford: Oxford University Press, 1998.
—— and Slote, M. (eds.) *Virtue Ethics*. Oxford: Oxford University Press, 1997.
Dent, N. J. H. *The Moral Psychology of the Virtues*. Cambridge: Cambridge University Press, 1975.
Driver, J. 'The Virtues and Human Nature', in R. Crisp (ed.), *How Should One Live?* (q.v.), 111—130.
Dupré, J. *The Disorder of Things*. Cambridge, Mass.: Harvard University Press, 1993.

Dummett, M. *Truth and Other Enigmas*. London: Duckworth, 1978.

Evans, J. D. G. (ed.). *Moral Philosophy and Contemporary Problems*, Royal Institute of Philosophy Lecture Series 22 (suppl. to *Philosophy*). Cambridge: Cambridge University Press, 1987.

Engstrom, S. and Whiting, J. (eds.). *Aristotle, Kant and the Stoics*. Cambridge: Cambridge University Press, 1996.

Flanagan, O. and Rorty, A. O. (eds.). *Identity, Character and Morality*. Cambridge, Mass.: MIT Press, 1990.

Foot, P. 'Does Moral Subjectivism Rest on a Mistake?', *Oxford Journal of Legal Studies* 15 (1995), 1—14.

—— 'Euthanasia' (1977), repr. in *Virtues and Vices* (q.v.), 33—61.

—— 'Goodness and Choice' (1961), repr. in *Virtues and Vices* (q.v.), 132—147.

—— 'Moral Beliefs' (1959), repr. in *Virtues and Vices* (q.v.), 110—131.

—— 'Moral Realism and Moral Dilemma', *Journal of Philosophy* 80 (1983), 379—398.

—— 'Nietzsche: The Revaluation of Values' (1973), repr. in *Virtues and Vices* (q.v.), 81—95.

—— 'Nietzsche's Immoralism', *New York Review of Books* 38/11 (13 June 1991), 18—22.

—— 'Rationality and Virtue', in H. Pauer-Studer (ed.), *Norms, Values, and Society*, 205—216. Amsterdam: Kluwer, 1994.

—— 'Virtues and Vices', in *Virtues and Vices* (q.v.), 1—18.

—— *Virtues and Vices*. Oxford: Blackwell, 1978.

Frankena, W. *Ethics*. Prentice-Hall: Englewood Cliffs, N.J., 1973.

Galston, William. 'Introduction', in J. W. Chapman and W. Galston (eds.), *Virtue. Nomos* 34 (1992), 1—14.

—— *Liberal Purposes: Goods, Virtues and Diversity in the Liberal State*. New York: Cambridge University Press, 1991.

Gauthier, D. *Moral Dealing*. Ithaca, N.Y.: Cornell University Press.

Geach, P. T. 'Good and Evil', *Analysis* 17 (1956), 33—42.

—— *The Virtues*. Cambridge: Cambridge University Press, 1977.

Gylfason, T. Introductory essay to *Njal's Saga*, trans. C. F. Bagerschmidt and L. M.

Hollander. Chatham: Wordsworth Editions, 1998.

Glover, J. *Causing Death and Saving Lives*. London: Penguin, 1977.

Hare, R. M. *Moral Thinking*. Oxford: Oxford University Press, 1981.

Herman, B. *The Practice of Moral Judgement*. Cambridge, Mass.: Harvard University Press, 1993.

—— 'Making Room for Character', in S. Engstrom and J. Whiting (eds.), *Aristotle, Kant and the Stoics* (q.v.), 36—60.

Hooker, B. 'Does Moral Virtue Constitute a Benefit to the Agent', in Crisp (ed.), *How Should One Live?* (q.v.), 141—155.

Hudson, Stephen. *Human Character and Morality*. Boston: Routledge & Kegan Paul, 1986.

—— 'What is Morality all About?', *Philosophia 20* (1990), 3—13.

Hume, D. *An Enquiry Concerning the Principles of Morals*, ed. L. A. Selby-Bigge. Oxford: Oxford University Press, 1902.

Hursthouse, R. 'Acting and Feeling in Character: *Nicomachean Ethics* 3. i', *Oxford Studies in Ancient Philosophy* 6 (1988), 201—219.

—— 'After Hume's Justice', *Proceedings of the Aristotelian Society* 91 (1990—1991), 229—245.

—— 'Applying Virtue Ethics', in Hursthouse, Lawrence, and Quinn (eds.), *Virtues and Reasons* (q.v.), 57—75.

—— *Aristotle: Ethics*, a booklet forming part of A292: Greece 478—336 BC. Milton Keynes: Open University Press, 1979.

—— *Beginning Lives*. Oxford: Blackwell, 1987.

—— 'Virtue Theory and Abortion', *Philosophy and Public Affairs* 20 (1991), 223—246.

—— Lawrence, G., and Quinn, W. (eds.). *Virtues and Reasons*. Oxford: Clarendon Press, 1995.

Hutchinson, D. S. *The Virtues of Aristotle*. London: Routledge & Kegan Paul, 1986.

Irwin, T. Review of S. Broadie, *Ethics with Aristotle, Journal of Philosophy* 90 (1993), 323—329.

Kant, I. *The Doctrine of Virtue*, in *The Metaphysics of Morals*, trans. M. Gregor. Cambridge: Cambridge University Press, 1996.

—— *Groundwork of the Metaphysic of Morals*, trans. H. J. Paton. New York: Harper & Row, 1964.

Korsgaard, Christine. 'From Duty and for the Sake of the Noble: Kant and Aristotle on the Morally Good Action', in S. Engstrom and J. Whiting (eds.), *Aristotle, Kant and the Stoics* (q.v.), 203—236.

Louden, R. B. 'Kant's Virtue Ethics', *Philosophy* 61 (1986), 473—489.

McDowell, J. 'Deliberation and Moral Development in Aristotle's Ethics', in S. Engstrom and J. Whiting (eds.), *Aristotle, Kant and the Stoics* (q.v.), 19—35.

—— 'Two Sorts of Naturalism', in R. Hursthouse, G. Lawrence, and W. Quinn (eds.), *Virtues and Reasons* (q.v.), 149—179.

—— 'The Role of Eudaimonia in Aristotle's Ethics', in A. Rorty (ed.), *Essays on Aristotle's Ethics*, 359—376. Berkeley: University of California Press, 1980.

—— 'Virtue and Reason', *Monist* 62 (1979), 331—350.

Mackie, J. L. *Ethics: Inventing Right and Wrong*. London: Penguin, 1977.

Marcus, R. B. 'Moral Dilemmas and Consistency', *Journal of Philosophy* 77 (1980), 121—136.

Midgely, M. *Animals and Why They Matter*. Athens, Ga.: University of Georgia Press, 1984.

Nussbaum, M. C. 'Aristotelian Social Democracy', in R. Douglass, G. Mara, and H. Richardson (eds.), *Liberalism and the Good*, 203—252. New York: Routledge, 1990.

—— 'Aristotle on Human Nature and the Foundations of Ethics', in J. E. J. Altham and R. Harrison (eds.), *World, Mind, and Ethics* (q.v.), 86—131.

Oakley, J. 'Varieties of Virtue Ethics', *Ratio* 9 (1996), 128—152.

O'Neill, O. 'Abstraction, Idealization and Ideology in Ethics', in J. D. G. Evans (ed.), *Moral Philosophy and Contemporary Problems*, Royal Institute of Philosophy Lecture Series 22 (suppl. to *Philosophy*), 55—70. Cambridge: Cambridge University Press, 1987.

—— 'Kant after Virtue', *Inquiry* 26 (1984), 387—405.

Peck, M. Scott. *The Road Less Travelled*. New York: Simon & Schuster, 1978.

Phillips, D. Z. 'Does it Pay to be Good?', *Proceedings of the Aristotelian Society* 65 (1964—1965), 45—60.

Pincoffs, E. *Quandaries and Virtues*. Lawrence, Kan.: University of Kansas Press, 1986.

—— 'Quandary Ethics', *Mind* 80 (1971), 552—571.

Quine, W. V. O. 'Identity, Ostension, and Hypostasis', repr. in *From a Logical Point of View*, 65—79. New York: Harper & Row, 1963.

Regan, T. *The Case for Animal Rights*. London: Routledge, 1983.

Scheffler, S. *Human Morality*. New York: Oxford University Press, 1992.

Schneewind, J. 'The Misfortunes of Virtue', *Ethics* 101 (1990), 42—63.

Singer, P. *How Are We to Live?* Oxford: Oxford University Press, 1997.

Simpson, P. 'Contemporary Virtue Ethics and Aristotle', *Review of Metaphysics* 46 (1992), 503—524.

Slote, Michael. 'Agent-Based Virtue Ethics', in P. French, T. Uehling, and H. Wettstein (eds.), *Moral Concepts*. Midwest Studies in Philosophy 20, pp. 83—101. Notre Dame, Ind.: University of Notre Dame Press, 1995.

—— *Goods and Virtues*. Oxford: Clarendon Press, 1983.

—— *From Morality to Virtue*. New York: Oxford University Press, 1992.

—— 'Virtue Ethics', in M. Baron, P. Pettit, and M. Slote, *Three Methods of Ethics* (q.v.).

—— 'Virtue Ethics and Democratic Values', *Journal of Social Philosophy* 24 (1993), 5—37.

Solomon, D. 'Internal Objections to Virtue Ethics', in P. French, T. Uehling, and H. Wettstein (eds.), *Ethical Theory: Character and Virtue*, Midwest Studies in Philosophy 13, pp. 428—441. Notre Dame, Ind.: University of Notre Dame Press, 1988.

Statman, D. 'Introduction to Virtue Ethics', in D. Statman (ed.) *Virtue Ethics*, 2—41. Edinburgh: Edinburgh University Press, 1997.

Stocker, M. 'The Schizophrenia of Modern Ethical Theories', *Journal of Philosophy* 14 (1976), 453—466.

Stroud, Barry. 'The Charm of Naturalism', *Proceedings and Addresses of the American Philosophical Association* 70 (1996), 43—55.

Swanton, C. 'Profiles of the Virtues', *Pacific Philosophical Quarterly* 76 (1995), 47—72.

—— 'The Supposed Tension Between "Strength" and "Gentleness" Conceptions of the Virtues', *Australasian Journal of Philosophy* 75 (1997), 497—510.

—— 'Virtue Ethics and the Problem of Indirection: A Pluralistic Value-Centred Approach', *Utilitas* 9 (1997), 167—181.

Thomas, L. *Living Morally: A Psychology of Moral Character*. Philadelphia: Temple University Press, 1989.

Thompson, M. 'The Representation of Life', in R. Hursthouse, G. Lawrence, and W. Quinn (eds.), *Virtues and Reasons* (q.v.), 247—296.

Thomson, J. J. 'A Defense of Abortion', *Philosophy and Public Affairs* 1 (1971), 47—66.

Trianosky, G. V. 'Natural Affections and Responsibility for Character: A Critique of Kantian Views of the Virtues', in O. Flanagan and A. O. Rorty (eds.), *Identity, Character and Morality* (q.v.), 93—110.

—— 'What is Virtue Ethics all About?', *American Philosophical Quarterly* 27 (1990), 335—344.

Watson, G. 'On the Primacy of Character', in O. Flanagan and A. O. Rorty (eds.), *Identity, Character and Morality* (q.v.), 449—483.

—— 'Virtues in Excess', *Philosophical Studies* 46 (1984), 57—74.

Wiggins, David. 'Eudaimonism and Realism in Aristotle's Ethics: A Reply to John McDowell', in R. Heinamen (ed.), *Aristotle and Moral Realism*, 219—231. London: UCL Press, 1995.

—— 'Truth, Invention and the Meaning of Life', *Proceedings of the British Academy*, 62 (1976), 331—378.

Williams, B. 'Acting as the Virtuous Person Acts', in R. Heinamen (ed.), *Aristotle and Moral Realism*, 13—23. London: UCL Press, 1995.

—— 'Ethics and the Fabric of the World' (1985), repr. in *Making Sense of Humanity*, 172—181.

—— *Ethics and the Limits of Philosophy*. London: Fontana/Collins, 1985.

—— 'Evolution, Ethics and the Representation Problem' (1983), repr. in *Making Sense of Humanity*, 100—110.

—— *Making Sense of Humanity*. Cambridge: Cambridge University Press, 1995.

—— 'Moral Luck', *Proceedings of the Aristotelian Society* suppl. vol. 50 (1976),

115—135.
—— *Morality*. New York: Harper & Row, 1972.
—— 'Morality and the Emotions' (1965), repr. in *Problems of the Self*, 207—229. Cambridge: Cambridge University Press, 1973.
—— 'Philosophy', in M. Finley (ed.), *The Legacy of Greece*, 202—255. Oxford: Oxford University Press, 1981.
—— 'Replies', in J. E. J. Altham and R. Harrison (eds.), *World, Mind, and Ethics* (q.v.), 185—224.
—— 'Saint-Just's Illusion' (1991), repr. in *Making Sense of Humanity*, 135—152.
—— *Utilitarianism For and Against*, with J. J. C. Smart. London: Cambridge University Press, 1973.
Zagzebski, L. *Virtues of the Mind*. New York: Cambridge University Press, 1996.

索　　引

（条目后的数字为原书页码，见本书边码）

译后记

大致说来,国内的当代美德伦理学研究迄今经历了三个阶段。第一个阶段是20世纪80、90年代对阿拉斯代尔·麦金太尔等个别美德伦理学者的集中关注,由此产生了一批围绕麦金太尔美德理论的译介和著述。而随着资讯的发达与交流的增多,尤其是随着美德伦理学在当代伦理学界的曝光率和讨论度的上升,国内的研究者得以接触到海量的文献,并逐渐意识到我们的研究应当突破仅以麦金太尔为限,而从整体上要对当代美德伦理学的演变发展、理论特征及其问题局限予以宏观把握和框架性的理解。这是一个更加广泛、更加深入、更加全面地讨论美德伦理学的阶段,亦即第二阶段。

这个阶段的作品,如徐向东编选的《美德伦理与道德要求》(江苏人民出版社2007年版)、江畅教授的《德性论》(人民出版社2011年版)、赵永刚的《美德伦理学:作为一种道德类型的独立性》(湖南师范大学出版社2011年版)以及李义天的《美德伦理学与道德多样性》(中央编译出版社2012年版)都是在最近十年间酝酿、发展并成型的。其中所依据的材料,基本涵盖了被伦理学界视为当代美德伦理学经典作品的文本;其中所讨论的问题,也基本建立在有关的主要著作和论文的基础上。面对国外学界严肃热烈的讨论,我们首先希望搞清楚“他们到底在说什么”“他们到底说了些什么”以及“他们到底是怎样说的”。毕竟，国内的当代美德伦理学研究，如果不能恰当地完成这项基础性工作，不能真正切入当代美德伦理学的讨论语境，不能充分了解当代亚里士多德研究、阿奎那研究、休谟研究以及道德心理学研究的新进展，那么，要想建构出任何堪称“美德伦理体系”或“美德伦理学通论”的理论成果，将是根本不可能的。

不过，这一阶段的研究仍然存在着自身的局限性。因为，无论我们多么尊重当代美德伦理学的基本文献并以此为基础展开论述，相对于这些文献的数量而言，任何论著都会因为篇幅有限而无法完全容纳它们。甚至，在这个阶段上，为了满足宏观性和框架性的研究要求，为了满足清晰性和条理性的叙述要求，任何论著都必定要根据一定的问题意识和思维线索而对上述文献进行裁剪和串接，以至于任何一本这方面的文献都无法得到充分、专门的分析。因此，这就迫使我们不得不更进一步，深入到当代美德伦理学的内部，一个人物一个人物地具体讨论，一本著作一本著作地详细考察。这就是我们目前所面临的第三阶段。应该看到，第三阶段的研究并不是在第二阶段完成之后才出现的。相反，它的出现是对第二阶段不足的某种反映，也是针对这些不足的某种回应。毫无疑问，只有做好第三阶段的研究，才能继续完善和深化第二阶段的宏观论述，才能反过来促进第二阶段的思想任务和学术使命的完成。

译介新西兰奥克兰大学哲学系教授罗莎琳德·赫斯特豪斯的《美德伦理学》一书，正属于第三阶段的研究内容。这部作品不仅是赫斯特豪斯本人的代表作，在某种程度上，它甚至是当代美德伦理学的代表作。无论从任何角度研究或教授当代美德伦理学，这本著作都无可回避。我们如今耳熟能详的一些美德伦理学的基本命题、思路和表述，均能在这部作品中发现初步的线索抑或详细的论证。也许，在精读此书之后，我们会意识到，我们先前对于该书的某些印象是错误的，我们把作者试图辨析和订正的命题当成了她意欲证明甚或引为前提的东西，我们夸大甚至割裂了美德伦理学与规则伦理学之间、亚里士多德主义与康德主义之间的可能共识；我们还会意识到，我们先前对于作者的某些印象是错误的，我们为她赋予了太完美的理解却遗漏了她的误解偏差以及不清晰的地方。而这一切正是因为此前的第三阶段研究不足所致，它们也恰好有待通过加强第三阶段的研究而获得改进。

做翻译是一件相对轻松的事，因为在大多数情况下，它确实不需要学者像自己撰写论著那样苦思冥想。然而，做好翻译却是一件绝不轻松的事，因为它需要学者在翻译过程中不仅时刻铭记"信达雅"的语言准则，而且要时刻转换视角、改变视域，以求贴合原作者的思想观念。更何况，一本书之所以需要被译成母语，正是为了让它能够比原文版本得到更迅捷、更广泛的传播和接受，能够在母语的学术研究工作中获得更顺畅的文本基础。因此，翻译尤其是学术著作的翻译，绝对是研究工作的极重要且极必要的环节。尽管它的成果形式不是研究性的，它的实施过程以及在此基础上开展的后续工作却是研究性的。任何具有宽广视野的追求真理的学者都不会拒绝与自己的研究工作密切相关的译事，更不会因为当前学术评价体系的偏颇而功利式地放弃重要的翻译活动。只不过，在翻译之后，接下来的批判性研究将变得更为迫切、更加突出。

承蒙中国人民大学刘玮博士的信任，我从2013年初开始本书的翻译工作。初稿完成后，又得到山东大学卞绍斌博士、吉首大学赵永刚博士的鼎力相助，在校稿过程中指出了不少有待改进的地方，处理和解决了一些颇为费解的段落。在此遥相拜谢，不甚感激！当然，整部译稿的不妥之处由我负责，望学界师长不吝赐教，以利后续改进。而我们更期待，有越来越多的相关文献能被认真严肃地译介过来，让当代美德伦理学的研究变得更加规范，向纵深发展。

李义天 甲午春 西斜街

人文与社会译丛

第一批书目

1.《政治自由主义》(增订版),[美]J. 罗尔斯著,万俊人译 118.00 元
2.《文化的解释》,[美]C. 格尔茨著,韩莉译 89.00 元
3.《技术与时间:1. 爱比米修斯的过失》,[法]B. 斯蒂格勒著,裴程译 62.00 元
4.《依附性积累与不发达》,[德]A. G. 弗兰克著,高铦等译 13.60 元
5.《身处欧美的波兰农民》,[美]F. 兹纳涅茨基、W. I. 托马斯著,张友云译 9.20 元
6.《现代性的后果》,[英]A. 吉登斯著,田禾译 45.00 元
7.《消费文化与后现代主义》,[英]M. 费瑟斯通著,刘精明译 14.20 元
8.《英国工人阶级的形成》(上、下册),[英]E. P. 汤普森著,钱乘旦等译 168.00 元
9.《知识人的社会角色》,[美]F. 兹纳涅茨基著,郏斌祥译 49.00 元

第二批书目

10.《文化生产:媒体与都市艺术》,[美]D. 克兰著,赵国新译 49.00 元
11.《现代社会中的法律》,[美]R. M. 昂格尔著,吴玉章等译 39.00 元
12.《后形而上学思想》,[德]J. 哈贝马斯著,曹卫东等译 58.00 元
13.《自由主义与正义的局限》,[美]M. 桑德尔著,万俊人等译 30.00 元

14.《临床医学的诞生》,[法]M. 福柯著,刘北成译 55.00 元
15.《农民的道义经济学》,[美]J. C. 斯科特著,程立显等译 42.00 元
16.《俄国思想家》,[英]I. 伯林著,彭淮栋译 35.00 元
17.《自我的根源:现代认同的形成》,[加]C. 泰勒著,韩震等译 128.00 元
18.《霍布斯的政治哲学》,[美]L. 施特劳斯著,申彤译 49.00 元
19.《现代性与大屠杀》,[英]Z. 鲍曼著,杨渝东等译 59.00 元

第三批书目

20.《新功能主义及其后》,[美]J. C. 亚历山大著,彭牧等译 15.80 元
21.《自由史论》,[英]J. 阿克顿著,胡传胜等译 89.00 元
22.《伯林谈话录》,[伊朗]R. 贾汉贝格鲁等著,杨祯钦译 48.00 元
23.《阶级斗争》,[法]R. 阿隆著,周以光译 13.50 元
24.《正义诸领域:为多元主义与平等一辩》,[美]M. 沃尔泽著,褚松燕等译 24.80 元
25.《大萧条的孩子们》,[美]G. H. 埃尔德著,田禾等译 27.30 元
26.《黑格尔》,[加]C. 泰勒著,张国清等译 135.00 元
27.《反潮流》,[英]I. 伯林著,冯克利译 48.00 元
28.《统治阶级》,[意]G. 莫斯卡著,贾鹤鹏译 98.00 元
29.《现代性的哲学话语》,[德]J. 哈贝马斯著,曹卫东等译 78.00 元

第四批书目

30.《自由论》(修订版),[英]I. 伯林著,胡传胜译 69.00 元
31.《保守主义》,[德]K. 曼海姆著,李朝晖、牟建君译 58.00 元
32.《科学的反革命》(修订版),[英]F. 哈耶克著,冯克利译 58.00 元

33.《实践感》,[法]P. 布迪厄著,蒋梓骅译 75.00 元
34.《风险社会:新的现代性之路》,[德]U. 贝克著,张文杰等译 58.00 元
35.《社会行动的结构》,[美]T. 帕森斯著,彭刚等译 80.00 元
36.《个体的社会》,[德]N. 埃利亚斯著,翟三江、陆兴华译 15.30 元
37.《传统的发明》,[英]E. 霍布斯鲍姆等著,顾杭、庞冠群译 68.00 元
38.《关于马基雅维里的思考》,[美]L. 施特劳斯著,申彤译 78.00 元
39.《追寻美德》,[美]A. 麦金太尔著,宋继杰译 68.00 元

第五批书目

40.《现实感》,[英]I. 伯林著,潘荣荣、林茂译 30.00 元
41.《启蒙的时代》,[英]I. 伯林著,孙尚扬、杨深译 35.00 元
42.《元史学》,[美]H. 怀特著,陈新译 89.00 元
43.《意识形态与现代文化》,[英]J. B. 汤普森著,高铦等译 68.00 元
44.《美国大城市的死与生》,[加]J. 雅各布斯著,金衡山译 78.00 元
45.《社会理论和社会结构》,[美]R. K. 默顿著,唐少杰等译 128.00 元
46.《黑皮肤,白面具》,[法]F. 法农著,万冰译 58.00 元
47.《德国的历史观》,[美]G. 伊格尔斯著,彭刚、顾杭译 58.00 元
48.《全世界受苦的人》,[法]F. 法农著,万冰译 17.80 元
49.《知识分子的鸦片》,[法]R. 阿隆著,吕一民、顾杭译 45.00 元

第六批书目

50.《驯化君主》,[美]H. C. 曼斯菲尔德著,冯克利译 68.00 元
51.《黑格尔导读》,[法]A. 科耶夫著,姜志辉译 98.00 元
52.《象征交换与死亡》,[法]J. 波德里亚著,车槿山译 68.00 元
53.《自由及其背叛》,[英]I. 伯林著,赵国新译 48.00 元

54.《启蒙的三个批评者》,[英]I. 伯林著,马寅卯、郑想译 48.00 元
55.《运动中的力量》,[美]S. 塔罗著,吴庆宏译 23.50 元
56.《斗争的动力》,[美]D. 麦克亚当、S. 塔罗、C. 蒂利著,李义中等译 31.50 元
57.《善的脆弱性》,[美]M. 纳斯鲍姆著,徐向东、陆萌译 55.00 元
58.《弱者的武器》,[美]J. C. 斯科特著,郑广怀等译 82.00 元
59.《图绘》,[美]S. 弗里德曼著,陈丽译 49.00 元

第七批书目

60.《现代悲剧》,[英]R. 威廉斯著,丁尔苏译 45.00 元
61.《论革命》,[美]H. 阿伦特著,陈周旺译 59.00 元
62.《美国精神的封闭》,[美]A. 布卢姆著,战旭英译,冯克利校 68.00 元
63.《浪漫主义的根源》,[英]I. 伯林著,吕梁等译 49.00 元
64.《扭曲的人性之材》,[英]I. 伯林著,岳秀坤译 22.00 元
65.《民族主义思想与殖民地世界》,[美]P. 查特吉著,范慕尤、杨曦译 18.00 元
66.《现代性社会学》,[法]D. 马尔图切利著,姜志辉译 32.00 元
67.《社会政治理论的重构》,[美]R. J. 伯恩斯坦著,黄瑞祺译 72.00 元
68.《以色列与启示》,[美]E. 沃格林著,霍伟岸、叶颖译 128.00 元
69.《城邦的世界》,[美]E. 沃格林著,陈周旺译 85.00 元
70.《历史主义的兴起》,[德]F. 梅尼克著,陆月宏译 48.00 元

第八批书目

71.《环境与历史》,[英]W. 贝纳特、P. 科茨著,包茂红译 25.00 元
72.《人类与自然世界》,[英]K. 托马斯著,宋丽丽译 35.00 元

73.《卢梭问题》,[德]E. 卡西勒著,王春华译 39.00 元
74.《男性气概》,[美]H. C. 曼斯菲尔德著,刘玮译 28.00 元
75.《战争与和平的权利》,[美]R. 塔克著,罗炯等译 25.00 元
76.《谁统治美国》,[美]W. 多姆霍夫著,吕鹏、闻翔译 35.00 元
77.《健康与社会》,[法]M. 德吕勒著,王鲲译 35.00 元
78.《读柏拉图》,[德]T. A. 斯勒扎克著,程炜译 68.00 元
79.《苏联的心灵》,[英]I. 伯林著,潘永强、刘北成译 59.00 元
80.《个人印象》,[英]I. 伯林著,林振义、王洁译 35.00 元

第九批书目

81.《技术与时间:2. 迷失方向》,[法]B. 斯蒂格勒著,赵和平、印螺译 59.00 元
82.《抗争政治》,[美]C. 蒂利、S. 塔罗著,李义中译 28.00 元
83.《亚当·斯密的政治学》,[英]D. 温奇著,褚平译 21.00 元
84.《怀旧的未来》,[美]S. 博伊姆著,杨德友译 85.00 元
85.《妇女在经济发展中的角色》,[丹]E. 博斯拉普著,陈慧平译 30.00 元
86.《风景与认同》,[美]W. J. 达比著,张箭飞、赵红英译 68.00 元
87.《过去与未来之间》,[美]H. 阿伦特著,王寅丽、张立立译 58.00 元
88.《大西洋的跨越》,[美]D. T. 罗杰斯著,吴万伟译 108.00 元
89.《资本主义的新精神》,[法]L. 博尔坦斯基、E. 希亚佩洛著,高铦译 58.00 元
90.《比较的幽灵》,[美]B. 安德森著,甘会斌译 79.00 元

第十批书目

91.《灾异手记》,[美]E. 科尔伯特著,何恬译 25.00 元

92.《技术与时间:3. 电影的时间与存在之痛的问题》,
[法]B. 斯蒂格勒著,方尔平译 65.00 元
93.《马克思主义与历史学》,[英]S. H. 里格比著,吴英译 78.00 元
94.《学做工》,[英]P. 威利斯著,秘舒、凌旻华译 68.00 元
95.《哲学与治术:1572—1651》,[美]R. 塔克著,韩潮译 45.00 元
96.《认同伦理学》,[美]K. A. 阿皮亚著,张容南译 45.00 元
97.《风景与记忆》,[英]S. 沙玛著,胡淑陈、冯樨译 78.00 元
98.《马基雅维里时刻》,[英]J. G. A. 波考克著,冯克利、傅乾译 108.00 元
99.《未完的对话》,[英]I. 伯林、[波]B. P. -塞古尔斯卡著,
杨德友译 65.00 元
100.《后殖民理性批判》,[印]G. C. 斯皮瓦克著,严蓓雯译 79.00 元

第十一批书目

101.《现代社会想象》,[加]C. 泰勒著,林曼红译 45.00 元
102.《柏拉图与亚里士多德》,[美]E. 沃格林著,刘曙辉译 78.00 元
103.《论个体主义》,[法]L. 迪蒙著,桂裕芳译 30.00 元
104.《根本恶》,[美]R. J. 伯恩斯坦著,王钦、朱康译 78.00 元
105.《这受难的国度》,[美]D. G. 福斯特著,孙宏哲、张聚国译 39.00 元
106.《公民的激情》,[美]S. 克劳斯著,谭安奎译 49.00 元
107.《美国生活中的同化》,[美]M. M. 戈登著,马戎译 58.00 元
108.《风景与权力》,[美]W. J. T. 米切尔著,杨丽、万信琼译 78.00 元
109.《第二人称观点》,[美]S. 达沃尔著,章晟译 69.00 元
110.《性的起源》,[英] F. 达伯霍瓦拉著,杨朗译 85.00 元

第十二批书目

111.《希腊民主的问题》,[法]J. 罗米伊著,高煜译 48.00元
112.《论人权》,[英]J. 格里芬著,徐向东、刘明译 75.00元
113.《柏拉图的伦理学》,[英]T. 埃尔文著,陈玮、刘玮译 118.00元
114.《自由主义与荣誉》,[美]S. 克劳斯著,林垚译 62.00元
115.《法国大革命的文化起源》,[法]R. 夏蒂埃著,洪庆明译 38.00元
116.《对知识的恐惧》,[美]P. 博格西昂著,刘鹏博译 38.00元
117.《修辞术的诞生》,[英]R. 沃迪著,何博超译 48.00元
118.《历史表现中的真理、意义和指称》,[荷]F. 安克斯密特著,周建漳译 58.00元
119.《天下时代》,[美]E. 沃格林著,叶颖译 78.00元
120.《求索秩序》,[美]E. 沃格林著,徐志跃译 48.00元

第十三批书目

121.《美德伦理学》,[新西兰]R. 赫斯特豪斯著,李义天译 68.00元
122.《同情的启蒙》,[美]M. 弗雷泽著,胡靖译 48.00元
123.《图绘暹罗》,[美]T. 威尼差恭著,袁剑译 58.00元
124.《道德的演化》,[新西兰]R. 乔伊斯著,刘鹏博、黄素珍译 65.00元
125.《大屠杀与集体记忆》,[美]P. 诺维克著,王志华译 78.00元
126.《帝国之眼》,[美]M. L. 普拉特著,方杰、方宸译 68.00元
127.《帝国之河》,[美]D. 沃斯特著,侯深译 76.00元
128.《从道德到美德》,[美]M. 斯洛特著,周亮译 58.00元
129.《源自动机的道德》,[美]M. 斯洛特著,韩辰锴译 58.00元
130.《理解海德格尔:范式的转变》,[美]T. 希恩著,邓定译 89.00元

第十四批书目

131.《城邦与灵魂:费拉里〈理想国〉论集》,[美]G. R. F. 费拉里著,刘玮编译 58.00 元

132.《人民主权与德国宪法危机》,[美]P. C. 考威尔著,曹晗蓉、虞维华译 58.00 元

133.《16 和 17 世纪英格兰大众信仰研究》,[英]K. 托马斯著,芮传明、梅剑华译 168.00 元

134.《民族认同》,[英]A. D. 史密斯著,王娟译 55.00 元

135.《世俗主义之乐:我们当下如何生活》,[英]G. 莱文编,赵元译 58.00 元

136.《国王或人民》,[美]R. 本迪克斯著,褚平译(即出)

137.《自由意志、能动性与生命的意义》,[美] D. 佩里布姆著,张可译 68.00 元

138.《自由与多元论:以赛亚 · 伯林思想研究》,[英]G. 克劳德著,应奇等译 58.00 元

139.《暴力:思无所限》,[美]R. J. 伯恩斯坦著,李元来译 59.00 元

140.《中心与边缘:宏观社会学论集》,[美]E. 希尔斯著,甘会斌、余昕译 88.00 元

第十五批书目

141.《自足的世俗社会》,[美]P. 朱克曼著,杨靖译 58.00 元

142.《历史与记忆》,[英]G. 丘比特著,王晨凤译 59.00 元

143.《媒体、国家与民族》,[英]P. 施莱辛格著,林玮译 68.00 元

144.《道德错误论:历史、批判、辩护》,

[瑞典]J. 奥尔松著,周奕李译　　58.00 元

145.《废墟上的未来:联合国教科文组织、世界遗产与和平之梦》,[澳]L. 梅斯克尔著,王丹阳、胡牧译　　88.00 元

146.《为历史而战》,[法]L. 费弗尔著,高煜译(即出)

147.《语言动物:人类语言能力概览》,[加]C. 泰勒著,赵清丽译(即出)

148.《我们中的我:承认理论研究》,[德]A. 霍耐特著,张曦、孙逸凡译　　62.00 元

149.《人文学科与公共生活》,[美]P. 布鲁克斯编,余婉卉译(即出)

150.《美国生活中的反智主义》,[美]R. 霍夫施塔特著,何博超译　　68.00 元

第十六批书目

151.《关怀伦理与移情》,[美]M. 斯洛特著,韩玉胜译　　48.00 元

152.《形象与象征》,[罗]M. 伊利亚德著,沈珂译(即出)

153.《艾希曼审判》,[美]D. 利普斯塔特著,刘颖洁译(即出)

154.《现代主义观念论:黑格尔式变奏》,[美]R. B. 皮平著,郭东辉译(即出)

155.《文化绝望的政治:日耳曼意识形态崛起研究》,[美]F. R. 斯特恩著,杨靖译(即出)

156.《作为文化现实的未来:全球现状论集》,[印]A. 阿帕杜拉伊著,周云水、马建福译(即出)

157.《一种思想及其时代:以赛亚·伯林政治思想的发展》,[美]J. L. 彻尼斯著,寿天艺、宋文佳译(即出)

158.《人类的领土性:理论与历史》,[美]R. B. 萨克著,袁剑译(即出)

159.《理想的暴政:多元社会中的正义》,[美]G. 高斯著,范震亚译(即出)

160.《荒原:一部历史》,[美]V. D. 帕尔马著,梅雪芹译(即出)

有关“人文与社会译丛”及本社其他资讯,欢迎点击 www. yilin. com 浏览,对本丛书的意见和建议请反馈至新浪微博@译林人文社科。